『葛飾記』の世界

鈴木和明
Suzuki Kazuaki

文芸社

序

本書は筆者が葛飾三地誌と呼んでいる『葛飾記』『葛飾誌略』『勝鹿図志手くりふね』という地誌のうちの一つです。

『葛飾誌略』と『勝鹿図志手くりふね』（行徳金堤編著）の二点についてはすでに注解を付された文献が出版されていますが、そのうち『葛飾誌略』については筆者の手によるもので『葛飾誌略の世界』と題するものを出版しました。『勝鹿図志手くりふね』については『影印・翻刻・注解　勝鹿図志手繰舟』高橋俊夫編著と『勝鹿図志手ぐり舟　行徳金堤の葛飾散策と交遊録』宮崎長蔵著がすでにあります。

筆者は三地誌のうち残された『葛飾記』についての注解を試みるべく『燕石十種』（第五巻）所収『葛飾記』を基に『葛飾記の世界』と題するものを書き上げました。

このようにして葛飾三地誌と筆者が呼ぶ地誌の注解された文献が揃いました。郷土史研究の一助として貢献できるものと考えています。

本書は次の点に留意して執筆いたしました。

一、本書の底本は『燕石十種』（第五巻）所収『葛飾記』岩本活東子編　中央公論社、一九八〇年五月三十日発行を使用しました。

一、字句の検索にあたっては『広辞苑（第四版）』『新版漢語林』『福武古語辞典』を参照しました。

一、収録にあたっては、原文を忠実に再現するよう努めました。

一、読みやすいように、また探しやすいように、原文にはない中見出しを付けた部分があります。

一、読みにくい難しい文字にはルビをふりました。また、すでに原文にカタカナでルビがふられていたものは、そのままにいたしました。

一、原文の踊り字（繰り返し符号㊟〳〵）は読みやすく語句を繰り返して表記してあります。

一、解説部分の（注）については、参考文献の原文をそのまま使用するとともに、一部については旧字を新字に改めました。また、参考文献の原文にすでにルビがふられているときは原文を尊重してそのままのルビを使用しました。

一、本文中に（　）を付けて説明を加えた部分があります。

一、資料として巻末に『江戸砂子』『葛飾記』『葛飾誌略』『勝鹿図志手くりふね』『葛西志』『江戸名所図会』の紹介をしました。

本書の刊行が市川及び行徳の郷土史研究に役立つことができればこの上ない幸せです。

二〇一五年九月吉日

鈴木和明

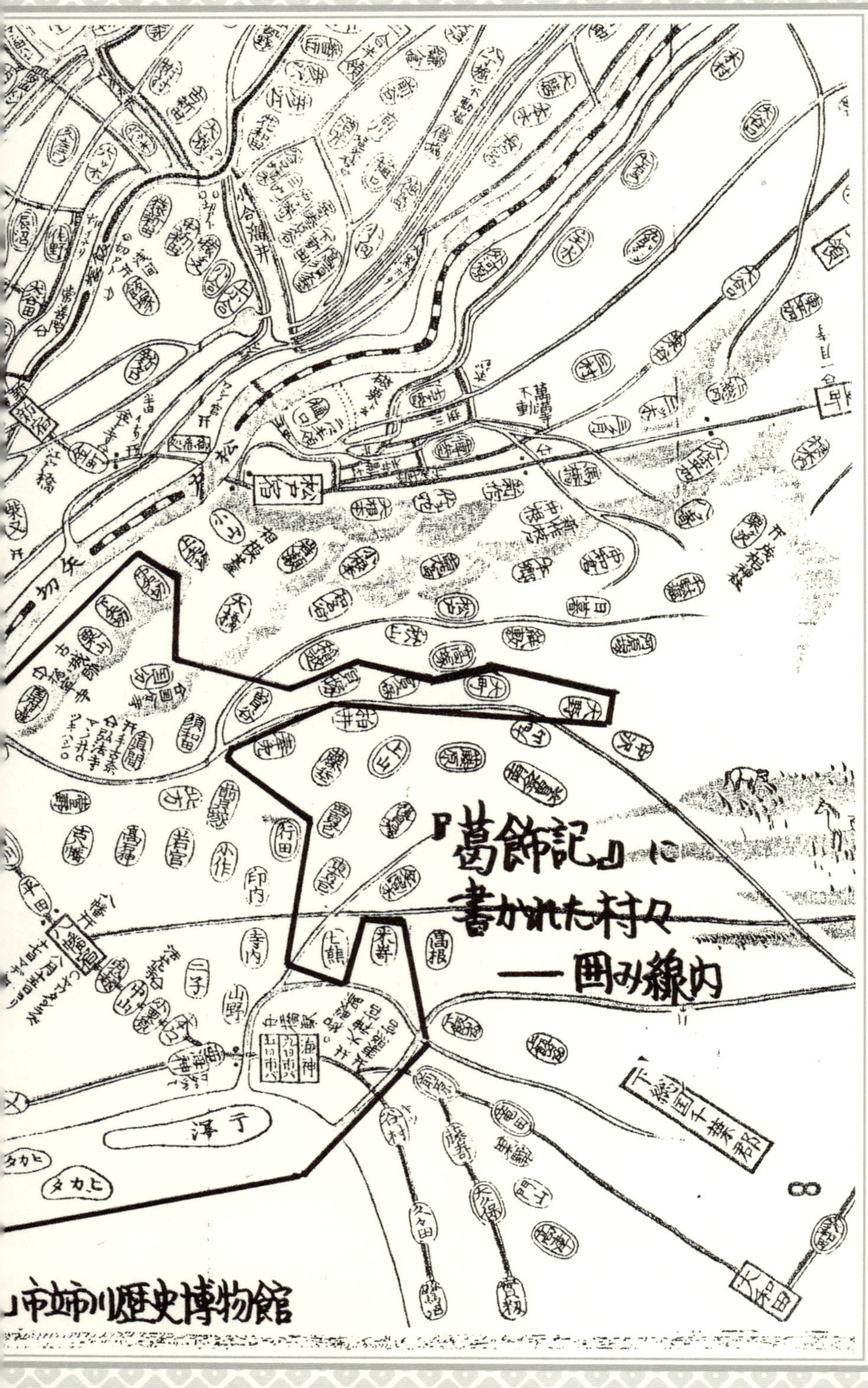
『葛飾記』に
書かれた村々
―囲み線内
下総国千葉郡
松戸宿
市川歴史博物館

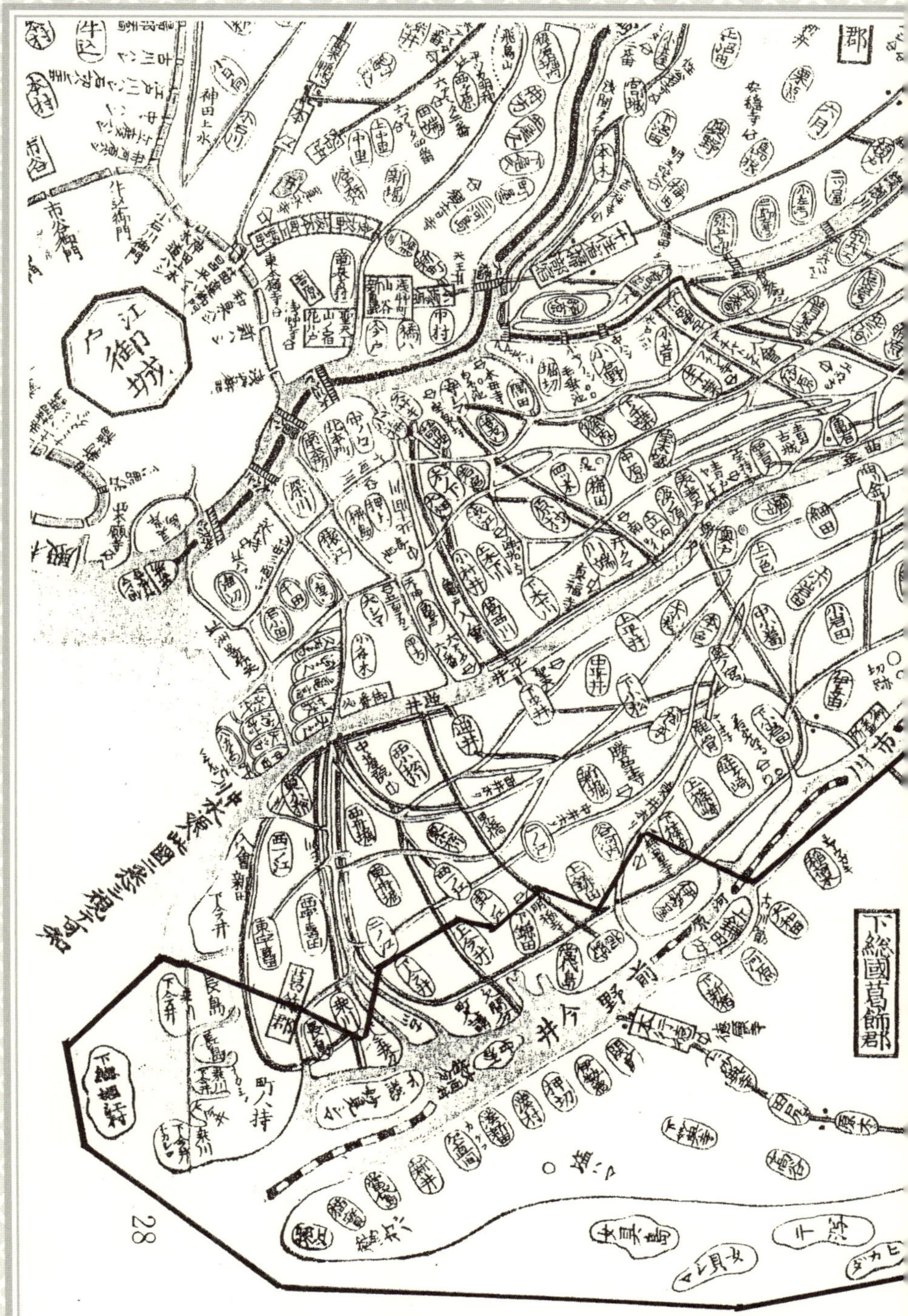

江戸近郊図・1844・弘化元年版「行徳レポートその

『葛飾記』の世界　目次

葛飾記下巻

行徳領

資料

葛飾記《かつしかき》自序

徳不㆑孤ナラ、必ズ有㆑隣リ矣、隣リ者《ハ》那ゾ、佐㆑ケテ所㆓我有㆒スル、以テ及㆓ス諸ヲ百邦㆒ニ之基ト也《ナリ》、大学ニ曰ク、末則本ト兮、雖㆑ドモ然リト若㆑キ事㆓フルガ祖考父兄㆒ニ、容易ク以㆑テ末難㆑キ為㆑本ト者有㆑之、点々滴々トシテ而以テ直体ヲバ可㆑シ謂フ、故ニ君子勉㆓ムト其本㆒ヲ云フ、是レ其本不㆑シテ乱而末治ル之《ノ》謂ヒ也《ナリ》、嗚呼《アヽ》今此書也《ヤ》、下ノ総州葛飾郡中数㆓ヘテ旧跡㆒ヲ、以雖㆑ドモ難㆑シト成㆓シ一遍㆒ヲ、幸イニ江戸砂子之《ノ》余韻爾モ当郡ヲモ弗㆑可㆑カラ棄㆑ッ之ヲ矣、凡ソ居㆓スル此ノ葛ノ府㆒ニ不㆓容易㆒ナラ、蓋シ本朝東方為㆓リ最初㆒、日本ノ為㆓リ管領㆒、人支ノ為㆓リ首頸㆒、豈ニ斯レ不㆑ヤ難《ガ》㆑カラ乎、是ノ故ニ纂㆓集之㆒、未前先ヅ得㆓タリ此書目㆒ヲ、是則得㆓ルニ新編鎌倉志㆒ヲ、先ヅ以㆓テスルノ中川喜雲之鎌倉物語㆒ヲ類ヒ歟《カ》、依テ以テ著㆓ハスト葛飾ノ記㆒ヲ云フ、

時

寛延《かんえん》二己巳年《つちのとみのとし》（一七四九）仲夏日《ちゅうかのひ》

（注）仲夏日とは、陰暦《いんれき》五月のこと。夏三ケ月のまんなかの日。

（注）著者は、下総葛飾郡中《しもうさかつしかごおりちゅう》に旧跡を数えて、一遍を成し難《な》し《がた》と雖も、享保《きょうほう》十七年（一七三二）『江戸砂子《えどすなご》』、享保二十年（一七三五）『続《しょく》江戸砂子』の刊行に大いに励まされ、葛飾の府にこの書の目《もく》を得たるは本朝東方《ほんちょうひがしのかた》最初なりとして、葛飾ノ記と名付けている。

（注）本書と比肩される『葛飾誌略《かつしかしりゃく》』は文化《ぶんか》七年（一八一〇）の刊行である。

葛飾記上巻

◉葛飾《かつしか》の郡《こおり》　附旧湊《みなと》の事　幷《ならびに》真土山《まつちやま》の事

中世の行徳は地幅狭く河辺と海辺と野薄田《やぼた》ばかりで熟田《じゅくでん》なし

江戸砂子《えどすなご》に菊岡沾《きくおかせん》涼作《りょうさく》かつしかの郡《こおり》、利根川より西は、往古《おうこ》は武蔵《むさし》の内也《うちなり》、中古《ちゅうこ》より下総《しもうさ》とするを、今《いま》往古に返《かえ》り、武蔵に入《い》る、都《すべ》て二十二郡也《ぐんなり》、

（注）この記述の部分の利根川とは江戸川のこと。

（注）『江戸砂子』は菊岡沾涼作で享保《きょうほう》十七年（一七三二）壬子仲夏日《みずのえねちゅうかのひ》に刊行された。『続《しょく》江戸砂子』は享保二十年（一七三五）卯《う》正月に刊行された。現代では東京堂出版、小池章太郎編、『江戸砂子』『続江戸砂子』昭和五十一年八月二十五日発行がある。

行徳の紹介記事は『続江戸砂子』所収「近国《きんごく》の土産大概《みやげたいがい》」中に、「〇行徳塩《ぎょうとくじお》　下総也《しもうさなり》。此《この》入海《いりうみ》を袖の浦と云《いう》。海辺《うみべ》の村々塩浜多し。江戸より六七里ほど。もしほくむ袖の浦風さむければほさてもあまや衣うつらん」とある。西暦一七〇〇年代には行徳塩が旅人などに土産物として珍重

されていたと推測できる。この時代にすでに囲塩《かこみじお》といわれた目減りのしない高級塩が存在し、それゆえにお土産品にできると紹介されたのである。囲塩は明治になって古積塩《ふるづみじお》と名を変えた。

（注）下総国《しもうさのくに》。古くはしもつふさ、しもふさ。千葉県北部、茨城県の一部。北総《ほくそう》。古代、総《ふさ》と呼ばれ大化《たいか》の改新《かいしん》後に上下《かみしも》に分かれる。都からの行旅三十日。平安時代は平氏、中世は千葉氏が勢力を持ったが徳川氏により滅亡。康保《こうほう》四年（九六七）施行された延喜式《えんぎしき》により下総国《しもうさのくに》は十一郡《ぐん》に分かれ、葛飾《かつしか》・千葉《ちば》・印旛《いんば》・匝瑳《そうさ》・海上《うなかみ》・香取《かとり》・埴生《はにう》・相馬《そうま》・猿島《さしま》・結《ゆう》城《き》・豊田《とよだ》があった。国府台《こうのだい》に国府《こくふ》が置かれ、九～十一世紀段階で十八郡、九十一郷《ごう》、十二万六百人、田数《でんすう》二万六千四百三十二町歩《ちょうぶ》とされ、大・上・中・下国の大国だった。下総国における十二世紀前半の荘園《しょうえん》はおよそ四十、現在の市川市域では八幡庄《やわたのしょう》があり市域の大部分を占めた。ただし、国府台《こうのだい》は国府《こくふ》であり、行徳《ぎょうとく》には香取神宮《かとりじんぐう》の関があり私領である八幡庄に含まれなかった。下総国は、西の武蔵国《むさしのくに》とは住田川《すみだがわ》（現、隅田川《すみだがわ》）を国境《くにざかい》とし、南の上総国《かずさのくに》とは東京湾側から村田川、栗山川《くりやまがわ》を連ねた線がそれで、北方《ほっぽう》は安是湖《あぜのうみ》といわれた旧時の広大な湖沼一帯の地（現、霞ヶ浦《かすみがうら》、北浦の数倍の広さ）と現在の鬼怒川《きぬがわ》、小貝川《こかいがわ》になっている旧毛野川で常陸国《ひたちのくに》に接していた。下総国と武蔵国の国境は正徳《しょうとく》三年（一七一三）江戸川を境とすることにされた（『明解　行徳の歴史大事典』）。

遠国故《おんごくゆえ》、京都よりは、荒川、利根川の取違《とりちが》へならんと記《しる》せり、尤《もっと》も左《さ》にはあるべけれども、勝鹿《かつしか》の郡《こおり》は下総国《しもうさのくに》の府也《ふなり》、大凡《おおよそ》地理の象《かたち》を以云時《もっていうとき》は、太《ふ》ト井川《いがわ》（利根川の流れを云《いう》）の東南をのみいひては、一国の府とするに足らず、地幅狭《きょう》して、河辺《かわべ》と海辺《うみべ》と野薄田《やぼた》（又行徳の中も、地切迫《ちせっぱく》にして、南は川より近きは二三町、遠きは十町に不レ足《たらず》、北は郊野山林のみなり）計《ばか》りにして、熟《じゅく》田《でん》なし、此故《このゆえ》に、郡割《こおりわり》の始め、両国の境を利根川の流裔宜《りゅうえいよろ》しといへども、太《ふ》ト井川《いがわ》を葛飾の府の中にせられしと覚《おぼ》へたり、垂仁天皇《すいにんてんのう》の御宇《ぎょう》、五畿《き》七道《どう》幷《ならびに》六十六ヶ国を分《わか》ち給《たま》ふ、元《も》トは三十三ヶ国也《なり》、（但し人王十三代成務天皇《せいむてんのう》より也《なり》、在位五年二月、始めて諸国郡境《ぐんきょう》を分《わか》つとあり、垂仁は十一代、池溝《ちこう》を開き、農を勧《すす》むと有《あ》り、是其始《これそのはじ》めなり）

（注）勝鹿とは葛飾のこと。万葉集などには勝鹿とある。

（注）太《ふ》ト井川《いがわ》。太井川《ふといがわ》。太日川《ふとゐがわ》。江戸川のことをいう。承和《じょうわ》二年（八三五）江戸川の渡し舟を二艘から四艘に増やした時の太政官符《だじょうかんふ》に「下総国太日河《ふとゐがわ》四艘」とあり、康平元年《こうへいがんねん》（一〇五八）に著された『更級日記《さらしなにっき》』には「そのつとめて（翌朝の意）、そこを立ちて、下総の国と武蔵との境にてある太井川《ふとゐがわ》といふが上《かみ》の瀬、まつさとの渡《わたり》りの津にとまりて、夜ひとよ、舟にてかつがつ（少しずつの意）物など渡す」とある。

（注）太《ふ》ト井川《いがわ》の東南方向は現在の行徳あたりだが、地幅狭《きょう》して、河辺《かわべ》と海辺《うみべ》と野薄田計《やぼたばか》りにして、熟田《じゅくでん》なし、だったので、一国の府とするに足らず、だったとしている。

江戸川を境にして東を葛東《かっとう》、西を葛西《かさい》という

利根川は、鹿島《かしま》、香取《かとり》の御手洗《みたらし》に付《つ》き給《たま》ふと覚《おぼ》へたり、取違《とりちが》へといふは、歌書《かしょ》の上の沙汰《さた》なるべし、夫《それ》より前《まえ》より、国主《こくしゅ》、城主《じょうしゅ》の国郡《こくぐん》の帳面より出《で》て、其所々《そのしょしょ》よりも国郡を記す物故《ものゆえ》、歌書の取違へを以《もって》、国郡賦税《ふぜい》の大切の帳面を而《しこ》ゥして、後《のち》に直《なお》したるにや、一説に、下総葛飾の府は、元《も》ト葛西《かさい》計《ばか》り也《なり》、但《ただ》し葛東《かっとう》より西面とするを云《い》ふ葛《かつ》の東、葛《かつ》の西と、東に対して葛西《かさい》と呼ぶ、

（注）御手洗。みたらし。みたらい。神社の社頭にあって、参詣者《さんけいしゃ》が手や口を清める所。また、手水《ちょうず》をつかうこと。この記述の利根川とは銚子へ流れる利根川を指す。

（注）葛《かつ》はくず。山野に自生するつる草の一種。茎《くき》の繊維をとって布を織るのに用い、根からはくず粉《こ》をつくる。葛《くず》のつるで作ったかごや箱の類《たぐい》をつづらという。葛飾《かつしか》は葛《くず》の産地。

（注）歌書。かしょ。歌集や歌学・歌論についての書。

（注）賦税。ふぜい。税を賦課すること。賦課。租税などを割り当て負担させること。

（注）正徳《しょうとく》三年（一七一三）以後、葛飾郡《かつしかごおり》は江戸川を境にして下総国葛飾郡と武蔵国葛飾郡に分かれる。江戸川右岸に位置する武蔵国葛飾郡を特に葛西《かさい》と呼ぶ。葛西の呼称は往古よりの呼称。正徳三年以前の呼称をそのまま使用。

葛西は葛飾の本府で下鎌田《しもかまだ》に馬市《うまいち》などが立った跡があった

行徳領《ぎょうとくりょう》は、往古《おうこ》は海水の干潟《ひがた》、磯《いそ》のみ也《なり》、人家次第に殖《ふえ》て、繁昌《はんじょう》の地と成《な》る、下総《しもうさ》の葛飾《かつしか》の府《ふ》中《ちゅう》と呼ぶもの、葛西《かさい》のみにして、今に馬市場《うまいちば》の町屋の跡など残れりとかや、然《しか》れば、角田川《すみだがわ》を両国の境《さかい》に紛《まぎ》れなきよし、又、千住《せんじゅ》より、熊谷《くまがや》、上州《じょうしゅう》迄の大堤《おおづつみ》は、荒川《あらかわ》を境として封爵《ほうしゃく》なし給《たま》ふ、鹿島《かしま》、香取《かとり》への封国《ほうこく》の堤と覚《さと》る也、又、京都葛野郡も葛野の郡と申事也《もうすことなり》、故《ゆえ》は、鹿島、香取の艮《うしと》ラに当つて鬼国有《きこくあり》、故《ゆえ》に鬼門《きもん》を立て、鹿島、香取へ続《つづき》て、府成《ふなる》に依《よっ》て是《これ》を表し給《たま》ふ心也、又、同郡名《ぐんめい》、国を隣りて他国にも有《ある》よしを書《かけ》り、尤《もっとも》さる事なれども、地理の広狭により、府を分《わけ》る事成《なり》がたかるべし、是《これ》他に異《こと》なるならん、本意は、天照太神《あまてらすおおかみ》より、鹿島、香取を賞し給ひて、下総の府の中に、川をなし給ふ也、神を坂東太郎《ばんどうたろう》に比《ひ》し給ひて也、然《しか》れども、素盞嗚尊《すさのうのみこと》を取り奉《たてまつ》る時は、戦利を以《もっ》て、或《あるい》は武蔵にも用るなるべし、依《よっ》て、多く古定規《ふるじょうぎ》に依《よ》るべし、新法は民を害すといふ語有《あ》り、但し両用にして、其《その》時代の諸民《しょみん》の勝手に用るも可《か》也、又、中国よりの順の継手《つぎて》の気也、如何《いか》なれば、業平《なりひら》の時代、清和《せいわ》の前は、両大河《たいが》の覚へ取違ひにてなきは、葛西といふにて知らるゝ也、葛飾の府の中の西と云事也《いうことなり》、譬《たとえ》ば印旛郡《いんばぐん》の西を印西《いんざい》といふがごとし、武蔵国葛飾郡《むさしのくにかつしかごおり》なれば、葛の西と断はるに及《およば》ず、則《すなわち》別也、

（注）行徳領は、往古は海水の干潟、磯のみ也とする。真水ではなく海水としている。

（注）下総国の国府は国府台だが、葛飾郡《かつしかごおり》の府は葛西としている。馬市場の町屋の跡が

『葛飾記』執筆の頃（一七四九）にもあったとしている。今に……残れりとかや、である。

（注）封爵。ほうしゃく。諸侯に封《ふう》じ、官爵《かんしゃく》を授けること。領土を与え、爵位《しゃくい》を授ける。

（注）角田川《すみだがわ》が武蔵国と下総国の国境であること紛れもなしとしている。

（注）艮。うしとら。丑寅《うしとら》。十二支で表した方位で、丑と寅の間。北東《ほくとう》の方角。鬼門《きもん》。

（注）鬼門《きもん》。陰陽道《おんみょうどう》で、鬼が出入りするといって万事に忌み嫌う方角で、艮《うしとら》すなわち北東の称。ろくなことがなくて行くのが嫌な場所、また、苦手とする相手・事柄。

（注）業平。なりひら。在原業平《ありわらのなりひら》。八二五〜八八〇（天長《てんちょう》二〜元慶《がんぎょう》四）平安初期の官人・歌人。八二六（天長三）兄の行平《ゆきひら》とともに在原朝臣《ありわらあそん》を賜姓された。歌才に恵まれ、『古《こ》今和歌集《きんわかしゅう》』などの勅撰《ちょくせん》和歌集に多数入集。家集《かしゅう》『業平集』。また『伊勢物語』の主人公に目《もく》される。六歌仙・三十六歌仙の一人。

又、元《も》ト葛西《かさい》は葛飾の本府《ほんぷ》にて、下鎌田《しもかまだ》と云所《いうところ》に、馬市抔《うまいちなど》の立《たち》たる跡有《あり》と也《なり》、其《その》時代、行徳《ぎょうとく》は未《いま》だ干潟の新地也、府と云《いう》に足らず、此故《このゆえ》に、葛西よりの取立て、新田場《しんでんば》余《よ》程《ほど》有《これ》レ之《ある》由《よし》也、

（注）下鎌田と云う所に、馬市抔《など》立たる跡有と也、の記述は重要。また、その時代、行徳は未だ干潟の新地、だったという。馬市が立つほどに馬の需要があったと思われる。行徳塩の陸送のためである（『郷土読本　行徳の歴史・文化の探訪２』所収「妙典の昔はどんな土地

だったのか」)。
(注)新田場よほどこれあるよし、の新田場とは塩田開発をした新浜《しんはま》のことである。干潟の新地に水田はないからである。
(注)『江戸川区史』第一巻の記述によれば、戦国時代に行徳の「干潟の新地」(前述の文言による)で生産された塩は、馬市などで売買された馬の背に乗せて、岩槻道《いわつきみち》を北上し、埼玉県岩槻まで塩の道が通じていたとされ、岩槻道の出発地点は行徳の河原村《かわらむら》と指摘する。もちろん江戸城方面へ通じる河原道《かわらみち》と呼ばれた古道が存在していただろう。河原道については『古文書にみる江戸時代の村とくらし②街道と水運』(江戸川区教育委員会発行)に図がある。

行徳沖は塩その外大船の売買の湊津《みなとつ》だった

又東鑑《あずまかがみ》に依《よ》るときは、千葉介常胤《ちばのすけつねたね》父子、相具《あいぐ》して下総《しもうさ》の国府に参会すと有《あり》、故《ゆえ》に、国府の台辺《あたり》、市川の宿《しゅく》を本府といふなるべし、其《その》かみ、業平《なりひら》自ら下《くだ》り、見聞《けんぶん》し給《たま》ひし也《なり》、依《よっ》て、むさしの国と下《しも》つさの中に角田川《すみだがわ》、といせ物語にかゝれたる事疑《うたが》ひなし、真間《まま》の歌枕《うたまくら》にも、勝鹿《かつしか》は下総国《しもうさのくに》葛飾《しか》の郡《こおり》なり、かのかつしかの郡の中に大河あり、ふとゐといふ、川の西をば、葛西《かさい》の郡といふ也、と有《あ》り、清輔奥《せいほおう》義抄《ぎしょう》是幸《これさいわ》ゐに、昔の大船の着《つき》し場《ば》成故《なるゆえ》、葛西ともに、其時代忍《しのび》なく下総に用ゐたる也、元禄《げんろく》（一六八八〜一七〇三）の頃まで、一ヶ年に両三艘宛《あて》、親舟の大船河尻《かわじり》より入《い》り来《きた》れり、と現見の里老《りろう》語る、葛飾の府は今行徳領往古《おうこ》は、江戸往還《おうかん》の舟、葛西の川は不通路にて、但し御当代に成《な》り新川《しんかわ》を掘る、夫《それ》より前は、川狭く通路不自由なれども、少しは通路の舟有《あり》し成《なる》べし、本所川《ほんじょがわ》、小名木川《おなぎがわ》も新掘《しんぼり》歟《や》高瀬舟《たかせぶね》の分、常州《じょうしゅう》、銚子、上下野州《やしゅう》近か、奥州《おうしゅう》、下総《しもうさ》共に、残らず、塩其外《そのほか》大船の売買の湊津《みなとつ》也、但し鎌倉積替舟《つみかえぶね》の方《ほう》多し、秩父庄司重忠《ちちぶしょうじしげただ》、下《し》モ河辺《こうべ》ノ庄司行平《しょうじゆきひら》、葛西ノ三郎清重等《ら》の舟も、皆是《みなこれ》より入津《いりつ》也塩浜なき以前なるべし、但塩浜も薄塩《うすじお》にて、押切村《おしきりむら》より上へは皆塩浜なるべし

（注）往古の葛飾の府は、江戸往還の舟は船堀川《ふなぼりがわ》の川幅狭く舟の通行にとても不自由した。ゆえに寛永《かんえい》六年（一六二九）新川《しんかわ》の開削が竣工する（『葛西志《かさいし》』この項とは別項にて注釈する）。また、往古は、つまり、押切村《おしきりむら》、伊勢宿村《いせじゅくむら》、関ヶ島村《せきがしまむら》などが塩浜になる以前のことだが、その時代は、行徳沖が塩その外の産物を大船の上で売買する湊津だった。秩父庄司重忠、下河辺の庄司行平、葛西三郎清重などの舟も来ていた。その時代の塩浜はみな薄塩《うすじお》だった。原因は江戸川河口が近くにあったからである。『葛飾記』を執筆した頃の押切村より上へはみな塩浜になっていた。なお、庄司重忠、庄司行平、葛西三郎などは中世の人物。

（注）『葛西志』の二野江《にのへ》村の項中より。

古川《ふるかわ》。船堀川の北より、斜めに東北の方《かた》、利根川（この場合は江戸川のこと）へ通じたる川なり、此《この》川昔は船堀川の本流なりしに、通船の便よろしからずとて、寛永六年（一六二九）、東西の直流に掘かへありしゆへ（この川を新川と呼ぶ）、古川の名ありといふ、今は此川、利根川の辺にて入樋《いりひ》を設け、全く水田の悪水落しに備ふといへり。

（注）業平。なりひら。在原《ありわらの》業平。嘉祥《かしょう》三年（八五〇）角田川《すみだがわ》（隅田川）を渡り下総国府へ来《きた》る。「名にしおはば　いざ言問わむ都鳥　わが思ふ人は　在りやなしやと」を詠《よ》む。

市川市湊《みなと》の地名の由来、祭礼河岸《さいれいがし》の由緒、江戸川の変流時期と行徳の地名の由来

行徳の内《うち》湊村といふは、海辺より大船の川へ入口也《なり》、但《ただし》右鎌倉船の入津場《いりつば》なり今《いま》村名《な》と成る、寛永《かんえい》年中（一六二四〜四三）、寺社《じしゃ》地方《じかた》御改《おあらた》め御吟味之節之由《ごぎんみのせつのよし》と云《いう》大ホ川尻より入《い》る丶とは、弓と弦《げん》ほど近し、其《その》村の河尻跡とて畑に成り、持村一統《じそんいっとう》して河形《かわがた》知る丶、于今《ここにいま》河の入江の様に残し、押切《おしきり》村《むら》、湊村の境に有り、往還《おうかん》なり万海《まんかい》と云行人《いうぎょうにん》の墳《ふん》、海より川へ入口の畠にあり、此所《このところ》の字《あざ》とす、大船、又《また》鎌倉往行の舟の通路の地成事《なること》を惜《おし》みて、末世へ伝《つたえ》んため遺言《いごん》せられて、此所《このところ》に葬りしと也、石仏有《あり》、詣《まいり》て祈念《きねん》すれば、流行《はやり》風等《など》の病 速《やまいすみやか》に除く也、其外《そのほか》塩浜の場面にも、河跡塩不レ宜所《かわあとしおよろしからずのところ》、慥《たしか》に云伝《いいつた》へ是有《これあ》り、いつの世かは河簗留《つきと》め、今皆《いまみな》塩浜と成る、但《ただし》簗留たるも寛永年中歟《や》惣《すべ》て行徳と名付る事、本行徳金剛院《こんごういん》の開山 行人《ぎょうにん》よりして起《おこ》る、是《これ》も右の如《ごと》く、昔の大船の地なる事を惜《おし》みての行者《ぎょうじゃ》なるべし、札所《ふだしょ》二番也、但《ただし》今は寺なし、札所は二俣村《ふたまたむら》へ移す

（注）湊村の地名は寛永六年（一六二九）の古検《こけん》のときに名付けられたとする。海上の常設の場所（これを湊という）に大船を停泊し、船上で荷物を売買する。中世、鎌倉船の入津の場だった。そしてそこは海から川への入口だった。徳川幕府はその場所に堤防を築いて江戸

川の流れを現在の浦安《うらやす》方向へ変えた。本行徳《ほんぎょうとく》と関ヶ島《せきがしま》と欠真間《かけまま》は地続きになったのだが、そのときの欠真間の最も本行徳に近い場所を湊村と名付けて欠真間の地を分割したと分かる。湊と名付けられた場所には、往古から、大船で売買された荷物、あるいは大船に積み込む荷物を集積する倉庫のような建物があったに違いない。

（注）関ヶ島村と湊村の間はかつて川尻《かわじり》だったが、海側に堤防を築き遮断《しゃだん》した。川側は一部入江のようにして埋め立てないで残した。それが後年の貨物専用の行徳河岸《ぎょうとくがし》、別称祭礼河岸《さいれいがし》となる。押切村《おしきりむら》と湊村の境にある。現在は排水機場と押切児童公園になっている。

（注）万海《まんかい》という行人《ぎょうにん》については、現代に「行人さま」として行徳駅前公園内に祀られている。かつて、「行人」という字地が近くにあった（『市川市字名集覧』市川市教育委員会）。

（注）江戸川河口を締め切って浦安方向へ流れを変えたのは、寛永年中歟《や》（一六二四～四三）、とされる。本稿では竣工したのは寛永二年（一六二五）と推定する。河口を締め切ってから塩焼稼業《しおやきかぎょう》に参加できるようになった関ヶ島村《せきがしまむら》、伊勢宿村《いせじゅくむら》、押切村《おしきりむら》などは、河跡塩《かわあとしお》よろしからずのところというたしかな言伝えがあった、とする。

（注）行徳という地名発祥は、本行徳金剛院《こんごういん》の開山行人よりして起きる、とする。金剛院は札所二番である。ただし、今は寺なし、としている。今とは『葛飾記』執筆時点だから寛延《かんえん》二年（一七四九）である。

（注）文化七年（一八一〇）刊行の『葛飾誌略《かつしかしりゃく》』は、一、遊女屋《ゆうじょや》二軒の項で「行徳といふ

地名は、其昔《そのむかし》、徳長《た》けたる山伏此所《このところ》に住す。諸人《もろびと》信仰し行徳と云《い》ひしより、いつとなく郷《ごう》名《めい》となれりと。云々《うんぬん》。其後《そののち》（いつの時代かは記載がないが）、此庵《このあん》へ出羽国金海法印《でわのくにきんかいほういん》といふもの来りて、行徳山金剛院《こんごういん》といふ」とある。この記述によれば、金海法印が来たときにはすでに庵があったことになる。それは天文《てんぶん》十一年（一五四二）のことと記述する。これを御《ご》行屋敷《ぎょうやしき》というのだが、享保《きょうほう》年中（一七一六〜三五）に退転したとする。

（注）天保《てんぽう》七年（一八三六）刊行『江戸名所図会』は、「神明宮（中略）慶長《けいちょう》十九年（一六一四）甲寅《きのえとら》、金海法印《きんかいほういん》といへる沙門《しゃもん》、此地《このち》に一宇《いちう》の寺院を開創して、金剛院と号《ごう》す。依《よっ》て金海《きんかい》の森《もり》といふとぞ。金剛院今は廃せり。按《あん》ずるに、［葛西志《かさいし》］といへる書《しょ》に、行徳は金剛院の開山某《それがし》、行徳の聞え高かりし故《ゆえ》に地名とする由《よし》記せり」とあり、『葛飾誌略』の紀年、天文十一年（一五四二）と七十二年の開きがある。

また、金剛院廃址《はいし》の項では、「当寺《とうじ》より南の方《かた》にあり、御行屋敷《ごぎょうやしき》と字《あざな》せり、是則《これすなわち》先にいへる處《ところ》の金剛院の旧地《きゅうち》なり、金剛院は羽州羽黒山法漸寺《うしゅうはぐろさんほうぜんじ》に属すといへり、其昔《そのむかし》行徳有験《うげん》の山伏《やまぶし》住みたりしにより、竟《つい》に此地名となるよし云《い》ひ伝《つた》ふ」とある。ただし、『江戸名所図会』には金剛院の退転時期についての記述はない。

昔行徳領堀江村《ほりえむら》と葛西長島とは地続きだった

然《しか》れば、諸国の高瀬舟《たかせぶね》の売買所は、大河《おおかわ》にて、大河尻よりは此所《このところ》の方《か》タ近く、勝手宜敷有《よろしくあり》し也《なり》、又《また》、大昔は、行徳領の内堀江村《ほりえむら》を大船の場といふにて、若干の町割、鍛冶《かじ》町、肴店《さかなだな》などの跡有《ある》よし也、其《その》時代は、葛西長島《かさいながしま》といふ所と地続き也、此所は、昔長島殿と申《もうす》城主の城下の湊《みなと》のよし、梵音寺《ぼんおんじ》といふ観音の伽藍跡《がらんあと》の寺あり、坂東《ばんどう》の札所たるべきを、夜は長島なり、と観音の仰《おおせ》られしにより、浅草の方《ほう》勝ちと成《な》り、十三番と成《な》りたるよし、諺《ことわざ》にいひ伝へたり、愚按《ぐあん》ずるに、長島の湊の時は、辰巳《たつみ》の方《かた》、当代島《とうだいじま》村の耕地より大船入《い》る、鮊《しらうお》は此所《このところ》の名物也、海河にて白魚も納屋有《あり》しならん、太田道灌《おおたどうかん》の時代、国府台《こうのだい》の湊に寄《よ》するを以《もって》、堀江村河尻堂免《かわじりどうめん》と云所《いうところ》に、堂免と名付る事、長島の観音の堂免跡歟《や》掘割水を直に落す故《ゆえ》、巽《たつみ》の方《かた》の海河、皆田地《でんち》と成《なり》たるべし、其《その》時代、右湊村も海より川へ掘割り、大船、又鎌倉往来の舟をも通路したる歟《や》、又夫《それ》より前より有《あり》たる歟、何《いず》れか是なる事を不レ知《しらず》、今も相州《そうしゅう》の舟の河尻より入る舟を、五大力舟《ごだいりきぶね》と云《いい》て、絶へず折々入《い》り来る也但《ただ》し、上下野《や》州《しゅう》、奥州《おうしゅう》、常州《じょうしゅう》、下総《しもうさ》共に、大商《おおあきない》の分、面々《めんめん》の勝手を以《もって》、行徳の内に能《よ》き問屋を拵《こしら》へ連《つらね》て、大船を近くへ登《のぼら》せ、高瀬舟《たかせぶね》の勝手に用ゐたる故、長島の浜は自然と衰微に及びたる時節を窺《うかが》ひ、太田氏堂免を掘割り、水を落せしか、既に将軍の湊と成るべきを、鎌倉へ召《めし》にて太田氏は殺されたり、可レ惜哉《おしむべきかな》、可レ謂《いうべきか》、将軍の地に不レ恥《はじず》と、東に青竜《せいりゅう》の香取《かとり》、銚子の流水有《あ》り、北に玄武《げんぶ》の築《つく》波山有《ばさんあり》、西に白虎《びゃっこ》の東海道有《あ》り、南に朱雀《すざく》の田野《でんや》、沢畔《たくはん》、渺々《びょうびょう》たる海岸につゞけり、若レ無二沢畔一、則桐七本可レ植レ之、桐鳳凰ノ栖巣ナリ、ト玉兎金烏集ニ見ヘタリ然《しかれ》ば、上方《かみがた》、関東共に勝手能《よ》きゆへ、下総国《しもうさのくに》葛飾の中、大河に紛れなく旧記のごとくならん、就レ夫《それにつき》、余《よ》幼少の頃迄は、子規《しき》（ホトトギスの異称）の声し来《きた》る、此《この》鳥は都に棲《す》み、或は都を好む鳥也、近来迄は未《いま》だ大船の薫《かお》り残りける故歟《や》、今は只鄙《ただひな》と成《な》り、かつこ鳥の声のみ聞《きこ》ゆる也、太井川《ふといがわ》の大船も、皆江府《こうふ》に至る事なれば、其機《そのき》に随《したが》つて、繁昌成方《なるかた》の威《い》に順《したが》ふ道理也、是《これ》諸民の心なり、

綱鑑大全五十四、先レ是治平中邵雍与レ客散二歩天津橋上一、橋在二河南府西南一架二洛水上一聞二杜鵑声一惨然不レ楽、客問二其故一、雍曰、洛陽旧無二杜鵑一、今始至天下将レ治、地気自レ北而南、将レ乱自レ南北、今南方地気至矣、禽鳥飛類得レ気之先者不二三年一、上用二南十一作レ相、多引二南人一専務二変更一、天下自レ此多事也、至レ是雍言果験云、

邵雍字ハ尭夫、康節ト諡ス、宋ノ世ノ人也、邵ト云所ニ在シ故、邵先生ト云フ、梅花心易ノ作者、数道籌術之祖也、

是、陰陽逆《いんようさか》ふと順《したが》ふとの謂《いう》なり、玄武、白虎より、青竜、朱雀《すざく》へ下るは吉《よ》く、上るは悪《あし》きと覚《おぼ》へたり、洛《らく》に居《い》て東南の郊へ不《いで》レ出《ず》は乱の気歟《や》、

（注）太田道灌殺害の件は諸説あるが、本項では、行徳領堀江村《ほりえむら》と葛西長島が地続きだったとの記載が注目される。

（注）太田道灌の時代、堀江村の河尻堂免《かわじりどうめん》というところに、掘割水を落としたので、巽《たつみ》の方《かた》、つまり南東の方角の海河、みな新田地となった。ところがそれ以前に、将軍の湊となるべき長島の浜は自然と衰微していた。その原因は、堀江村堂免よりも上流にあった湊村が海

から川へ掘割り、あるいはそれ以前からあったかもしれない水路から、大船を国府へ通行させたからだという。ただし、太田道灌の時代に湊村と称する村は行徳にはまだ存在していなかったので矛盾がある。時代を錯誤したのかもしれない。あるいは、村と称するに値するだけの建物がすでに存在していたのかもしれない。

（注）『江戸名所図会』より関連個所を記す。

長島湊《ながしまのみなと》　葛西長島《かさいながしま》と一隻《いっそう》の地なり。昔此地に長島殿《ながしまどの》と称せし領主ありて、此地に住《じゅう》せしとなり。梵音寺《ぼんおんじ》といへる観音霊蹟《かんのんれいせき》の廃址《はいし》あり。相伝《あいつた》ふ、太田道灌の頃は、国府台《こうのだい》の湊に船を泊《はく》す。其後《そののち》野州《やしゅう》・奥州《おうしゅう》・常州《じょうしゅう》・総州等《そうしゅうとう》の国々、高瀬舟の便利よきを用ふる事となりしより、行徳へ運送する事とはなれりといふ。永禄《えいろく》二年（一五五九）小田原北条家《おだわらほうじょうけ》の分《ぶん》限帳《げんちょう》に、太田新六郎所領《しょりょう》の中《うち》に、葛西長島高城《たかき》と云々《うんぬん》。

真間《まま》の手児奈《てこな》が入水《じゅすい》した湊は大船が入江と川を使って行徳沖から勝手に登り着いた

旧規には背《そむ》きがたし、慶安《けいあん》年中（一六四八〜五一）の国附《くにつき》を見るに、武蔵国《むさしのくに》二十一郡也《ぐんなり》、是清和《これせいわ》より前の旧規の如《ごと》くなるべし、武蔵国《むさしのくに》に仮り用る事、源家《げんけ》御出生の後計《ばか》り歟《や》、将《ま》た戦憤のなす処歟《ところや》、東鑑《あずまかがみ》に、葛西《かさい》六郎の武蔵の内と云《いえ》る故《ゆえ》なるべし、と云《いえ》り、是《これ》正理に非《あらざ》るべし、且《かつ》は王城の定式《じょうしき》に負《ま》くに似たり、歌枕《うたまくら》秋の寝覚《ねざめ》、諸国名所記等《など》も、皆、角田川《すみだがわ》、関屋《せきや》里、庵崎《あんざき》等、下総《しもうさ》国《くに》名所と載《の》す、今更《いまさら》に云《いう》に不レ及事也《およばずのことなり》、改めん事、古語を以《もって》俚俗卑諺《りぞくひげん》に換《かわ》るがごとし、又同書、業平天神《なりひらてんじん》は菅神《かんじん》也と云所《いうところ》、但続《しょく》砂子《すなご》也業平東下《あずまくだ》りの事、伊勢物語の難儀《なんぎ》にして、歌道《かどう》の伝《でん》なるよし云《いえ》り、業平下り給《たま》ふとは虚成《きょなり》といふ事、総じて始終極めざる習《なら》ひのよし也、然共《しかれども》、下り給《たま》ふ故に下り給はずとして、限らぬ様にするも知れず、信濃《しなの》なる浅間《あさま》の嶽《たけ》に立《たち》けぶり、の歌などにて、遠州《えんしゅう》、三州辺《さんしゅうあたり》の道より、遠くして見えざるを思ひやりて詠《えい》じ給ふを、道の取違へ、居ながらの雲の上人《ひと》の詠《よみ》などゝして、虚なるとするかも知れず、尤《もっとも》詩歌の習ひ、見ぬ国、見ぬ里をも思ひやり、又、其人に成り替り、其心に成《なり》て詠《えい》ずるよしなれ共《ども》、其《それ》にては配流《はいる》の人とはいはれず、又、吉野山に入《いり》、行衛《ゆくえ》しれずといふ事、武蔵国《むさしのくに》の三吉野の事かもしれず、石上《イソノカミ》の在原寺《ありはらでら》は本国故《ゆえ》に建る歟《や》、後《のち》帰路も知れず、兎角《とかく》下り給ふとにて極《きわま》りたる、角田川《すみだがわ》は下総のかた慥《たしか》にや、隅田川《すみだがわ》は事置《ことおき》、まつち山さへ下総国の名所也《なり》、今の金竜山《きんりゅうざん》の待乳山《まつちやま》は、彼の地へ模されたる也、歌枕秋の寝覚《ねざめ》、下総の名所と有り、是を以《もっ》て考へ見るに、国府台《こうのだい》の円き岸の高きを、真土山《まつちやま》と云也《いうなり》、是《これ》にては、景物に載する所の、おろす嵐山《あらしやま》のかひ等《など》も有レ之《これあり》、弁基法師《べんきほうし》の、まつち山夕こえくれて庵崎《いほさき》の角田川原《がわら》にひとりかもねむ、の歌は、暮《くれ》て一里行く歌也、真間《まま》の渡り、市川の宿を越て也とも証拠は、真間ほどの山を、真間の山とも岡とも名所に載すべきを載せず、載てあれば、国府台共にして用ゆべき也、是真土山成《これまつちやまなる》故《ゆえ》に、まゝの山とは載せず、是にて識得《しりえ》有《う》べき也、金竜山《きんりゅうざん》にしては、余りちょろき事也、太義《たいぎ》なれどもが本意也、真間のおすひは、南の方《かた》海岸也、昔は入海直《じか》に打付《うちつけ》たるなり、今皆田地《でんち》と成り、所々《しょしょ》入江の時の事皆所《みなところ》の字《あざ》ナと成り、云《いい》伝ふる也、字《あざ》ナ大洲《おおす》初《はじめ》て洲出る所立野《たての》入江の芦《あし》をかや□を立て刈しゅへ蘆畔《あしクロ》是も同《おなじ》くかや野新田開発場也新《しん》作《さく》是も同意右の外尋《たず》ぬるに不レ遑《いとまなく》、大抵如レ斯《かくのごとし》、いづれの代より新田と成《なり》し事を不レ知《しらず》、但《ただし》是も堂免の掘割の同時かや地形《じがた》、海干潟より田《た》低くゝ見ゆる所有り、又、おすひおすひ、同まゝの歌枕にありは国府台《こうのだい》の赤岸山《あかぎしやま》の水際をいふ歟、まゝの手こな入水《じゅすい》せし所は、其《その》湊に投《なぐ》と有故《あるゆえ》、今の市川村の辺《あたり》ならん、此所は、むかし大船の入津《いりつ》の場なるべし、故に其湊といふ、入江と川とより、大船勝手に登り着きしと覚えたり、

(注)東鑑。あずまかがみ。吾妻鑑。鎌倉後期成立の史書。五十二巻。鎌倉幕府《かまくらばくふ》の公的な編《へん》纂《さん》といわれる。幕府の事跡《じせき》を日記体に編述。わが国最初の武家記録。八十七年間分。

(注)歌枕。うたまくら。歌を詠むときの典拠《てんきょ》とすべき枕詞《まくらことば》・名所など。また、それらを書き集め解説した書。古歌に詠みこまれた諸国の名所。

(注)信濃。しなの。旧国名。現在の長野県。信州。

(注)遠州。えんしゅう。遠江国《とおとうみのくに》の別称。現在の静岡県西部。

(注)三州。さんしゅう。三河国の別称。現在の愛知県の東部。

(注)配流。はいる。流罪に処すること。ながすこと。

(注)真土山。まつちやま。待乳山《まつちやま》。歌枕。大和国《やまとのくに》と紀伊国《きいのくに》の境の山。現在の奈良県五条市と和歌山県橋本市の境にある。「真土山」「亦打山」「又打山」「信打山」とも書く。歌には「待つ」をかけ、「松」「ほととぎす」「女郎花《おみなえし》」などの語とともに詠まれた。また、江戸の地名。現在の東京都台東区浅草四丁目本竜院境内にある小丘。古来、花柳界の信仰が厚い。

（注）『影印《えいいん》・翻刻《ほんこく》・注解《ちゅうかい》　勝鹿図志手繰舟《かつしかずしてくりふね》』（以下、『勝鹿図志手繰舟』）より関連個所を記す。

真土山夕《まつちやまゆう》こえくれば庵崎《いほさき》の角田川原《すみだがわら》にひとりかもねん

此山の古歌なりと云《いう》。昔は角田川・庵崎・関屋《せきや》の里《さと》、下総かつしかの名処《めいしょ》とす。後、利根川を境として武蔵になしたるにより、真土山も今の所にうつし、角田川より一と目に見は（ママ）たすやうになしたるとおぼゆ。哥《うた》の心も今の真土山にしては、かなふべくとも見へず。又国分台《こくぶんだい》の利根川岸赤《あか》き真土《まつち》なれば、名付たりしとも云《いう》。

（注）金竜山。きんりゅうざん。浅草寺の山号。

（注）真間《まま》のおすひ。おすい。襲。衣服の名。頭からかぶって衣装の上をおおうもの。後世の被衣《かずき》はその遺風と考えられている。上代《かみよ》の上着《うわぎ》の一種。頭からかぶり、全身を包むように垂らした長い布。古くは、男女ともに用いたが、奈良朝以降は女性の祭服となった。

（注）『勝鹿図志手繰舟』より関連個所を記す。

真間の於須比《おすひ》　麓《ふもと》に東より西へ流れ市川へ落入《おちいる》小川也。

同（萬葉の意）

かつしかのまゝの手児奈《てこな》がありしかばまゝのおすひは（ママ）波もとゞろく（ママ）

おすひとはおそひ也。山の傍《そひ》にと云事也《いうことなり》。

（注）『江戸名所図会』より関連個所を記す。

真間於須比《ままのおすひ》　先覚律師《せんかくりっし》の［万葉集抄《まんようしゅうしょう》］に云《いわ》く、於須比《おすひ》にとはおそひになり。山のそひにといふ義《ぎ》なりと。又契沖阿闍梨《けいちゅうあじゃり》の［万葉代匠記《まんようだいしょうき》］に、まゝおすひは、駿河能宇実於思蔽《するがのうみおしへ》爾《に》とあるにおなじく、磯辺なりといふ。本居宣長翁《もとおりのりながおう》の考《かんがえ》にも、手古奈《てこな》が磯辺にありしかば、浪《なみ》さへめでゝ、さわぎしといふ意ならんとありて、磯辺《いそべ》といふにしたがはれたり。

万葉集

可豆思賀能麻萬能手古奈家安里之可婆麻末乃於須比爾奈美毛登抒呂爾《カツシカノママノテコナガアリシカバママノオスヒニナミモトドロニ》

（注）『葛飾誌略』より関連個所を記す。

一、真間《まま》の於須比《おすひ》。麓《ふもと》に有《あ》り。東より西へ流る。市川へ落ち入る小川也。万葉集。かつしかのままの手児名《てこな》がありしかばまゝのおすひに浪《なみ》もとどろに。おすひとはをそひ也。傍《そひ》にと云《い》ふことぞ。往古は此山の麓より皆浦也《みなうらなり》といへり。蒼海變而成二桑田一と、宜也《むべなり》。

万葉集。葛飾のまゝの浦《うら》まを漕ぐ舟の舟人さわぐ浪《なみ》たつらしも

（注）真間の手児奈入水《じゅすい》の場所は今の（葛飾記執筆時点の一七四九）市川村あたりとする。この場所は大船の入津の場であり湊だった。入江と川とにより大船が行徳沖から太井川を勝手に登って湊に着いた。

又《また》同書に、吾妻《あがつま》の起り、湯島の台と計《ばか》り、是も模《も》し也《なり》、上州吾妻郡が本《もと》也、あがつま市《いち》と云市《いういち》立つ、尊《みこと》、東《あずま》を見給《みたま》ふ事、臼井峠《うすいとうげ》也、橘媛入水《たちばなひめじゅすい》、相州《そうしゅう》より上総への海上、此葛飾浦《このかつしかのうら》に違ひなし、前太平記にも見えたり、氷川《ひかわ》明神の由来《ゆらい》を引云 尤《もっとも》、日本武尊《やまとたけるのみこと》、妻恋しく海を見やり給《たま》ふを、妻恋《つまごい》の稲荷《いなり》と崇《あが》め祭りし故《ゆえ》、左《さ》も有《ある》べき事なれ共、大かたは海の方《ほう》を恨《うら》めしく憎がらせ給ひしならん、又地理に併すれば、彼《かの》海は南故《ゆえ》、東を見給ふといへるにかなはず、跡の道を恋見《こいみ》給《たま》ふ故、日を経て上州《じょうしゅう》にいたり給ひては、猶《なお》思ひ増《まさ》り給ふ道理也、依《よっ》て上州の吾妻を用ゐて可也、忍が岡、奥州のうつしなり、信夫が岡、又山共《とも》、秋の寝覚《ねざめ》、武蔵とはなし、誰為《たがため》に忍ぶの山の下わらび煙は絶えず見え渡る覧《らん》俊成《しゅんぜい》卿《きょう》 是も奥州の忍ぶ山の歌歟《や》、けぶりは絶えずにて賑か体《てい》、両用にかなふ、わらびを藁《わら》火《び》と取たる枕詞《まくらことば》也、右歌はしのぶの里の気色《きしょく》也、奥海道と見えたり、等類《などのたぐい》也、是等《これら》の事、前の模しと云ふに準じて記レ之《これをしるす》、

又、隅田川一説に曰《いわく》、武州岩槻領《ぶしゅういわつきりょう》と新武蔵新方領との間、又同名有《これ》レ是《あり》、其元《も》ト也と云《いえ》り、児《こ》の宮《みや》、鏡が池等も爰《ここ》に有《ある》とかや、今の木母寺は移し也と云《いえ》り、

論曰《ろんにいわく》、右の所奥州海道《おうしゅうかいどう》ゆへ、人商人《しょうにん》奥へ下るといへば、謡《うたい》其《その》余《よ》にも 此所角田川《すみだがわ》の根元《こんげん》ならん歟《や》、今の橋場《はしば》の渡しは、奥海道にはあらず、常陸、下総の道筋也、又、業平《なりひら》の都鳥《みやこどり》の歌は鷗《かもめ》なれば、此鳥海辺近き所ならでは栖《すま》ざる故、業平の時代は、早今《さっこん》の木母寺へ模したる歟、何《いず》れ歟是成る事を知らず、

（注）相州。そうしゅう。相模国《さがみのくに》の別称。現在の神奈川県の大部分。
（注）上州。じょうしゅう。上野国《こうずけのくに》の別称。現在の群馬県。

◉利根川

附タリ夜逍遥《しょうよう》の事 幷《ならびにとう》桃花源《かげん》の事

江戸川の景物・名物

上野国《こうずけのくに》利根川刀禰川《とね》とも云《いう》の末成故云《すえなるゆえいう》、葛飾郡《かつしかごおり》に至《いたり》てはかつしかの川といふ、景物あそび柳鳰鳥《におどり》、又、太《ふ》ト井川とも、文巻《ふまき》川ともいふ、真間《まま》の岸下辺《あたり》をからめき川と云《いう》、水底に岩有故《あるゆえ》俗に坂東太郎《ばんどうたろう》といふ、名物、紫鯉、黒目鮊《しらうお》、鮒、鱣《せん》、已上《いじょう》、超他国《たこくにこゆる》鮮美《せんびなり》也網子《アビコ》上る、鱣《せん》の児《こ》也、但稀《まれなり》也近年は鯰魚出来《なまずしゅったい》、葛西紫海苔《むらさきのり》、近年はすくなし、寛保《かんぽう》二壬戌年《みずのえいぬのとし》（一七四二）大水ヨリ絶ヘタリ

（注）鳰鳥《におどり》。かいつぶりの古名。鴨《かも》に似た小さな水鳥。水に入るのを得意とする。葦《あし》の間に巣を作り、水に浮いているように見えるので鳰《にお》の浮巣《うきす》という。
（注）鱣《せん》。てん。鯉の一種。ちょうざめの一種。うつぼ。うみへび。
（注）紫海苔《むらさきのり》。アサクサノリの別称。

（注）寛保《かんぽう》二 壬戌年《みずのえいぬのとし》大水。一七四二年八月一日、大風雨、高波にて関東大洪水、居村《きょそん》にて水丈《みずたけ》五〜六尺、塩浜一面に水押し開く、欠真間村地内潮除堤字枡形《かけままむらちないしおよけつつみあざますがた》で大切所《おおきりしょ》できる。ほかの村々にも切所できる。潮引堀《しおひきほり》（江川《えがわ》）埋る。江戸三大洪水の一つとされる（『明解 行徳の歴史大事典』）。出典は『市川市史』第六巻上所収「塩浜由来書」。

（注）紫鯉。鯉は江戸川の特産。

『葛飾誌略』より関連個所を記す。

一、鯉。これ此川之《このかわの》名産也《なり》。山城国淀川《やましろのくによどがわ》の鯉にも勝りて風味格別也。此故に、江戸にても利根川鯉とて賞味する也。此近辺の沼湖《しょうこ》よりも多く出《い》づと雖《いえど》も、肉強く味宜《よろ》しからず。

（注）『江戸名所図会』より関連個所を記す。

迦羅鳴起瀬《からめきのせ》　新利根川の水流なりといへども、今其地《いまそのち》さだかならず。土人云《どじんいわ》く、柴俣《しばまた》の辺《へん》なりと。［北条五代記］に氏康《うじやす》と里見義弘《さとみよしひろ》戦《たたかい》の条下《じょうか》に、武州《ぶしゅう》江戸より小田原方遠山丹波《かたとおやまたんばの》守《かみ》・富永三郎左衛門尉《とみながさぶろうざえもんのじょう》はせ参じ、からめきの川を前《まえ》にへだて、そなへたりとあり。［同書］にからめきの瀬ともあり。

按《あん》ずるに、［さらしな日記］にかゞみの瀬ともあるは此川の事ならん歟《か》。恐らくは後世の俚俗《りぞく》あやまりつたへてからめきと伝唱《てんしょう》せしもしるべからず。

蛇が腹に巻きついた話

昔此《この》河にて、或人《あるひと》夜逍遥《しょうよう》に出て、投網《とあみ》をおろし、鯉、鯽《そく》を取《とり》て慰《い》とせられける、或夜又出て、夜更《よふけ》、頻《しき》りに帰り度由《たきよし》を申されければ、急ぎ漕《こぎ》戻し、我家に帰りしに、此主人、色青ざめ気色おとろへ見へられしかば、主《あるじ》の女房《にょうぼう》、酒抔貯《などたくわ》へ置《おき》て有《あり》しを勧められけるに、飲酒の気色もなく、只是《ただこれ》見給《みたま》へと有《あり》しを、何かはとて見てければ、懐《ふところ》の中《うち》、腹をぐるぐると、しつかりと大なる蛇《へび》巻服《まきツキ》て、頭を胸へ出し、尾を以《もっ》てたゝくにてぞ有《あり》ける、主《ある》じの女房左《さ》あらぬ風情《ふぜい》にもてなし、鉄漿《ヲハグロ》を能《よく》付け、奉書《ほうしょ》を以《もっ》て蛇の首を裹《つつ》み、聢《しか》とくわへしが、ばらばらと解《とけ》て、皮肉骨腸《ひにくこっちょう》、四方へわかれけると也《なり》、此主人に何者の一念か附傍《つきそい》て、かく蛇と成《な》り、其身《そのみ》につき纏《まと》ひにし、いと怖《おそ》しき事に侍《はべ》り、

(注)逍遥。しょうよう。そこここをぶらぶらと歩くこと。散歩。

(注)鯽。そく。ふな。淡水魚の一種。鯉に似ているがひげがない。海鯽《そく》は海たなごのこと。

二ツ木村の由緒

又、此《この》川上に松戸の渡り有《あり》、国府台《こうのだい》より一里余有《あまりある》也、是《これ》より又二里程行《ほどいく》、大谷口《おおやぐち》の城跡有《しろあとあり》、小《こ》

金領《がねりょう》の内也《なり》、則《すなわち》、城跡今檀村東漸寺《いまだんむらとうぜんじ》の境内の隣也、此城主多賀谷太夫《たがヤたいふ》、多賀谷は摂州《せっしゅう》一ノ谷攻《ぜめ》の勢《せい》の内なり、東鑑《あずまかがみ》に見へタリ大坂秀頼合戦の時代、武江《ぶこう》の御幕下《おんばっか》にて《ノット》戦功有《あり》し由《よし》、其後《そのご》江府《こうふ》江《え》御召《おめし》にて出府《しゅっぷ》の跡へ、兼《かね》ての御約歟《おやくや》、大兵乱入して但《ただし》御咎《おとが》メ何《なに》成事《なること》を知《しら》ず即時に城を則り、家老は出奔《しゅっぽん》して見へずと、家老脇林氏何某、則《すなわち》降参して封侯《ほうこう》を願はず、其所原地《そのところはらち》を御《ご》新田に願ひ、早速給《さっそくたまわ》りて開発し、是を二ツ木村と云《いう》、彼《かの》先祖林氏の、林の字の木二ツ並べるを以《もっ》て名付しとぞ、馨蓮寺《けいれんじ》と云禅寺《いうぜんでら》を起立し、系図、諸帳面、武具迄皆納め、又、黄金何枚、朱《しゅ》何百杯《パイ》埋《う》み有《これ》レ之由《あるよし》、其所知れざる、と家臣の子孫の物語也、賤《いや》しき土民に下り、古主人の名をもしらずと承《うけたまわ》り候《そうらわ》き、但《ただし》、主人は其儘《そのまま》江府にて、後、御《お》旗本一騎に成《な》し下され、于今《ここにいま》繁昌のよし也、尤《もっとも》、右二木村《ふたつぎむら》七八百石の村の由《よし》、敗北の残勢、又其内を撰《えら》びて、彼《かの》林氏摂《せっ》して一村の百姓とせし由《よし》、皆一族ばかり也、武江林氏は、唐林和靖の末裔《まつえい》のよし、砂子《すなご》（江戸砂子のこと）に書《かけ》り、二木村《ふたつぎむら》も其《その》林氏の元《も》トならんかもしれず、林氏の大坂合戦にて、首八十五級の首帳面も、馨蓮寺《けいれんじ》に納め有《これ》レ之《ある》由、主人は知行高大凡《ちぎょうだかおおよそ》百廿万石余と承《うけたまわ》る、右の事抔《など》に付て存出せる事侍《はべ》り、

（注）武功の御幕下。徳川方に味方したこと。
（注）封侯。ほうこう。諸侯。大名。また、諸侯に封ずる。

桃源郷《とうげんきょう》というユートピア

陶淵明桃花源記曰、晋太元中武陵人、捕レ魚為レ業、為縁レ渓行忘二路之遠近一、忽逢二桃花林一、夾レ岸数百歩、中無二雑樹一、芳草鮮美落英繽紛、漁人甚異レ之、復前行、欲レ窮二其林一、林尽水源、得二一山一、山有二小口一、髣髴若レ有レ光、便捨レ船従レ口入、初極狭纔通レ人、復行数十歩、豁然開朗、土地平曠屋舎儼然、有二良田美地桑竹之属一、阡陌交通、鶏犬相聞、其中往来種作、男女衣着悉如二外人一、黄髪垂髫、怡然自楽、見二漁人一大驚、問レ所二従来一、具答レ之、便邀還レ家、為設レ酒、殺レ鶏作レ食、村中聞レ有二此人一、咸来問訊、自云、先世避二秦乱一、率二妻子邑人一、来二此絶境一、不二復出一、遂与二外人一間隔、問今是何世、乃不レ知レ有レ漢、無レ論二魏晋一、此人一々為二具言一、聞皆歎惋、余人各復延至二其家一、皆出二酒食一、停数日辞去、既出得二其船一、便扨二向路一処々誌レ之、及レ郡詣二太守一、説《いう》二太守一、即遣レ人随往、尋二向所レ誌、遂迷不二復得レ路云々、

私説に云、漁人《ぎょじん》道《みち》にて思案変り、恩を顧《かえりみ》て桃花林《とうかりん》迄至らざる歟《や》、其《その》在地は、喩《たと》へば日本の山《やま》路渓間《じけいかん》の村里《むらざと》之《の》類《たぐい》也《なり》、谷合《たにあい》の道、羊腸《ようちょう》にて膳田《ぜんでん》を兼《かね》たる所也《なり》、若《カクノゴト》き墟間《ろかん》の地、所々《しょしょ》に有《ある》もの也、誌《これをしるす》レ之と有故《あるゆえ》、矢立《やたて》を持《もち》たる也、数船の魚を購《あがない》て記さん為也、此日舟寡《すくな》く、自《みずから》多魚を乞《こ》ひ、桃花源《とうかげん》に至《いた》りしなるべし、又誌《これを》レ之《しるす》は草結び等の類《たぐい》也

（注）漁人。ぎょじん。漁師。漁者。
（注）羊腸。ようちょう。羊のはらわたのように、山路などの屈曲して険しいこと。つづら

おり。くねくねとつづいているさま。
（注）桃花源。とうかげん。俗世間をはなれた別天地。理想郷。ユートピア。桃源郷。東晋《とうしん》の陶潜の「桃花源記」に描かれた仙境。晋のとき、武陵《ぶりょう》の一漁夫が、桃林中の流れをさかのぼって、ほら穴に入り、ついに秦《しん》の遺民の住む別世界に遊んだという。今、湖南省洞庭湖の西に桃源県があり、その西南の桃源山にある桃源洞は陶潜が遊んだところと伝える。

不老不死の薬を求めて徐福《じょふく》来朝す

則《すなわち》桃花源《とうかげん》の詩に曰《いわく》、

読㆓秦記㆒

海上空求五色芝、鮑魚風起竟堪㆑悲、桃源自有㆓長生路㆒、却是秦皇不㆑得㆑知、

海上空求五色芝（これを第一句とする）とは、徐福《じょふく》が不老不死の薬を求《もとめ》んとして、童男化女《どうなんかじょ》を語らひ、吾朝《わがちょう》に来《きた》り、富士山に入《い》り、日本に止《とどま》りしに準じて、渡海せんとして、始皇《しこう》の不㆑遂《とげざる》事《こと》也、又日本秦氏《はたし》といふは、皆右《みなみぎ》徐福の子孫也《なり》、則《すなわち》、後秦《ごしん》の川勝京都嵯峨《さが》の太秦《ウヅマサ》を建立《こんりゅう》すと云《いう》、依《よっ》て太秦《うずまさ》と書《かく》、又秦《しん》の国の人成故氏《なるゆえうじ》とする、元《もと》を忘れざる心也、第二句は、始皇沙丘《さきゅう》に崩《ほう》ず時、暑《しょ》に会《あ》ふて、其臭《そのにおい》を防ぐに、鮑魚《ほうぎょ》を以《もっ》てせし事也、第三、四句は、始皇《しこう》遠きを求るは非《ひ》也、桃源に自ら長生《ちょうせい》の路有《みちある》を知らずと嘲《あざけ》り云《いえ》る也、我朝《わがちょう》人皇七代孝霊帝六丙子年《ひのえねのとし》、秦ノ

照王西帝、始皇の祖父の親也、此時、東周周十四代平王ヨリ東周ナリ三十七代赧《ダン》王三十丙子年《ひのえねのとし》、日本と同歳に中《アタ》る、徐福《じょふく》、則此年《すなわちこのとし》不二山《ふじのやま》に入《い》る、然《しか》れば、始皇の曾祖父《そうそふ》の時、徐福来朝《らいちょう》す、秦の始皇遂《これ》レ之《ついに》渡海せん事を企てたる也、日域は三島の中蓬莱洞《なかほうらいどう》也、不二の人穴の事瀛洲《えい》ハ日本の九洲、方丈は琉球歟《や》、可《たずぬる》レ尋《べし》、始皇、徐福、多く混雑して覚ゆる故爰《ゆえここ》に記す、但漢楚《かんそ》軍談等には、則《すなわち》一つにして記す又万国図に依《よっ》て見るに、海中に五山有《あ》り、岱輿坤《こん》ノ方《かた》高砂員嶠《いんきょう》巽《たつみ》ノ方《かた》呂宋方壺艮《うしとら》ノ方《かた》琉球瀛洲《えい》乾《いぬい》ノ方《かた》日本九州蓬莱北《きた》ノ方《かた》日本西国以東以上に当る歟《や》、

（注）第一句は海上空求五色芝。
（注）徐福。じょふく。秦の始皇帝の命で、東海の三神山に不死の仙薬を求めたという伝説上の人物。日本に渡来、熊野また富士山に定住したと伝える。徐市《じょふつ》とも。
（注）第二句。鮑魚風起竟堪レ悲をいう。
（注）鮑魚。ほうぎょ。しおうお。塩漬けにした魚や、ひもの。あわび。
（注）第三句。桃源自有二長生路一。四句。却是秦皇不レ得レ知。
（注）始皇。しこう。始皇帝の略。秦の第一世皇帝。列国を滅ぼして、前二二一年中国史上最初の統一国家を築き、自ら始皇帝と称した。
（注）蓬莱洞。ほうらいどう。蓬莱にあって仙人が住むという宮殿。蓬莱とは、（史記）三神山の一。中国の伝説で、東海中にあって仙人が住み、不老不死の地とされる霊山。蓬莱山。蓬莱島。富士・熊野・熱田など霊山・仙境の称。

登竜門の語源

桃　　　　　　　　　　　　　　　紀ノ納ウ言

夜雨偸湿二曾波眼一新嬌、暁風緩吹二不言唇一先咲、

詩の心は右書《みぎしょ》す、桃花林《とうかりん》の小口を想像たる也《なり》、曾波《そは》は万葉書峡《ソハ》也、山の傍《かたわ》ら嶮《けわし》きを云《いう》、是《これ》和漢一体の作也、又桃花林は竜門山《りゅうもんさん》の滝の原上《げんじょう》也、其源《そのみなも》ト崑崙山《こんろんさん》の瑤《たま》池より水出《で》て、大秦国を渡り、滝即《すなわち》竜門に零《おち》る也、禹門《うもん》、津門、竜門とて、三門の内、其一つ也、禹門《うもん》は、夏《か》の禹王《うおう》の時、蜀《しょく》の巴水《はすい》と共に切落《きりおと》すと也、竜門は、世にいふ直下《チョクカ》の鯉魚《りぎょ》三千年を経て登り得て、桃花の水を呑《のみ》て竜に化《か》すと云是《いうこれ》なり、竜門原上《りゅうもんげんじょう》の述懐ノ詩ニ曰《いわく》、

（注）竜門。中国の黄河《こうが》中流の険所。山西・陝西両省の境にあり山岳が対峙して門口をなす。魚鼈《ぎょべつ》の類《たぐい》もここを登れば竜になるという。登竜門。

始皇帝新たな文字を作り旧書を悉く焚書する

白　居　易

遺文三十軸、軸々金玉声、竜門原上土、骨埋不レ埋レ名、

水源一山は崑山《こんざん》より続《つづき》て落る也、竜門《りゅうもん》以下は、小秦国咸陽城《かんようじょう》建つ、一星に象《かたどり》て、複道を蜀山

に続《つづ》くも此所也《このところなり》、咸陽城、賊兵起《ぞくへいおこり》て一炬《いちきょ》の灰燼《かいじん》と成《な》る、是《これ》より前《サキ》、始皇《しこう》の法に、詩書を以《もっ》て人に対する者をば、皆刑戮《けいりく》す、則《すなわち》、李斯《りし》、篆書《てんしょ》を改め、小篆《しょうてん》の文字を造り、詩書百家の語を悉《ことごと》く焚《た》き、盧生《ろせい》を初め、儒者《じゅしゃ》四百六十人皆坑《アナ》にすと、盧生は即《そすなわち》其頭《そのかしら》たり、儒を坑《あな》にする事、阿《あ》房宮《ぼうきゅう》を建《たつ》べからざる事を諫《いさめ》るゆへにや、坑《あな》にして後、阿房宮成《な》る、蓋《けだし》、是右の桃林の小口を前廉《カド》より計鑿《けいさく》し、此《この》口より通じ容《イレ》けりと云事《いうこと》歟《や》、杜律の註には、武陵の人とあり、爾《しか》れば洞中《どうちゅう》の人は武陵の民人《たみびと》也 其後《そののち》、二世皇帝をば、劉項並び起つて、趙高是《これ》を殺《さつ》ィす、程なく漢《かん》の世と成《な》れり、彼《かの》桃源洞中の衆は、皆是末代《まつだい》に遺書せし人達成るべし、医薬、卜筮《ぼくせい》等の書にも咸《かん》し、于今於《ここにいまおい》て、人々恩を蒙《こうむ》る事、桃源を以《もって》元《も》トとするならん、豈《あに》是少しき恵みならんや、余《よ》往事の上春《じょうしゅん》夢らく、皆《みな》朝鮮人の如《ごと》き唐《から》衣裳を着《ちゃく》したる人、幟《のぼり》或は一人にて担《にな》ふ品々の飾り物の祭りなり、何の構ふ事なく、少し高き椽《たるき》にて見物す、是則《これすなわち》愚《ぐ》家《け》なりし 皆衣裳は花毛氈《もうせん》の類《たぐい》、厚き模様有物《あるもの》を着《き》たり、周章翔行事《しゅうしょうしょうぎょうじ》也、稍有《ややあり》て夢覚《ゆめさ》む、余《よ》此夜錦繍段《このよるきんしゅうだん》の詩註に、此所を深く感読して、如何《いかん》とも弁《わきま》へず、寝たる夜也《なり》、夢後初《ゆめのあとはじめ》て知《しり》ぬ、秦坑成事《あななること》を言《いう》は、今は坎《かん》坑《こう》に非《あら》ず、蓋《けだ》し山間を切開き、城と成しならん、祭祀《さいし》は鎮守に盧生《ろせい》を祭り、同末社《どうまっしゃ》の中、彼《かの》漁人をも崇《あが》め祭りしと覚《おぼ》へたり、又、趙高《ちょうこう》は始皇の臣乃《イマ》し時の権を執《と》る故、憎まるゝ事をなす、劉《りゅう》項《こう》は劉は漢の高祖の姓、名は劉邦《りゅうほう》と云《いう》、項は楚《そ》の項羽《こうう》也、秦を攻る内は一方也、劉邦崩《ほう》じて後、社稷長陵《しゃしょくちょうりょう》に祠《まつ》る、三体詩律詩之内、則長陵詩二曰《いわく》、

長陵《ちょうりょう》

長陵高闕此安レ劉、附葬纍々《るいるい》尽二列侯一、豊上旧居無二故里一、沛《はい》中原廟対二荒丘一、耳聞英主提二三

尺一、眼見愚民盗二一抔一、千載竪儒乗二瘦馬一、渭城《いじょう》斜日重回レ頭、
高祖《こうそ》は西楚《さいそ》にて前漢《ぜんかん》一代目也《なり》、長安城に都《みやこ》す、三尺の剣を以《もって》四百余州を治《おさ》む、剣の銘は竜泉《りゅうせん》と云《いう》、張良《ちょうりょう》、韓信等《かんしんなど》は此《この》臣下也、右は永々《えいえい》しけれ共、因《ちな》みに是《これ》を記し畢《おわん》ぬ、

(注) 咸陽。かんよう。中国陝西省《きょうせいしょう》西安の北西郊、渭水《いすい》北岸にある都市。秦の孝公がここに都を定め、始皇帝がこれを拡張して大都城をつくった。咸陽城。

(注) 篆書。てんしょ。漢代の書体六種の一。大篆と小篆がある。また、特に小篆をいう。大篆は東周末期、紀元前四、三世紀ころ秦の地方で用いられていたもの。小篆は、秦の始皇帝が天下に通行させたもの。均整のとれた荘重美麗な字形で、今日でも印章や石碑の題額の文字などに用いられる。

(注) 阿房宮。あぼうきゅう。秦の始皇帝が渭水《いすい》の南に築いた宮殿。未完成。一万人を収容できたという。遺跡は西安市の西郊、阿房村にある。

(注) 椽。たるき。屋根の板裏または木舞《こまい》を支えるために、棟《むね》から軒《のき》にわたす材。垂木。

(注) 毛氈。もうせん。獣毛に湿気・熱・圧力・摩擦などを加えて一種の縮絨《しゅくじゅう》を施し、各繊維を密着させて製する敷物用毛織物。

(注) 畢ぬ。おわんぬ。オワリヌの音便。おわった。……してしまった。

江戸川に鐘を落とした話

又利根川の内、吾妻《あがつま》の下と云所《いうところ》有《あり》、此淵《このふち》は殊《こと》の外深かりしを、享保《きょうほう》年中（一七一六～三五）、別に河を掘り、水筋を直に流す故に、干上りて、今は厲《カチワタリ》にも成る也、昔此淵に釣鐘一口落入りて、今に上る事なしと云《いえ》り、此鐘は、此河向ひ葛西篠崎村《しのざきむら》東光寺の鐘也、元《もと》は伽藍《がらん》にして、川の端なりし由《よし》、葛西《かさい》ノ六郎清時の七郎時重、何《いず》れも三郎清重の子也、東鑑《あずまかがみ》祈願所と云《いう》、今小寺と成り、其近所に有り、真言宗也、旧トの寺跡は欠入《かけいり》しと也、尤《もっとも》淵の辺《あた》り、吾妻ノ明神の社《やしろ》有り、是も橘媛《たちばなひめ》の神なるべし、俗に、右淵深かりし時は、水牛栖《す》むよしを云《いえ》り、怪異の事にても有《あり》しか、

幾度《いくたび》もふまきの川はいにしへを又くり返し尋ね渡らん

（注）厲。かちわたり。徒渡り。徒歩で川を渡ること。徒渉。

（注）東光寺。不明。吾妻ノ明神。不明。

（注）ふまきの川。本項「利根川」の冒頭に「利根川……又、太ト井川とも、文巻川ともいふ」とある。

◉葛飾浦《かつしかのうら》 又真間《まま》の入江共《とも》 神師が浦とも

あけのそほぶね、沖津洲、竜神弁財天

安房《あわ》、上総《かずさ》、下総《しもうさ》、武蔵《むさし》四ヶ国の入合《いりあ》ィ浦なり、西は、伊豆《いず》、相模《さがみ》の浦へ続く、則《すなわち》富士の嵩聳《みたけそびえ》出て、突兀《とっこつ》として蒼波《そうは》を覆圧《ふくあつ》す、関東不二山《ふじのやま》の余波《よは》の景、田子《たご》の浦《うら》にも減《オト》らざる景也《なり》、

景　物

松原、赤龕帆舟《アケノソホ》、沖津洲《おきつす》 貝計《ばか》り寄れる淵《ふち》也《なり》

名　物

石王余魚《ガレイ》 超二他国一《たこくにこえ》たる味也 狗《い》ヌ尻《し》リ 他国になし 洲蓋《すぶ》タ 同上、鯨鯢《げいげい》上《あが》ル、 享保《きょうほう》十九寅年《とらのとし》（一七三四）春上ル、都《と》鄙《ひ》成レ市《いちをなす》、常はなし、其後《そののちまた》又舟橋方《かた》ニ上ル 海鹿《うみしか》上ル、稀《まれ》也、亀出《い》ヅ、

沙目入《スナメリ》上ル、 大亀なり、度々《たびたび》鯨《くじら》に似たり、但し稀也

右之外、数魚多し、略レ之《これをりやくす》、

両口蛇出ヅ、里の内 芭蕉の花咲ク、 両三度に及ぶ、当郡国分寺《こくぶんじ》にも咲く、是を日本の優曇華《うどんげ》と申す由《よし》

湊村竜神弁財天へ竜燈《りゅうとう》度々上ル、 皆拝す、但今はなし

続千載集秋下

前右兵衛督為成《さきのうひょうえのすけためしげ》

曇りなき影もかはらずむかし見しまゝの入江の秋の夜の月

不知集歌枕大名寄

かつしかのまゝの浦まの沖津洲にあけのそほ舟からろおすなり

源《みなもとの》　俊頼《としより》朝臣《あそん》

同　集

勝鹿《かつしか》のいさ田《だ》のおしねうきたれて泣はたゆれど尽《つき》ぬ涙か

おなじく

（注）『葛飾誌略』より関連個所を記す。

葛飾浦《かつしかのうら》　此辺《このあたり》の浦をすべて云《い》ふ。古歌或《あるい》は歌枕等にも多く載せたり。景物、松、かつしかの浦、朱《あけ》のそほ舟、沖津洲《おきつす》、など、読み遺《のこ》したり。

真間浦《ままのうら》　是《これ》も此浦の一名にて、古歌に多し。

袖ケ浦《そでがうら》　是も此浦の一名にて、発句《ほっく》等多し。但し本名には非ず。此浦の景色、袖の形に似たりとて、連俳《れんはい》の雅客《がきゃく》名付けしと也。袖の浦は、雲州《うんしゅう》の名所にて古歌等多し。又、袖師の浦は駿州《しゅんしゅう》にして、有渡濱《ありとはま》より東の海をいふと也《なり》。又、鎌倉の海をも袖の浦といふ也。

（注）田子《たご》の浦。古くは富士川西岸、蒲原《かんばら》・由比《ゆい》・興津《おきつ》の海岸をいう。歌枕。静岡県富士市南部の海浜。東に富士山を仰ぎ、西に三保の松原を望む景勝地。

(注) 赤麁《アケノソ》帆《ホ》舟。あけのそほぶね。「そほ」は塗料の赤土のこと。保全・装備などのため、赤く塗った舟。

『葛飾誌略』の「袖ヶ浦」の項に、「寔《しょく》に葛飾の浦の景色は限りもなく、赤子《あかご》もしるき白妙《しろたえ》の、富士は手に取るばかりに見え渡り、房総の名だたる山々は霞の外に現はれ、白浪は華《はな》をくたし、天《てん》晴れて沖津雁《かり》遠く聞え、そほ舟は猶《なお》小笹の葉かとも疑ふ」とある。

『万葉集』巻三、高市連黒人《たけちのむらじくろひと》の旅の歌八首二百七十「旅にして物恋しきに山下の赤のそほ船《ぶね》沖にこぐ見ゆ」がある。

(注) 沖津洲。『葛飾誌略』「猫實村」の項中より。

一、沖津洲。海濱《かいひん》にある貝殻塚にて、白き洲也。古歌の讀合の沖津洲は是也といへども不レ詳。

また、『葛飾記』行徳領三十三所札所ノ観音西国模シ寺所名并《ならびに》道歌の三十三番大蓮寺の項の後に次のようにある。

猫実村《ねこざねむら》神明の社有《やしろあり》、此所海岸出張《でばり》にて、能景地也、則《すなわち》、八景の夜雨《よさめ》に入《い》る此所也《このところなり》、又海中に白き洲有、是《これ》景物の沖津洲也、皆貝計り也、此洲にて新《あ》ラ鷹《たか》を取らるゝ也、中古は東浜に有り、竜宮より運び移し給ふと云へり、

(注) 鯨鯢。げいげい。雌雄の鯨。鯨は雄、鯢は雌。

(注) 海鹿。うみしか。うみうさぎ。雨虎。海虎。アメフラシの別称。雨降らしと書く。巻

き貝の仲間で、退化した貝殻が体内にある。体長二十〜三十センチ。春、磯でよく見られ、触れると濃い紫色の汁を出す。海藻を食う。

（注）沙目入《スナメリ》。すなめり。砂滑。体長一・五メートルの小さなイルカで多くは群棲しない。体は太り、背びれがなく、頭が円い。しばしば川をさかのぼる。

（注）優曇華。うどんげ。芭蕉の花の異称。仏教では三千年に一度咲くといわれ、如来が世に出現すると伝える。クワ科イチジク属の落葉高木。高さ約三メートル。

（注）湊村竜神弁財天。『葛飾記』下巻の「弁財天并《ならびに》第六天」の項で詳述されている。竜燈《りゅうとう》。神社に奉納する燈籠《とうろう》のこと。

（注）『葛飾誌略』「一、湊村」の項中より。

一、不動堂。霊験有り。弁天祠。昔は野中に在り。宝永《ほうえい》年中（一七〇四〜一〇）此所へ遷《うつ》す。

弁天祠とは龍神弁財天のことで、元は現在の行徳駅前二丁目の弁天公園にあったもので、その場所は元海の中に突き出た島だった所。

（注）続千載集。続千載和歌集《しょくせんざいわかしゅう》。勅撰《ちょくせん》和歌集。二十巻。後宇多法皇の院宣《いんぜん》により、一三二〇年（元応《げんおう》二）二条（藤原）為世が撰進。

（注）からろ。空艫。この場合は、水中に艫を浅く入れて漕ぐこと。唐艫。この場合は、中国風の長い艫のこと。

（注）勝鹿は葛飾のこと。

将門の妾《しょう》桔梗の前《さき》入水して鮫となる

又、入江の東巽の方《たつみかた》、船橋の沖に遠《とお》が澪《みお》といふ深き澪有《あ》り、俗に釜《かま》が淵《ふち》と云《いう》、大き成《な》る鮫《さめ》すむ也《なり》、此処《このところ》は、昔相馬《そうま》の将門《まさかど》の妾桔梗《しょうききょう》の前《さき》の入水《じゅすい》せられし所也、依《よっ》て言伝《いいつた》ふ、彼鮫魚《かのこうぎょ》は桔梗《ききょう》の前《さき》の魂霊《こんれい》也とぞ、此《この》桔梗の前と申《もうす》は、容貌《ようぼう》世に麗《うるわ》しくして、田原藤太秀郷《たわらとうたひでさと》の姉也《なり》しを、秀郷 謀《はかりごと》を以《もって》将門へ送る、下女《げじょ》と成《な》り仕《つか》へしと也、将門は、六人の近習《きんじゅう》をして常に傍《かたわ》らを離れしめず、其中に交り居《い》て視《み》る所、常に七人宛《あて》也、其何《いず》れと知る人なし、依《よっ》て、桔梗《ききょう》の前《さき》朝日に向ひ、紫《し》気《き》差《さ》せるを夫と案内して、敵を手引入《てびきいれ》しとかや、将門滅びて、流石《さすが》に都へは迚《とて》も帰らぬ道芝《みちしば》の、船橋に所縁《しょえん》の事有《あり》て、少時《しばら》くやすらひ、漁人《ぎょにん》に漁猟《ぎょりょう》を見《み》ん事を乞《こ》ひて出《で》て、此《この》遠が澪へ身を投げ、空《むな》しくなられしと也、其《その》霊魂残りて、大成《おおいなる》鮫と成り棲む也、此澪《みお》へ舟至《いた》れば、鮫を見て本性を失ふ、故《ゆえ》に猟師至る事稀《まれ》也と云《いえ》り、所縁《しょえん》の事、船橋天《あ》マノ摩山《まやま》の事後《あと》に出す、又、浜に洲蓋《すぶた》と云物《いうもの》に、表に桔梗の紋居《い》り有《ある》レ之《これ》も、右此《みぎこの》霊也、依《よっ》て他国になきか、不レ承《うけたまわらず》、また当国相馬郡の内は、桔梗の花咲ても実ならずと云《いえ》り、又鴾《トキ》鳥の羽の矢に当り給《たま》ふ故に、相馬郡の内は鴾《とき》必ず下《お》りずとなり、桔梗の前《さき》の事、前《ぜん》太平記には見へず、只言伝《ただいいつた》へのみ也、六人の近習も同じ、

浪風《なみかぜ》をまゝの入江に塩たれて身をこりずまのうさもするかな

よみ人しらず

（注）巽《たつみ》の方《かた》。南東の方角のこと。辰巳。辰と巳の間。
（注）相馬《そうま》の将門《まさかど》。平将門。たいらのまさかど。
（注）前。さき。身分の高い女性の名にそえる敬称。
（注）紫気《しき》。紫色の雲気。

葛飾八景に塩浜落雁《らくがん》がある

八景

鹿野山晴嵐《かのうざんせいらん》

長江陰蔚暗飄飖《いんうつあんひょうよう》、莫レ怪漁翁去又漂、鹿野山嵐雲奮発《らんうんふんぱつ》、霽《せい》浸二碧浪《へきろう》一作二平潮《へいちょう》一、

はれて行《ゆく》嵐は須磨《すま》や明石《あかし》もと心にかのゝみ山《やま》そふ江は

曲江秋月《きょくこうしゅうげつ》

洞庭薄暮葛江湾、乗レ月猶歌一釣竿、今夜無レ眼塩竈裏、風顰《ひそみ》二玉浪《ぎょくろう》一接二空山一、

かつしかや入江の里の名にしおふ月も今宵《こよい》ぞまゝのつぎはし

遠岸夕照《えんがんせきしょう》

夕日残陽波色紅、徒依二遠岸一暗二汀篷一、西山返照一時景、独躇二飾浜一還二晩空一、

とを磯に入日《いりひ》を暫《しば》しやすらへて詠《なが》めもすその波の月かげ

塩浜落雁《しおはまらくがん》

一行落雁両三行、漠々平沙倚二境塘一、人跡飛鳴繪繳《しゃく》外、啣《くわえ》レ蘆《ろ》又下二塞塩場《しょば》一、

しほたる丶袖はつれなき村あしになど雁《かり》がねのむれ下るらん

浦船帰帆《うらふねきはん》

飈々《ひょうひょう》葛浦長雲昏、一葉扁舟泛レ浪翻、幾許風帆帰去速、陰収処々映二斜煇《しゃき》一、

舟人はあけのそほたく隙をなみ沖つかげろふ空[傍注]イ、よりかへるそでの浦風

富士嵩《ノミタケ》ノ暮雪

士峰白雪兀皚々《こつがいがい》、清見楼前遠浦隈、好顧金雲西日影、神仙景絶海東魁、

幾さとを越へて夕べは猶しのぶ雪こそ空に立つ名也けれ

猫小寝《サネノ》夜ノ雨

葛郡孤村臨二海岸一、夜苫《とま》漁火寂寥帰、濤《なみ》荒溟暗屢霑《しばしばうるおす》レ雨、投二棹瀟湘《しょうしょう》一懐二曲磯一、

雨雲の海かきくらし磯ぎわによるの舟《ふな》がけしばしぬるとも

中山晩鐘《なかやまばんしょう》

真間曲渚《きょくしょ》股肱《ここう》景、輔翼《ほよく》江村紺園嶠《きょう》、日暮正中山寺鐘、旅行進歩知多少、

うろくづの入江に響くふる寺のかね聞《きき》あへずけふもくれけり

東鑑《あずまかがみ》巻十七七丁、建仁元年《けんにんがんねん》（一二〇一）辛酉《かのととり》八月十一日戊子《つちのえね》、甚雨《じんう》、午剋《ごかつ》大風、郷里穿《やを》レ屋《うがつ》、江浦覆《ふね》レ船《くつがえる》、鶴ガ岳宮寺《みやでら》廻廊八足門已下《いか》、所々《しょしょ》仏閣、塔廟顛倒《とうびょうてんとう》、凡万家一宇《およそよろずのいえいちうモ》無《まったくするところ》二全所《なしと》一云々《うんぬん》、下総国葛西ノ郡ノ海辺、潮牽《ひきテ》二人屋《じんおくを》一、千余人漂没スト云々、同廿三日庚子《かのえね》、甚雨《じんう》大風、如《さんぬる》二去十一日《じゅういちにちのごとし》一、依二両度ノ暴風《りょうどのぼうふうによつて》一、於《こくどに》二国土《おいて》一損《ごこくを》二亡五穀《ぼうそんす》一、於《こそうに》二庫倉《おいて》一、不《いちもつヲ》レ納二一物《おさめずと》ヲ一云々《うんぬん》、同八丁初、葛西《かさい》の郡《こおり》の海辺と有故《あるゆえ》に、行徳領の内の事なるべし、河一重隔《へだ》て、葛西の附用《ふよう》の地也《なり》しと見へたり、地低くして、近来迄も、津浪《つなみ》にて人死《ひとし》したる事あり、海より河へ入《い》る湊有《あり》し故なるべし、今は地形《じがた》余程高くなる、

（注）行徳海岸から昭和の時代でも房州の鹿野山は遠望できた。

（注）落雁。らくがん。空から舞い降りる雁《かり》。季・秋。雁の群れは矢じりのような形で中心が出ていて左右に後退した形で飛んでくる。それが一行、三行と続く。降りた雁は蘆《あし》をくわえ、また塩場《しょば》を塞《ふさ》ぎ下りる。

（注）猫小寝。ねこさね。現浦安市猫実《ねこざね》のこと。葛飾孤村、海岸に臨むとしている。描写は的を射ている。

（注）甚雨《じんう》。激しく降る雨。大雨。

（注）『東鑑』によれば、一二〇一年八月十一日に大雨と大風があり、屋根は吹き飛び、船は転覆し、神社仏閣の塔廟《とうびょう》が転倒し、よろずの家無事で済んだものはなく、下総国葛西《しもうさのくにかさい》では津波があって千余人が水死したという。同二十三日にも十一日と同様なことがあり、五穀を失い、何も納めることができなかった。

◉総寧寺《そうねいじ》

附たり国府台《こうのだい》古戦場、寺領

本路《ほんろ》市川村より根本橋《ねもとばし》を越へ、根本村を過《すぎ》て坂を登る、弘法寺《ぐほうじ》山中にも直《じき》に行也《いくなり》、禅曹洞宗江《ぜんそうとうしゅうこう》府《ふ》四ヶ寺の本寺《ほんじ》の司《つか》サ上《か》ミ、関東三ヶの僧録《そうろく》の其《その》一ヶ也、安国山総寧寺《あんこくざんそうねいじ》ト号《ごう》す、開山通幻和尚《つうげんおしょう》、尤《もっとも》、三ヶの僧録の司《つかさ》は、越前国永平寺《えちぜんのくにえいへいじ》なり、三ヶの僧録を支配する也《なり》、三ヶの僧録ハ、下総国国府台《しもうさのくにこうのだい》の総寧寺《そうねいじ》、常陸国富田大中寺《ひたちのくにトビタノだいちゅうじ》、武蔵国生越竜穏寺《むさしのくにヲゴセりゅうおんじ》也、江府三ヶ寺は、愛宕下《あたごした》の青松寺《せいしょうじ》、橋場《はしば》の惣泉寺《そうせんじ》、高輪《たかなわ》の泉岳寺《せんがくじ》也、駒込《こまごめ》の吉祥寺《きちじょうじ》を入《いれ》て四ヶ寺《じ》なり、何《いず》れも洞家《とうけ》、但し吉祥寺は総寧寺同位《どうい》司《つか》サの由《よし》尤《もっとも》、総寧寺よりも、永平寺と同《おなじ》く、京師《みやこ》の道正庵《どうしょうあん》の解毒丸《げどくがん》を出《いだ》す也、当寺《とうじ》は旧ト関西近江国《おうみのくに》に有《あり》しを、天正《てんしょう》年中（一五七三〜九一）、小田原の北条氏政《ほうじょううじまさ》当国の関宿《せきやど》へ遷《うつ》す、後又《のちまた》、故有《ゆえあり》て、寛文《かんぶん》年中（一六六一〜七二）、関宿より此国府台《このこうのだい》へ移すと也、但《ただし》大水を逃るゝ為也とぞ、且《かつ》戦場の霊魂《れいこん》を示し、宥《なだ》めんが為なるべし是絶境《これぜっきょう》にして、静謐清浄《せいひつせいじょう》の禅林《ぜんりん》也、此所《このところ》より、江戸上野《うえの》中堂近《ちか》く見《み》ゆる、高き事、名にしおふ千尋《ちひろ》にして、赤《せき》壁《へき》の如《ごと》し、見る則は、自ら身を危《あや》ふして、是を過《す》ぐ、伝へ聞《きく》、震旦《しんたん》の天台山の赤城山上《せきじょうさんじょう》の石橋の尺面《しゃくめん》も、かくやと覚《おぼ》へたり、惣門《そうもん》より入《いる》、所化寮《しょけりょう》有《あ》り、山門の右は鐘楼《しょうろう》、左は鼓楼《ころう》、浄頭《じょうとう》傍《かたわ》らに有《あ》り、雪隠《せっちん》の事 回廊《かいろう》より左《ひだり》禅堂、右《みぎ》斎堂、向《むかい》は法堂の仏殿也、何《いずれ》も厚藁葺《あつわらぶ》キ、是《これ》を三堂と申すよし、大門《だいもん》の内、太田道灌手植《おおたどうかんてうえ》の榎《えのき》有《あ》り、

初冬題二総寧寺絶境一
禅林纐纈傑《こうけつけつ》二霜紅一、臨レ岸薄氷還殆韸《ほう》、十月総寧寺前景、断魂《だんこん》落葉滌場中《じょうじょうちゅう》、

法堂《ほうどう》
斎堂《さいどう》　禅堂《ぜんどう》
仏殿《ぶつでん》
鐘楼《しょうろう》　浄頭《じょうとう》　雪隠閑所也《せっちんかんしょなり》、厠《かわや》とも云《い》ふ
山門《さんもん》

是《これ》は禅家七堂伽藍《ぜんけしちどうがらん》の図、宇治《うじ》の万福寺等《まんぷくじなど》の格也《かくなり》、右《みぎ》三堂は、此《これ》を略したる成《な》るよし、右に准《じゅん》じて誌《しる》す、

（注）総寧寺。そうねいじ。曹洞宗。永徳《えいとく》三年（一三八三）通幼寂霊禅師創建。総持寺末。本尊釈迦如来《しゃかにょらい》（『市川市史』第二巻「市内所在寺院一覧」）。ただし、開山については『市川市史』本文中に通幻派とあり、さらに、本項に通幻和尚とあるので、通幼ではなく通幻が正しいと思われる。なお、『葛飾誌略』も開基通幻和尚としている。しかし、『江戸名所図会』

は「開山は通幼和尚」とする。

(注)『勝鹿図志手繰舟《かつしかずしてくりふね》』より関連個所を記す。

安国山惣寧寺《そうねいじ》　什宝等《じゅうほうなど》、寺記に委《くわ》し。

国府台《こうのだい》　又国分台《こくぶんだい》　鴻台《こうのだい》共　古説真土山《まつちやま》と云《いう》

(注)『葛飾誌略』より関連個所を記す。

一、総寧寺。安国山と云《い》ふ。禅曹洞。開基通幻和尚。凡《およそ》四百六十七年に及ぶ。関東総録《そうろく》司《つかさ》三ヶ寺の内也。所謂《いわゆ》る三ヶ寺は、下野《しもつけ》富田《とびた》大中寺・武州《ぶしゅう》川越《かわごえ》龍穏寺・当寺、是也《これなり》。

(注)『江戸名所図会』より関連個所を記す。

安国山《あんこくざん》総寧寺　市河《いちかわ》の駅より北の方《かた》の丘、利根川の流《ながれ》に傍《そ》うてあり。曹洞派《そうどうは》の禅林《ぜんりん》にして、関東の僧録司《そうろくし》三箇寺《かじ》の一員たり。所謂《いわゆる》常陸《ひたち》富田《とびた》大中寺《だいちゅうじ》・武蔵越生龍穏寺・当寺は是なり。本尊は釈迦如来、開山は通幼和尚といふ。当寺《とうじ》往古《むかし》は近江《おうみ》国にあり。天正《てんしょう》三年乙亥《きのとい》(一五七五)、北条氏政《ほうじょううじまさ》当国関宿《せきやど》の地に移す。されど、屢《しばしば》洪水の患《うれ》いあるにより、寛文《かんぶん》中(一六六一~七二)竟《つい》に此地《このち》に引くとなり。惣門《そうもん》の内《うち》、右に塩竈《しおがま》六社明神の社《やしろ》あり。陸奥《みちのく》の摸《うつし》なりといふ。太田道灌手植《てうえの》榎《えのき》と称するは、大門《おおもん》の通列樹《とおりなみき》の中《うち》、下馬《げば》の石碑《せきひ》に相対《あいたい》して右の傍《かたわら》にあり。又客殿の脇に梅の老樹《おいき》あり。是も道灌親《みずから》栽《う》うる所とぞ。当寺《とうじ》より京師《みやこ》道正庵《どうしょうあん》の解毒丸《げどくがん》を出《いだ》せり。

(注)僧録。そうろく。禅宗の僧職。五山十刹《じっさつ》及びその諸流の禅寺を統轄、人事を司《つかさど》っ

た。元和《げんな》五年（一六一九）以降は南禅寺金地院の院主が僧録に任じられた。

（注）『江戸名所図会』より関連個所を記す。

根本橋　ねもとばし。市河《いちかわ》の渡口《わたりぐち》より総寧寺へ行く間の小川に架《か》す。此地を根本村といふより号《ごう》とす。橋下《きょうか》を流るゝは真間《まま》の入江の旧跡より発する所の水流なり。

（注）『江戸名所図会』によれば、関宿への移転は天正《てんしょう》三年（一五七五）とする。寛文《かんぶん》年中（一六六一～七二）の国府台への移転の原因は洪水の患《うれ》いのためとし、本項と同じである。『葛飾誌略』も一、大門額の項中で、「当寺、昔は近江《おうみ》の国《くに》にあり。天正《てんしょう》三乙亥年《きのといのとし》北条氏政下総関宿《しもうさせきやど》へ移し、其後此所《そののちこのところ》に移す」とし、欄外注釈に、「元和《げんな》三年（一六一七）内町に移り寛文《かんぶん》三年（一六六三）今の地に移る」とある。

（注）所化寮。しょけりょう。所化とは、僧侶の弟子、寺で修行中の僧のことであり、弟子が住んでいた家のこと。

（注）『葛飾誌略』より関連個所を記す。

一、道灌榎《どうかんえのき》。大門《おおもん》並木にあり。文明《ぶんめい》年中（一四六九～八六）太田道灌植ゑしといふ。太田道灌は文武二道の名将也。無実の難にて文明《ぶんめい》十八丙午年《ひのえうまのとし》（一四八六）七月、高見原《たかみがはら》に戦死すといふ也。

（注）『千葉県東葛飾郡誌（二）』より関連個所を記す。

国府臺《こうのだい》総寧寺旧址《きゅうし》。関宿町内町にあり今の熊野権現神社は総寧寺境内の社《やしろ》なりしと云《い》ふ、この祠《ほこら》より繞《めぐ》りて細長く畑五十間（約九十一メートル）あり、先年川通堤普請《かわどおりつつみぶしん》のありしとき町西裏《まちにしうら》の土を掘りたるに白骨或は銭など多く出《い》でしと、又向河岸《むこうがし》に字《あざ》寺の内と称する地あり元総寧寺領なりしと云《い》ふ。総寧寺は元江州《ごうしゅう》に在りしが、天正《てんしょう》三年北条氏政此の地に移し後水患《のちすいかん》のため国府臺に遷《うつ》せしものなり。

小田原北条氏と里見氏の戦い

又、国府台《こうのだい》と云《いう》は、古戦場跡、総寧寺《そうねいじ》の境内の惣号《そうごう》也、読合《よみあわせ》也、鴻《こう》の社《やしろ》有り、（国府の社《やしろ》也）是も葛飾郡《かつしかごおり》は下総国《しもうさのくに》の府成故《なるゆえ》、此社を祠《まつ》る、府中惣鎮守《そうちんじゅ》の心也、（総寧寺より東の方《かた》に六所《ろくしょ》ノ明神有《あり》、神主有《じんしゅあり》、此《この》明神は国々国府中《こくふちゅう》に祭在《まつりあり》ます八幡国分寺《はちまんこくぶんじ》と同じ）則《すなわち》、浦入江歌《うらいりえうた》、太《おお》田左金吾源太夫道灌《たさきんごげんだゆうどうかん》（鎌倉足利《あしかが》将軍の臣）城を築く、後、安房《あわ》の武将里見義弘《さとみよしひろ》持つ、小田原の北条氏康《ほうじょううじやす》是を攻め取る、此時《このとき》の古戦場也、川瀬を鴻鳥《こうのとり》渡る所を見付《みつけ》て、小田原の勢《ぜい》、後《あと》を襲《おそい》て渡り攻《せめ》る、故に亡ぶと也、依《よっ》て鴻《こう》の社を祭ると、俗に云伝《いいつた》ふ、此事往々《このことおうおう》世に潤《ひろ》し、委《くわし》くは、北条五代記、見聞軍記等に見へたり、但し、小田原北条一代伊勢新九郎氏茂《いせしんくろううじしげ》、二代北条氏綱《ほうじょううじつな》、三代同氏康《うじやす》（是右の氏康也、此人《このひと》、関八州不レ残《のこらず》平げて勝れて武功有、大将揃に出《いづ》）四代同氏政《うじまさ》（右総寧寺を関宿へ遷地《せんち》す）五代同氏直《うじなお》（東照宮の御婿《おんむこ》也、此《この》仁《じん》にて亡ぶ、以上五代）又別に古戦場と云有《いうあ》り、則《すなわち》、殿主台《てんしゅだい》の跡と云有《いうあり》、（但し常の矢《や》倉《くら》ならん）白檀《びゃくだん》の木多く有り、本堂より西の方《かた》也、願《ねがわ》ざれば入《い》れず、殿主台《てんしゅだい》の上に小社有《あり》、（是八幡宮也）又此山中に正木大膳《まさきだいぜん》の棺石《かんいし》の唐櫃《カラウド》有《あり》、是は里見義弘の弟、則《すなわち》義弘は来《きた》らず、正木大膳此所《このところ》へ来《きた》り討《うち》死《じに》せしを葬りたる櫬《ひつぎ》の由也《よしなり》、少し埋《うま》り有レ之《これあり》、一説に、義弘石櫃《いしびつ》の中に隠れ忍びし共云《ともいう》、又、正木大膳は義弘の家老也、出頭八幡代右衛門《しゅっとうはちまんだいうえもん》は、きられ浪人分にて、会津へ勤め、後《のち》東照神君より御返し被ㇾ成《なされ》、人質と成り、相役《あいやく》泉田勘ケ由《かげゆ》と同く《おなじ》出府《しゅっぷ》の事有《ことあり》、義弘没落の後も、義弘病中虚病《きょびょう》なり参勤《さんきん》なき故、遠国《おんごく》へ御預けに成在《なりあり》し也、没落の事は、大坂より伴天連《ばてれん》金を代右衛門借り用ひし故也、大久保相模守《さがみのかみ》小田原の城主と一所《いっしょ》に滅亡す、右は櫓沢敵討《やぐらさわかたきうち》の一書に見へたり、寛永《かんえい》十一年（一六三四）の頃也、義弘と北条との軍《いくさ》は、夫《それ》より前《まえ》なれば、正木討死は、右《みぎ》浪人の正木の親父《おやじ》ならん、内膳《ないぜん》とも云《いい》し歟《や》、又、義弘は義貞《よしさだ》のわかれ末葉《まつよう》にて、御当家《ごとうけ》の御類族《ごるいぞく》にて、御味方《おみかた》なれども、出頭の計《はから》ひにより、無ㇾ是非《ぜひもなく》没落《ぼつらく》のよし也、

(注) 北条氏康《ほうじょううじやす》が戦ったのは第二次国府台合戦。永禄《えいろく》六〜七年（一五六三〜六四）。

(注) 白檀。びゃくだん。ビャクダン科の半寄生的常緑高木。インドネシア原産。香料植物として栽培。高さ六メートル余。木は香気が強く、仏像・器具などに用いる。

(注)『勝鹿図志手繰舟』より関連個所を記す。

鴻台《こうのだい》古戦場　前後両度の大戦は城攻めにはあらず。平場《ひらば》の戦也《いくさなり》。前《さきの》合戦は天文《てんぶん》七年（一五三八）十月里見義堯《さとみよしたか》、小弓《おゆみ》の御所義明《ごしょよしあきら》を奉じて此台《このだい》に出張し、北条氏綱《うじつな》・氏康と戦ひ、房総方敗れて義明討死す。

鐘ヶ淵の由来

又、此岸下淵《このきししたふち》に、豊島《としま》刑部《ぎょうぶ》左衛門《さえもん》秀鏡《ひでアキラ》が陣鐘《じんがね》水中に有り、雨《あ》の降らんとする時、必ず殷《ウナ》ると云《いい》習《ならわ》せり、此鐘は舟橋慈雲寺《ふなばしじうんじ》のかね也とぞ、義弘の時、此所へ持来《もちきた》りし由《よし》、鐘を沈《しずめ》し所を、于今《ここにいま》鐘ヶ淵と云《いう》、刑部左衛門《ぎょうぶさえもん》が陣鐘《じんがね》と云《いう》は一説歟《や》、尤《もっとも》豊島刑部左衛門は、武州《ぶしゅう》豊島に館《やかた》有り、此城預り也、東照宮御成《おなり》の節、江府の見ゆる事目の下に有り、と申上られしにより、則《すなわち》城召上《めしあげ》られ、此時空地《あきち》と成《なり》し由《よし》、俗に云伝《いいつた》へたり、其後《そののち》、総寧寺を遷《うつ》し、則《すなわち》境内と成る、又、同水中より往来の高瀬舟の碇《いかり》に掛りて、金子作の太刀《たち》を挙《あげ》し事有り、其外、此辺《このあた》りの畠中より、草摺、物具など掘出せし事有り、又、矢切村《やぎりむら》と云所にて、古き太刀の身《み》、其外、瓦、馬の首を掘出したる事有、其二品《そのふたしな》今栗山と云《いう》村に有《これ》レ之由云《あるよしいえ》り、又、山中近き巷抔《ちまたなど》、雨夜《あめのよ》には叫ぶ声きこへ、鯨波《くじらなみ》を動《どう》ッと上げ、或は、草摺、鉄物、馬の音しけりと也、善智識の示されけるにや、今は其《その》沙汰なし、

（注）『船橋市史』現代編「神社仏閣の沿革」より関連個所を記す。

船橋慈雲寺《じうんじ》。大峯山。仏光禅師の木牌《もくはい》を請《しょう》じて開山とす。初め里見氏下総を領有し位牌堂《いはいどう》を峯台の地に建立した。後に里見氏国府台の戦いに敗れ房州に退く際に位牌堂を焼いた。のちに北条氏政が再建。天正《てんしょう》十八年（一五九〇）七月十一日、豊臣秀吉に敗れ氏政自害。法名を慈雲院殿勝願傑公《せっこう》大居士ということから、当寺を慈雲院と改めた。里見氏の位

牌堂だったところ、里見氏が寄附した梵鐘《ぼんしょう》があり、国府台合戦の折に陣鐘として代用、懸《か》けた枝が折れて鐘は江戸川に落下、故にここを鐘ヶ淵《かねがふち》と呼ぶ。江戸中葉、住持徳厳再鋳を江戸に志願したが不成功に終わった。

北条出世物語

蒲生《がもう》軍記巻四曰《いわく》、氏政、氏直、城ヲ避ケ、兵ヲ散シテ秀吉ニ降《くだ》ル、氏政弟北条陸奥守氏輝《むつのかみうじてる》ヲシテ自殺セシム、氏政時ニ五十二歳、北条新九郎氏直ハ高野山ニ赴《おもむ》カシム、北条美濃守氏規《みののかみうじのり》韮山《にらやま》ノ城主同左衛門太夫《たいふ》氏勝《うじかつ》等《ら》従ヘリ、明年《あくるとし》十一月、氏直廿一歳ニシテ卒《そつ》ス、世人《せじん》諺《ことわざ》ニ曰《いわく》、秀吉潜《ひそか》ニ鴆殺《ちんさつ》スト云フ、毒害也、高野山玉川ノ水歟《や》抑《そもそも》此《この》北条ハ、平《たいら》ノ時政《ときまさ》ヨリ相伝《あいつたわ》リテ、高時ノ代、正慶《しょうきょう》二年（一三三三）ニ一類《いちるい》滅ビシ時、其《その》親族勢州《せいしゅう》山田ニ逃《のが》レ隠レシ者アリ、其末孫《まつそん》伊勢ノ新九郎氏茂ガ朋《ほう》友《ゆう》ニ、荒木、山中、多目、荒川、佐竹、大道寺ト云《いう》アリ、共ニ武者修行ノ為ニ関東ヘ赴《おもむ》キシガ、此七人ノ内、若シ一人ニテモ秀《すぐれ》ル者アラバ、残リ六人ハ臣トナリ、其一人ヲ君トシテ輔佐《ほさ》タラン、ト互ニ契約タリシガ、此新九郎、其後三本杉ニ奉公シ、其主《あるじ》ヲ殺シテ領地ヲ奪ヒ取リ、駿河《するが》ノ国主今川氏親《こくしゅいまがわうじちか》ニ属シテ、謀《はかりご》トヲ以《もっ》テ豆州《ずしゅう》堀越《ほりこし》ノ御所《ごしょ》成就院殿《じょうじゅいんどの》ヲ滅シテ、遂《つい》ニ其地《そのち》ニ有《あり》テ韮山《にらやま》ニ在城シ、自早雲庵宗瑞《みずからそううんあんそうずい》ト号《ごう》ス、其後、扇《おおぎ》ガ谷《やつ》ノ家臣大森式部少輔《おおもりしきぶしょうすけ》ヲ襲《おそ》フテ夜討《ようち》ニシ、相州《そうしゅう》小田原ノ城ヲ抜《ぬき》テ、又此《これ》ニ移リテ、是ヨリ北条ト名乗《なのり》テ、古河《こが》ノ公方《くぼう》政氏《まさうじ》ヨリ氏《うじ》ノ字ヲ賜《たま》フテ、武威《ぶい》漸《ようや》ク両上杉ヲ圧シ、氏康ノ時ニ至《いたり》テ、大《おおい》ニ管領《かんれい》ニ戦ヒ勝チ、益々《ますます》盛大ナリシガ、此時に至《いたり》テ、氏茂ヨリ、氏綱、氏康、氏政北条左京《さきょう》太夫《だゆう》ナリ氏直五代ノ栄貴一時ニ滅亡ス、我力《わがちか》ラノ敵ナラザルコトヲ知《しり》テ、始《はじめ》ヨリ随順《ずいじゅん》シ、其家《そのいえ》ヲ存スルカ、大軍ヲ引請《ひきうけ》ケテハ能《よ》ク是ヲ守《まもり》テ死ヲ致シ、其義ヲ全《まっと》フスルカ、此《この》二ツヲ過《すぎ》ズ、然《しかる》ニ、始ニハ、敵ヲ侮《あなどり》テ兵法《ひょうほう》ノ理ニ昧《くら》ク、後ニハ、自《みずから》弱《よわ》フシテ武将ノ節ヲ棄《す》テタリ、此時マデハ、東国《とうごく》ニ於《おい》テ北条ヨリ強キハナク、国弥々《いよいよ》広ク兵《へい》益々《ますます》多フシテ、未《いま》ダ勝負ヲ決セズシテ降《くだ》ル、可レ惜《おしむ》哉《べきかな》ト有リ、已上《いじょう》、

右は、天正《てんしょう》十八庚寅年《かのえとらのとし》（一五九〇）七月の事也、又、大将揃《そろい》氏康の系図を見れば、小松内大臣重盛公の末孫とあり、

又、越後《えちご》軍記巻六ニ曰《いわく》、其此《そのひ》、古河《こが》ノ御所晴氏《ごしょはるうじ》ノ一族源《みなもと》ノ義明《よしあきら》、房州《ぼうしゅう》里見義弘ヲ語《かた》ラヒ、大《たい》勢《せい》ヲ催シ、下総ノ国府《こくふ》ノ台《だい》へ出張《でばり》ス、氏綱、氏康、二万余騎ニテ馳向《はせむか》ヒ、合戦ニ打勝チケレバ、義明《よしあきら》ハ討死シケリ、義弘力不レ及《およばず》シテ引退《ひきしりぞ》ク、同十年、氏綱卒去《そっきょ》ス、氏康相続シテ、相模、武蔵ヲ領スト云々《うんぬん》、

古河《こが》は下野国《しもつけのくに》の古河《こが》なり、公方《くぼう》四代居レスト之ニ有り、古河の公方四代は、足利成氏《あしかがしげうじ》、同政氏《まさうじ》、同高基《たかもと》、同晴氏《はるうじ》、是なり、喜連川公の御先祖也、

総寧寺《そうねいじ》鐘ノ銘并《ならびに》伝記、詩文

題ニ国府台《こうのだい》古戦場一

嶂若ニ屏風一如ニ赤壁一、甲兵埋郤至レ今談、森々古戦場園裏、百仞丹崖臨ニ碧潭一、

◉弘法寺《ぐほうじ》

真間《まま》と云《いう》は、当寺の境内山林、惣《そう》じて麓《ふもとあた》辺り迄なり、寺領五十石

海道《かいどう》より大松の並木有《あり》て、継橋門前下迄遙《つぎはしもんぜんしたまではる》か行事也《いくことなり》、継橋は小橋《こばし》、是《これ》より、前、中の橋有《あ》り、山下より登り、石雁基六十階有《きざはしあり》、仁王門あり、坂の左《ひだ》り三十番神《さんじゅうばんじん》の社《やしろ》有、此《この》寺の仁王は他に変《かわ》り、黒き仁王也《なり》、毎年七月十六日、両葛飾近在より寄合《よりあい》て相撲有《あり》、庭に大木の楓樹《ふうじゅ》何十間といふ瀰《ハビコ》り有、本堂は厚萱葺《あつかやぶき》也、若葉又紅葉の時分、夥《おびただ》しき見物都鄙《とひ》より群集する也、真間山弘法寺《ままさんぐほうじ》と号《ごう》す、此寺元《も》トは真言宗修験役《しゅげんやく》の優婆塞《うばそく》の派《は》なるよし、去《さんぬる》に依《よっ》て、弘法寺《ぐほうじ》を、同字、呉音漢音《ごおんかんおん》の分《わか》ちにて唱《とな》ふる由《よし》也、開山《かいざん》は日頂聖人《にっちょうしょうにん》、土岐氏入道日常《ときしにゅうどうにちじょう》第四ノ子、祖師聖人《そししょうにん》の弟子《でし》六老僧《ろうそう》の内其《うちその》一人也、此《この》聖人、宗論《しゅうろん》に勝ち、此寺を日蓮宗へ取ると云々《うんぬん》、摂待場《せったいば》有、此前《このまえ》より、客殿《きゃくでん》、庫裏《くり》へ遙か行くなり、本堂より乾の方《いぬいかた》也、左の南面に風流の亭《てい》有、是又《これまた》、夏暑の時分《じぶん》、其外《そのほか》月見等《など》に貸《かす》る座舗《ざしき》也、額は偏覧亭《へんらんてい》、此所《このところ》よりも江府《こうふ》の東叡山《とうえいざん》近く見ゆる、河海入レ江、万像一目《ばんしょういちもく》にあり、前には長流洋々漾々《ちょうりゅうようようようよう》として白布《はくふ》を曳《ひく》、数百の高瀬舟《たかせぶね》、風帆黄白《ふうはんおうはく》、大となく小となく尽《つく》す、寸隙《すんげき》もあらず、断岸《だんがん》の下を登る、佳絶の風景、相州鎌倉県の編界一覧亭（夢想国師の庵室也）同金沢能見堂といふとも、いづれおとらざる景地、渾《すべ》て、此地古跡物語り、堆丘高墟巍々《たかだか》として、更に風光《ふうこう》を含《ふくめ》り、鬱々《うつうつ》たる喬木《きょうぼく》霊巨楓、嵐梢《あらしこずえ》を互《たがい》ては、頻《しき》りに煩悩《ぼんのう》の夢をやぶる、詩人、文人の一助、風雅の良料也、

題二偏覧亭《へんらんてい》一

万頃平蕪眼裏婁、数帆帰北流二南□一、凡斯倚一亭終レ日、千日光陰一日酣、

寄二真間之楓木一

磴階六十攀躋処、凭檻捫蘿遠二庭前一、映レ日霊楓紅蜀錦、酒顔倍被緑樽辺、

読人しらず

ならびなき名を世にまゝのもみぢ葉は幾秋《いくあき》ごとの詠《よ》めなるらん

真間山弘法寺《ままさんぐほうじ》鐘銘并《ならびに》序

凡伽藍資具者所二以行レ法進レ道者也、其員雖レ多、善法作レ鐘為レ最、誦経説法普集二大衆一、昼夜告レ時、間発二善芽一、降二六天魔一、停二三途苦一、仏家神器、弘法要財、豈如レ之耶、仍今抽二丹精一、勧二一門僧俗一、頼二有縁信者一、新冶二鋳此鐘一、以掛二三宝蓮祖霊前一、伏乞、天下一同帰二妙法一、乃至二法界一同証二菩提一而已、

其銘曰《いわく》、

犍椎遠響、声到二無辺一、含識普聞、覚二生死眠一、告レ時集レ僧、開二演妙玄一、抜レ苦与レ楽、益覆二大千一、

寛永《かんえい》十五竜輯《りゅうしゅう》二戊寅《つちのえとら》一（一六三八）季春如意珠日

当山第十一世嗣《し》法禅《ほうぜん》智院《ちいん》日立《にったつ》誌レ之《これをしるす》

江戸御鋳物師《おんいものし》大工

長谷川越後守吉家《えちごのかみよしいえ》

（注）海道。海辺の道、また、海路。諸国に通じる主要な道路。街道。本項の場合は、佐倉《さくら》道《みち》、現千葉街道、国道十四号線をいう。
（注）三十番神。さんじゅうばんじん。国土を一ヶ月三十日間、交代して守護するとされる三十の神。初め天台宗で、後に日蓮宗で信仰された。神仏融合思想に基づく。
（注）都鄙。とひ。みやこといなか。
（注）優婆塞。うばそく。在俗の男子の仏教信者。
（注）呉音。ごおん。日本漢字音の一。古く中国の南方系の伝来したもの。「行」をギャウとする類《たぐい》。仏教用語などとして後世まで用いられるが、平安時代には、後に伝わった漢音を正音としたのに対して和音《わおん》ともいった。
（注）漢音。かんおん。日本漢字音の一。唐代、長安（今の西安）地方で用いた標準的な発音を写したもの。遣唐使・留学生・音博士などによって奈良時代・平安初期に輸入された。「行」をカウ、「日」をジツとする類。官符・学者は漢音を、仏家は呉音を用いることが多かった。
（注）祖師聖人《そししょうにん》の弟子《でし》六老僧《ろうそう》。日蓮の六人の高弟、すなわち日昭・日朗・日興・日向・日頂・日持の総称。

（注）宗論。しゅうろん。宗派間で、教義上の優劣または真偽について行う議論。宗派間の論争。本項の文意によれば、宗論に敗れた側（つまり、言い負かされた側）が寺を渡したという。現代でこのような行為がされるとしたらどのように世間一般に解釈されるのだろうか。

（注）乾《いぬい》の方《かた》。北西の方向。戌《いぬ》と亥《い》の中間の方角。

（注）『葛飾誌略』より関連個所を記す。

一、遍覧亭。中門の南の林の中也。千万の風光一望に満つ。富士の白嶺遥《はるか》に見えて、佳景いふばかりなし。先年上様被レ為二御休止一《ごきゅうしなさる》。故に御殿といふ也。

（注）『江戸名所図会』より関連個所を記す。

遍覧亭《へんらいてい》　方丈《ほうじょう》の構《かまえ》のうちにあり。額に『遍覧亭』と題す。黄檗千呆和尚《おうばくせんがいおしょう》の筆蹟《ひっせき》なり。此所は山崖《さんがい》に臨むが故に、西南《にしみなみ》を眺むれば、葛飾の村落眼下にあり。江戸の大城《だいじょう》、甲相《こうそう》の群山《ぐんざん》、雲にそびえ霞に横《よこた》はる。又こなたには、房総の海水遠く開け、実に千里の風光を貯へたり。

（注）数百の高瀬舟《たかせぶね》、風帆黄白、大となく小となく尽《つく》す、寸隙もあらず、断岸の下を登る、の情景描写は一七四九年当時の物流の賑わいを書いている。高瀬舟が国府台の崖下を上流へ遡るには東京湾からの南東の風の順風が吹くことが条件となる。

◉国分寺《こくぶんじ》

附たり元陣屋跡、幷《ならびに》国分《こくぶん》の城跡、寺領

弘法寺《ぐほうじ》より七八町有鏡石《あるかがみいし》の有畔《あるあぜ》、縄手《なわて》を過《すぎ》て国分村《こくぶんむら》に入《い》る、仁王門有《あり》、向《むかい》に薬師堂有《あり》、左方《ひだりのかた》へ又門を入《いる》、本堂 幷《ならびに》 庫裏《くり》有、享保年中《きょうほうねんちゅう》（一七一六～三五）、灰小屋《はいごや》より火出《ひで》て炎上す、又其後《そのご》建つ、是聖《これしょう》 武《む》皇帝《こうてい》の御願《ぎょがん》、国々に建置給《たておきたま》へる国分寺也《なり》、国分山金光明寺最勝王経院《こくぶんざんきんこうみょうじさいしょうおうきょういん》と号《ごう》す、俗《ぞく》に国分寺といふ行基菩薩《ぎょうきぼさつ》の開基《かいき》、則《すなわち》、御作《おんさく》薬師如来大仏なり開帳《かいちょう》の節《せつ》は、夥敷《おびただしき》霊仏霊宝出《で》る、古《いにし》へは七堂大伽藍《しちどうだいがらん》也、于今《ここにいま》庭に大礎石苔《こけ》むして有《あり》、別に旧伽藍跡とて、畑に成《な》り、右の如《ごと》き大礎石多く有レ之《これあり》、尤《もっとも》、今の境内は、国府台太田道灌《こうのだいおおたどうかん》の代官職《しき》の陣家の跡也といふ、殿館《でんかん》の跡、于今篠竹《ここにいまヤノタケ》弐本づゝ生《はえ》るとぞ、又、別に国分の城跡と云有《いうあり》、国分寺より西に当る、国分五郎《こくぶごろう》といふは此《この》城主なり、尤《もっとも》、掻《か》き揚《あ》げ城にて、是も慶長年中《けいちょうねんちゅう》（一五九六～一六一四）、東照宮より城没却《ぼっきゃく》せられしと也、尤、此所《このところ》の沼地より、近年蓴菜《ジュンサイ》［左注］ぬめりなは出る也、

東鑑《あずまかがみ》巻一、治承《じしょう》四年（一一八〇）九月十七日丙寅《ひのえとら》、不レ待二広《ひろ》常《つね》参入《さんにゅうをまたず》一、令レ向二下《しも》総《うさのくにへむかうを》国一給《めいじたまう》、千葉介常胤《ちばのすけつねたね》、相二具子息《しそく》太郎《たろう》胤《たね》正《まさをあいぐし》、次郎師常《じろうすけつね》相馬《そうま》号《ごうす》二三郎胤成《さぶろうたねしげ》武石《たけいし》、四郎胤信《しろうたねのぶ》大須賀、五郎胤道《ごろうたねみち》［傍注］通ともあり国分《こふ》、六郎胤頼《ろくろうたねより》東《あずま》、嫡孫《ちゃくそん》小太郎成胤《こたろうしげたね》等一《らを》、参二会于下総国府《ここしもうさこくふにさんかいす》一、従レ軍及二三百余騎一也《ぐんをしたがえるさんびゃくよきにおよぶなり》ト云々《うんぬん》、右ハ武衛《ぶえい》頼《より》朝公《ともこう》ニ奉レ随《したがいたてまつる》、此時迄来《このときまできた》ル、寿永《じゅえい》三年（一一八四）二月五日、相馬次郎師常、国分五郎《コフ》胤道、東六郎胤頼兄弟三人、父常胤共ニ三河守範頼《みかわのかみのりより》ニ属シテ、摂津国《せっつのくに》一ノ谷城郭《じょうかく》ヲ攻《せ》ム、七日

箭合《やあわ》セト定《さだ》ムト云々《うんぬん》、同書巻三、治承《じしょう》四年（一一八〇）十月二日辛巳《かのとみ》巻一、武衛《ぶえいの》相《あわせ》二乗《のり》一于《ここに》常胤、広常等《など》之舟楫《のふねかじに》一、済《ワタル》二太井《ふとい》、隅田両河《すみだノりょうかわを》一、精兵及《三万》二三万余騎《よきにおよぶ》一、赴《むさしの》二武蔵国《くにおもむく》一、豊島権守清光《としまごんのかみきよみつ》、葛西《かさい》三郎清重等《ら》、最前《もっともさきに》参上《スト》云々《うんぬん》、

舟楫《ふなかじ》とあり、舟橋《ふなはし》を掛《かけ》るとはなし、太井《ふとい》をおほゐと訓附《くんづ》け有《あ》れども、ふとゐ也《なり》、国分迄漸《こくぶんまでようや》く三百余騎なれば、舟橋を掛るに不《およ》レ及歟《ばすや》、舟楫《ふなかじ》は舟の橋に通《かよ》ふべければ、舟橋懸るとは、俗諺《ぞくげん》に云歟《いうや》、但《ただ》し、広常二万騎、跡《あと》より遅参《ちさん》して隅田川迄参《まい》る、又、上総の伊北《いほう》の常仲《つねなか》を追討《ついとう》として、千葉太郎胤正討手《うって》に向《むか》ふゆへ、隅田川より取《とっ》て返し舟橋を掛るなどは成難《なしがた》き歟《や》、

国分寺鐘ノ銘 但平朝臣《たいらのあそん》北条時頼ノ寄附ノ鐘有《あり》シヲ、近年打二砕之《これをうちくだく》一其故《そのゆえ》ヲ不《しら》レ知《ず》

霊仏、霊宝物、

（注）一町は約百九メートルで換算する。七町は七百六十三メートル。

（注）縄手。なわて。畷。田の間の道。あぜ道。縄のすじ。

（注）行基菩薩。ぎょうきぼさつ。奈良時代の僧。畿内を中心に諸国を巡り、民衆教化や造寺、池堤設置・橋梁架設などの社会事業を行なった。最初の日本地図を作ったとされる。

（注）薬師如来。薬師経に説く東方の浄瑠璃世界《じょうるりせかい》の教主。菩薩だったとき十二の大願を発して成就し、衆生《しゅじょう》の病苦を救い、無明《むみょう》の痼疾《こくしつ》をいやすという如来。日光・月光を脇侍《きょうじ》として三尊をなし、十二神将を眷属《けんぞく》とする。普通、左手に薬壺を持つ。薬師瑠璃光如来の略。

(注)七堂大伽藍。総寧寺の項に図がある。
(注)篶竹《ヤノタケ》。やだけ。矢竹。矢に用いる竹。竹類のササ群の一種。高さ約三メートル。節間は長く節は低い。葉は枝の上端部に生える。矢、かごなどを作るのに用いる。
(注)『葛飾誌略』より関連個所を記す。
一、国分寺。高七百七十八石九斗九合。小金領也。真間より十町南の方也。
(注)『葛飾誌略』より関連個所を記す。
一、金光明寺《きんこうみょうじ》。国分山《こくぶんざん》といふ。真言。御朱印拾五石弐斗。開基、行基菩薩。凡《およそ》千百年にも及ぶ。文武帝勅願所《もんむていちょくがんじょ》。本尊薬師如来。行基菩薩作。霊験の尊像也。
(注)『江戸名所図会』より関連個所を記す。
国分山金光明寺 同所(国府台古戦場跡のこと)東の方、国分寺村《こくぶんじむら》にあり。今は新義の真言宗にして、京師三宝院《けいしさんぽういん》に属す。本尊薬師如来の像は、開山行基大士《だいし》の作、脇士《きょうじ》の十二神将《じんしょう》は、運慶の彫像《ちょうぞう》なり。堂内賓頭盧尊者《びんづるそんじゃ》は行基大士の作なりといふ。当寺は聖武天皇《しょうむてんのう》の御願《ごがん》にして、毎国《くにごと》に置かる、所の国分寺の一なり。中興開山を宥天《ゆうてん》法印と号す。本堂の額に『金光明寺』の四字を書《かく》せしは、智積院僧正運敞《ちしゃくいんそうじょううんぺい》の筆《ふで》なり。(中略)当寺往古《いにしえ》は伽藍魏々《ぎぎ》たりしかども、あまたの星霜を経て大《おおい》に衰廃し、今は昔の万が一を存するのみ。当時の礎石《いしずえ》と称するもの堂前《どうぜん》にあり。今の寺境《じきょう》は太田道灌の頃の陣屋の旧跡にて、古《いにしえ》の寺境は乾《いぬい》の方《かた》にありて、今は畑《はた》となれり。

◉鏡《かがみ》 石《いし》

弘法寺《ぐほうじ》山中より、総寧寺《そうねいじ》よりも直道有《ちょくどうあり》国分村《こくぶんむら》へ行く石橋の掛《かか》れる所、田の中に有りし石を云《いう》、鏡の面のごとく見ゆる故《ゆえ》、名づく、名石也《なり》、又一名要石《かなめいし》とも云《いう》といへり、是《これ》は田の中何程《いかほど》掘りても石の底知れずと也、又、此《この》石は生石《いきいし》にて生育《ソダチ》たりといふ、尤《もっとも》何やらの事有《ある》か、国分五郎の城の内は、隍塁《こうるい》の大名は掻《か》き上城《あげしろ》なる故、無かるべし、但し、庭の居《す》へ石歟《や》、又、右の石橋は、国府台《こうのだい》の石櫃《いしびつ》三ツの内一ツの蓋《ふた》也といへり、

(注) 隍塁《こうるい》。空堀と土を重ねて作ったとりで。
(注) 掻《か》き上城《あげしろ》。空堀を掘った土を掻き上げて土塁にしただけの城の意。
(注) 『江戸名所図会』より関連個所を記す。
鏡石　弘法寺より国分寺へ行く方《かた》の田畔《たのくろ》、石橋の際の水中にあり。この石根《せきこん》地中に入《い》る事其際《そのかぎり》をしらず。故に一《いつ》に要石《かなめいし》とも号《なづ》くといへり。土人《どじん》此石橋は、国府臺《こうのだい》にある所の石棺の蓋なる由云《よしい》ひ伝ふ。
　按《あん》ずるに、国分寺古伽藍の石材なるべし。
(注) 『葛飾誌略』より関連個所を記す。

一、泣石《なきいし》。是は松戸道用水の流れにあり。国分寺は此道より東の方に見ゆ。水中に小さく見ゆる石也。活《い》き石にて、昔より大きく成りしといふ。地底より出でて有りと。

◉継《つぎ》橋《はし》

むかしは、両岸より板を以《もっ》て、中梁《なかはり》にて打《うち》かけ継《つぎ》たる故《ゆえ》いふ、何方《いずかた》にも有《あ》るもの也、海よりの入江《いりえ》、橋の辺迄有《あたりまであり》しと見へたり、夫《それ》にては景猶《なおい》異なり

真間弘法寺《ままぐほうじ》入口石階《いしきざはし》より少し前、石碑《せきひ》有《あ》る小橋《こばし》をいふ、

継橋ノ銘

継橋興廃、惟文《これふみはしを》継《つぐ》レ橋、歌林千歳、万葉不《おちぶれ》レ凋《ず》、

鈴木長頼勒《これをきざむ》レ之

景物、入江、川添《かわぞい》うつぎ、

真間の歌枕写し、記スレ左ニ、

あの音せずゆかん駒もかかつしかのまゝの継橋やまず通はん

仙覚抄《せんがくしょう》にあの音《おと》せずとは足《あ》の音せずといふ也、足《あし》をあといふ、馬のあしかくをあがくといふ、足なやむをあなむなどよめるがごとし、

続後撰《しょくごせん》十一、恋歌

藤原道経

勝鹿《かつしか》の浦間《うらま》の波のうちつけに見そめし人のこひしきやなぞ

千載《せんざい》十八、旋頭歌《せどうか》に、源仲正《みなもとのなかまさ》下総国《しもうさのくに》の守《かみ》にまかれりけるを、任《にん》はてゝのぼりたりけるに、源俊頼朝臣《あそん》につかはしける歌に、

東路《あずまじ》の八重の霞《かすみ》をわけ来ても君にあはねば猶《なお》へだてたる心地《ここち》こそすれ

と有《あり》、返しに、

源俊頼朝臣

かき絶《たえ》し真間のつぎ橋ふみ見ればへだてたる霞《かすみ》もはれてむかへるがごとく

新勅撰《しんちょくせん》十九、題しらず

慈鎮和尚《じちんおしょう》

かつしかや昔のまゝのつぎ橋を忘れず渡る春がすみかな

同集、百首奉《たてまつ》りし時、寄レ橋恋《はしによするこい》

常《とき》盤《わの》井《い》

夢にだにかよひし中は絶《たえ》はてぬ見しや其《その》よのまゝのつぎはし

続後拾遺《しょくごしゅうい》十四、恋之部、同じ心をよませ給《たまえ》ける

土御門院御製《つちみかどいんおんせい》

夢ならでまたや通《かよ》はん白露《しらつゆ》のおきわかれにしまゝの継はし

人王八十三代、在位十二年、御出家、御寿三十七、寛喜《かんき》三辛卯《かのとう》（一二三一）十月十一日崩御《ほうぎょ》、建久《けんきゅう》六乙卯《きのとう》（一一九五）御誕生、同九戊午《つちのえうま》（一一九八）三月三日御即位、正《しょう》治元《じがん》己未《つちのとひつじ》（一一九九）御在位ナリ、

同集、建保《けんぽう》二年（一二一四）内大臣家《ないだいじんけ》百首に、名所の恋

権中納言定家《ごんちゅうなごんていか》

忘られぬまゝの継橋思ひねのかよひし方《かた》は夢に見へつゝ

続拾遺《しょくしゅうい》、題しらず

醍醐入道太政大臣女《だいごにゅうどうだじょうだいじんのむすめ》

わかれにしまゝの継橋中たへてふみかよふべき道だにもなし

新後拾遺《しんごしゅうい》十四、恋歌の中に、

従三位定子《じゅさんみていし》

うつゝとて語る計《ばか》りの契《ちぎ》りかはあだなる夢のまゝの継はし

千五百番歌合《うたあわせ》、五月雨《さみだれ》

参議雅経《さんぎまさつね》

さみだれに越行《こしいく》波はかつしかやかつみかくるゝまゝの継はし

続後拾遺、恋四

贈従三位為子《じゅさんみいし》

扨《さて》も猶《なお》かよはゞこそは頼まれめ絶《たえ》しといひしまゝの継はし

風雅《ふうが》、雑中《ざつちゅう》

藤原朝村《ふじわらのともむら》

葛飾《かつしか》の真間の浦風吹《ふき》にけり夕浪《ゆうなみ》こゆるよどのつぎ橋

日蓮上人

皆人《みなひと》を渡しはてんとせし程に我身はもとのまゝの継はし

曽我《そが》五郎

東路を今朝《けさ》立《たち》くればかつしかやまゝの継橋霞《かす》み渡れり

橋　霜

頓阿上人《とんあしょうにん》

山人《やまびと》の道のゆきゝの跡もなし夜《よ》ふくる霜《しも》のまゝのつぎはし

作者未詳《みしょう》

勝鹿《かつしか》やまゝのつぎはし来て見れば入江にかゝる日ぐらしの里

今朝《けさ》みれば往《い》き来《き》の人の跡もなし夜ふくる霜のまゝのつぎはし

已上《いじょう》

積る恋に寄せて読《よめ》り旋頭歌《せどうか》

よみ人しらず

積りにし恨《うらみ》のまゝのつぎはしは中絶《なかたゆ》る時こそとげて思ひしらるれ

かつしかの浦を読《よめ》り

おなじく

かつしかや浦間《うらま》にうつる夕月日《ゆうづきひ》こがねの浪《なみ》に夕ばえのふじ

題㆓継橋㆒

板橋《いたばし》有《あり》㆓古銘《こめい》㆒、真間道傍碣《ままのみちのそばのいしぶみ》、鳳製照㆓辺区㆒、公詠垂㆓玉笏㆒、曲江今碧田、野渡無㆓風骨㆒、憶昔継橋勝、故人唱詶発、

（注）『葛飾誌略』より関連個所を記す。

一、継橋。並木を過ぎて少しの川に渡す。凡二三間の橋なりしが、高名の橋也。鈴木長頼《ながより》銘有り。碑《ひ》橋の側にあり。継橋興廃。維文維橋。詞林千歳。萬葉不㆑凋。

新勅撰。かつしかの昔のままの継橋を忘れず渡る春霞《はるがすみ》哉《かな》　大僧正慈鎮。

風雅集。五月雨に越え行く浪はかつしかやかすみにかゝるままの継橋　雅経。

千載集旋頭歌に、源仲正下総国《しもうさのくに》の守《かみ》に任じけるが、任はてゝ上りたりけるに、源俊頼朝臣《あそん》に遺《のこ》しける歌に、東路《あずまじ》の八重《やえ》の霞《かすみ》を分け来ても君に逢はねばなほ隔てたる心地こそすれと有り。返しに源俊頼朝臣《あそん》、かき絶えし真間の継橋ふみ見れば隔てたる霞も晴れて向へるがごと。

夢ならで又や通はん白露の置き別れにし真間の継ぎはし　土御門院御製。

みな人を渡しはてんとせし程に我身はもとのまゝの継橋　日蓮上人。

東路をけさ立ちくれば勝鹿《かつしか》や真間の継橋霞はれたり　曽我五郎。

（注）『江戸名所図会』より関連個所を記す。

真間継橋　弘法寺《ぐほうじ》の大門《だいもん》、石階《いしはし》の下《もと》、南の方《かた》の小川に架《わた》す所のふたつの橋の、中《なか》なる小橋《こばし》をさしていへり。或人いふ、古《いにしえ》は両岸より板をもて中梁にて打ちかけたる故に、継はしとはいふなりと。さもあるべきにや。

万葉集

安《ア》能《ノ》於《オ》登《ト》世《セ》受《ズ》由《ユ》可《カ》牟《ム》古《コ》馬《マ》母《モ》我《ガ》可《カ》都《ツ》思《シ》加《カ》乃《ノ》麻《マ》末《マ》乃《ノ》都《ツ》藝《ギ》波《ハ》志《シ》夜《ヤ》麻《マ》受《ズ》可《カ》欲《ヨ》波《ハ》牟《ム》

新勅撰

かつしかの《原や》むかしのまゝの継橋を忘れずわたる春霞かな　慈圓

風雅集

五月雨《さみだれ》に越え行く波はかつしかやかつみがくるゝ真間の継ぎ橋　雅経

同

かつしかのまゝの浦風吹きにけり夕波越ゆるよどのつぎはし　朝村

按ずるに、朝村《ともむら》の和歌によどのつぎはしとあるは、水の澱《よどみ》にかけたりといふ意《こころ》にて、山城の淀《よど》とは異なり。

入道玄門倒修凡事《にゅうどうげんもんとうしゅぼんじ》の意《こころ》を

こゝに人を渡しはてんとせし程に我身はもとのまゝの継橋　日蓮

（注）『新版漢語林』：真間の継橋。ままのつぎはし。歌枕。下総国の地名。現在の千葉県市川市真間。「ふみみる（踏みみる・文見る）」「渡る」を縁語として詠み込まれた。また『万葉集』の歌で知られる。真間の手児奈の伝説を踏まえた歌も詠まれている。「かきたえし真間の継橋ふみみれば隔てたる霞もはれて迎へるがごと」（千載・雑下）。

（注）鈴木長頼。鈴木修理《しゅり》。宮大工。弘法寺の石段を寄贈。『葛飾誌略』に「一、石階。凡四五十段、みかげ石面結構なる事並びなし。鈴木氏寄進すと也」とある。

（注）仙覚。せんがく。鎌倉中期の学僧。天台宗。常陸の人。鎌倉の僧坊で万葉集の校訂・注釈に没頭。従来無訓の歌に新点を加え、古点・次点を正すなど、万葉研究史上に一時期を画した。読み方が不明なままとなっていた歌百五十二首に詠みを付けた（新点という）。これによって初めて全歌にわたって読みが示された。著「万葉集注釈（別称、仙覚抄）」など。

（注）続後撰。続後撰和歌集。しょくごせんわかしゅう。第十番目の勅撰和歌集。二十巻。後嵯峨院の命を受けた藤原為家《ふじわらのためいえ》が建長《けんちょう》三年（一二五一）に撰進。御子左《みこひだり》家《け》の家人《けにん》の独撰なので、中世においては『千載集』『新勅撰集』とともに規範的な地位を占めた。総歌数千三百七十七。

（注）千載和歌集。せんざいわかしゅう。第七番目の勅撰和歌集。二十巻。後白河院の命を受け、藤原俊成《ふじわらのしゅんぜい》が文治《ぶんじ》三年（一一八七）九月奏上、総歌数千二百八十八首。撰歌範囲は一

条朝（九八六〜一〇一一）以降。叙情的で映像性豊かな歌が基調。

（注）旋頭歌。せどうか。和歌の歌体の一つ。本来は五・七・七・五・七・七音の六句からなる形式をいう。『古事記』に二首、『日本書紀』に二首、『万葉集』に六十二首がある。ほかに『古今集』『後撰集』『千載集』などにもみられる。旋頭歌とされる形式には、ほかに五・七・五・五・七・七など異体のものもある。『古来風躰抄《ふうていしょう》』によると、旋頭歌は頭を旋《めぐ》らす（同じ句の繰り返し）歌の意であるという。

（注）朝臣《あそん》。「あそみ」の転。中世以降「あっそん」とも。公卿《くぎょう》の内、三位《さんみ》以上は姓の下に、四位以下は名の下につける敬称。橘朝臣《たちばなあそん》、（在原《ありはらの》）業平朝臣《なりひらあそん》など。また、貴族の男子が互いに親しんで呼び合う語。

（注）新勅撰和歌集。第九番目の勅撰和歌集。二十巻。「宇治河集」とも。後堀河天皇の命を受けた藤原定家《ふじわらのていか》の撰。文暦《ぶんりゃく》二年（一二三五）に完成。精撰本は総歌数千三百七十四首。後鳥羽・順徳両院ら承久《じょうきゅう》の乱関係者の歌は除かれており、新古今調《しんこきんちょう》とは異なる平坦優雅な歌風が中心をなしている。

（注）慈鎮和尚《じちんおしょう》。慈円の諡号《しごう》。平安末期〜鎌倉初期の僧。歌人。藤原忠通の子。和歌に優れる。家集「拾玉集」、史論「愚管抄」がある。

（注）続後拾遺《しょくごしゅうい》和歌集。第十六番目の勅撰和歌集。二十巻。後醍醐天皇《ごだいごてんのう》の命を受けて、初め二条為藤が、その死後は二条為定が引き継いで嘉暦《かりゃく》元年（一三二六）に完成。総歌数千

三百五十五首。歌風は平凡無難。

（注）土御門院御製《つちみかどいんおんせい》。第八十三代土御門天皇の家集。「続後撰集」などの勅撰集に百四十八首が入集。後鳥羽天皇の第一皇子。承久の乱で土佐国《とさのくに》に配流《はいる》、阿波国《あわのくに》で崩御。

（注）権中納言定家《ごんちゅうなごんていか》。藤原定家。ふじわらのていか。応保《おうほ》二年（一一六二）～仁治《にんじ》二年（一二四一）。平安末期・鎌倉初期の廷臣、歌人、歌学者。後鳥羽院歌壇・順徳院歌壇の中心メンバーで『新古今集』の撰者の一人で『新勅撰集』の撰者である。

（注）続拾遺《しょくしゅうい》和歌集。第十二番目の勅撰和歌集。二十巻。亀山上皇の命を受けた藤原為氏が弘安《こうあん》元年（一二七八）に撰進。総歌数千四百六十一首。新味や独自性は乏しい。

（注）新後拾遺《しんごしゅうい》和歌集。第二十番目の勅撰和歌集。二十巻。将軍足利義満の執奏により後円融天皇の命が下り、初め二条為遠《にじょうためとお》、その死後は二条為重が引き継いで至徳《しとく》元年（一三八四）に撰進。総歌数千五百四十五首。平明でなだらかな歌風が中心。

（注）従三位定子《じゅさんみていし》。藤原定子。ふじわらのていし。貞元《じょうげん》二年（九七七）～長保《ちょうほ》二年（一〇〇〇）。一条天皇の皇后。十四歳で入内《じゅだい》。定子の産んだ男子の妻になった人に清少納言《せいしょうなごん》がある。

（注）千五百番歌合《うたあわせ》。歌合。後鳥羽院・藤原定家らの詠および判。建仁《けんにん》二年（一二〇三）から同三年の成立。新古今時代の代表的な歌人三十人を撰んで百首歌を詠進《えいしん》させ、結番《けちばん》したもので、歌合史上最大の規模の催し。『新古今集』の撰集資料とされた。

（注）参議《さんぎ》雅経《まさつね》。藤原氏。飛鳥井《あすかい》雅経。嘉応《かおう》二年（一一七〇）～承久《じょうきゅう》三年（一二二一）。平安末期・鎌倉初期の歌人。飛鳥井流蹴鞠《けまり》の祖。後鳥羽院歌壇のメンバーで『新古今集』の撰者の一人。家集『明日香井和歌集』のほか、『蹴鞠略記』がある。

（注）風雅《ふうが》和歌集。第十七番目の勅撰和歌集。二十巻。花園法皇の企画・監修により、貞《じょう》和《わ》四年（一三四八）ごろまでに光厳《こうごん》上皇が親撰。総歌数二千二百十一首。全体的に深い内観性がみられる。

（注）曽我《そが》五郎。承安《しょうあん》四年（一一七四）～建久《けんきゅう》四年（一一九三）。鎌倉初期の武士。兄の十郎とともに、富士の裾野で父の仇である工藤祐経《すけつね》を討つ。この事件は『曽我物語』に描かれ、後世、歌舞伎において『曽我物』といわれる作品の題材になった。

（注）頓阿。とんあ。「とんな」とも。正応《しょうおう》二年（一二八九）～応安《おうあん》五年（一三七二）。鎌倉末期・南北朝時代の歌人。俗名二階堂貞宗。浄弁・慶雲《きょううん》・兼好らとともに「和歌四天王」と称せられた。二条為明没後、『新拾遺集』を完成させた。

◉手児奈《てこな》ノ宮《みや》

真間《まま》の麓《ふもと》、古松有所《こしょうあるところ》小社也《しょうしゃなり》、附たり和歌

真間《まま》の入口、継橋《つぎはし》の傍《かたわ》らより右へ入《い》る、鈴木院《れいぼくいん》の少し前右《みぎ》の方《かた》に有《あ》り、是古《これいにしえ》への手児奈《てこな》明神《みょうじん》の社《やしろ》也、此所石碑《このところせきひ》に、真間娘子《ままじょうし》今手児奈《てこな》と有《あり》、又、手児奈は、中頃清少納言《せいしょうなごん》が一名也と云《いえ》り、此時《このとき》は手児女《てこめ》と書ける由《よし》、かたち美《び》なるに比《ひ》したるもの歟《や》、偖《さて》、末子《すえこ》を手児《てこ》と云《いう》は、殿子《テコ》なるよし、殿の字は尻払《しりはら》ひと訓ずる故なり、枝折萩にまゝのてこと有《あり》、是《これ》あづまの俗語《ぞくご》也と、万葉集、手児奈《てこな》、或は氏胡奈とも、古《いにし》へ雲の上人《うえのひと》此所へ左遷へまして、其名を真間大納言と号せし、其姫御前にてなん、人に嫁《か》し給《たま》はずといひ伝《つた》へり

（注）真間の手児奈。手古奈とも。伝説上の女性。上代、下総国葛飾郡《しもうさのくにかつしかごおり》真間（現在の千葉県市川市）の娘で『万葉集』によると、多くの男性の求婚を受けたが、処女のまま入水《じゅすい》してしまったという。

（注）手児奈。てこな。てごなとも。手児名とも。「な」とは、人の意を表す接尾語。かわいい少女。美しい乙女。

（注）鈴木院。れいぼくいん。別項。

（注）清少納言。せいしょうなごん。生没年未詳。平安中期の歌人・随筆文学作者。父は清原元輔。中古三十六歌仙の一人。正暦《しょうりゃく》四年（九九三）ごろから、一条天皇の皇后定子《ていし》に仕え、持ち前の和漢の才を発揮して寵愛を受けた。定子の死後は宮仕えを辞し、藤原棟世と再婚したという。著『枕草子』は、随筆文学の傑作とされる。家集に『清少納言集』がある。勅撰集には十四首が入集。

（注）『江戸名所図会』より関連個所を記す。

真間手児名旧蹟《ままのてこなきゅうせき》　同所継橋より東《ひがし》の方《かた》、百歩ばかりにあり。手児名が墓の跡なりといふ。後世祠《ほこら》を営みてこれを奉じ、手児名明神と号す。婦人安産を祈り、小児疱瘡《しょうにほうそう》を患《うれ》ふる類《たぐい》、立願《りゅうがん》して其奇特《きどく》を得《う》るといへり。祭日は九月九日なり。伝へいふ、文亀《ぶんき》元年（一五〇一）辛酉《かのととり》九月九日、此神《このかみ》弘法寺《ぐほうじ》の中興第七世日与《にちよ》上人に霊告あり。よってこゝに崇め奉るといへり。［春臺《しゅんだい》文集］継橋記《つぎはしのき》に、手児名の事を載せたりといへども、其説里諺《りげん》によるのみにして、證《しょう》とするに足らず。

清輔《きよすけ》［奥義抄《おうぎしょう》］に云《いわ》く、是は昔下総国勝鹿真間野《かつしかままの》の井《い》に水汲む下女《げじょ》なり。あさましき麻《あさ》衣《ぎぬ》を着て、はだしにて水を汲む。其容貌妙《たえ》にして、貴女《きじょ》には千倍せり。望月《もちづき》の如《ごと》く、花の咲《ゑ》めるが如くにて立てるを見て、人々相競《あいきそ》ふ事、夏の虫の火に入るが如く、湊入《みなといり》の船の如くなり。こゝに女思ひあつかひて、一生いくばくならぬよしを存じて、其身を湊に投ず。中略。又かつしかのまゝのてこなともよめり。真間の入江・真間の継橋・真間の浦・真《ま》間井《まのい》・真間の野などよめる、みな此所なり云々《うんぬん》。

（注）『葛飾誌略』より関連個所を記す。

一、手児名社。手児名の霊を祭る。石階《いしきざはし》の下東の方へ入る也。千七百余年に及ぶ。清輔の奥義抄に云ふ。下つふさの国かつしかの真間の井に水をくむ女、その姿たへにて月を望むが如く、花の咲くが如し。見る人懸想《けそう》すること、夏の虫の火に入るが如く、湊に船の入るが如し。此女、思ひあつかひ、其身を水に投ぐ。云々。

万葉集。かつしかの真間の入江に打なびく玉藻刈りけんてこなしぞ思ふ　山部赤人。
同集。我もみつ人にもつげん葛飾の真間の手児名が奥つきどころ　同。

胸に沁みわたる山部宿禰赤人と高橋連虫麿の歌一首

真間の歌枕《うたまくら》写し、左《さ》に誌《しる》す、
万葉集第三、過二勝鹿《かつしか》真間《まま》娘子墓《じょうしのはか》一時
山部宿禰《やまべのすくね》赤人《あかひと》

いにしへに　ありけむ人の　しづはたの　帯ときかへて　ふせやたて　妻どひしけむ　かつしかの　ままのてこなの　おくつきを　玆《ここ》とはきけど　まきの葉や　繁《しげ》くあるらむ　松が根や　遠く久しき　ことのみも　名のみも我は　わすられなくに

反歌

我《われ》も見つ人にもつげんかつしかのまゝの手児奈がおきつきどころ
かつしかのまゝの入江に打《うち》なびく玉藻《たまも》かりけん手児奈しぞ思《おも》ふ

万葉集第九、詠二勝鹿真間娘子一歌一首幷《ならび》ニ短歌
高橋連虫麿《たかはしのむらじむしまろ》

鳥が啼《な》く　あづまの国に　いにしへに　有《あり》けることと　今までに　絶えずいひくる　かつし

かの　まゝの手児奈が　あさぎぬに　青くびつけて　ひたさをを　もにはをりきて　髪だにも　かきはけづらず　くつをだに　はかず行《いけ》ども　にしきあやの　中につつめる　いわひごも　いもにしかめや　もちづきの　みてる面輪《おもわ》に　はなのごと　ゑみてたてれば　なつむしの　火に入《い》るがごと　湊《みなと》いりに　船こぐごとく　よりかぐれ　人のいふとき　幾《いく》ばくも　いけらぬものを　なにすとか　身を棚《たな》しりて　波の音の　さわぐみなとの　おきつきに　妹《いも》がこやせる　遠きよに　有《あり》けることを　きのふしも　見けむがごとも　おもほゆるかな

反　歌

勝鹿《かつしか》のまゝの井見れば立《たち》ならし水を汲《くま》けん手こなしおもほゆ

清輔奥義抄に、是は下総国《しもうさのくに》勝鹿真間野井に水汲女なり、其形《そのかたち》たへにして貴女には千倍せり、如《もちづきの》二望月《ごとし》一　如《はなさく》二花咲《ごとし》一にて、たてるを見て、人々相競《あいきそ》ふこと夏の虫の火に入るごとく、幾ばくならぬよしを存して、其投《そのミナグト》レ湊云々《うんぬん》、其心をよめる也、かつしかのまゝの手児奈ともよめり、まゝの井萩原などよめる、みな此所《このところ》なり、

万葉集第十四、下総国歌一首　作者未詳

かつしかの真間《まま》のてこながありしかばまゝのおすひに波もとゞろに

仙覚抄、真間のおすひにとは、おそひに也、山のそひにと云《いう》なり、

にほ鳥の勝鹿《かつしか》わせをにえすともその悲しきを戸にたてめやも

清輔奥義抄に云《いふ》る、にほどりとはにゐ鳥を云也《いうなり》、にゐはあたらしいといふ也、あたらしくとりたる稲也、にほ、にゐは、五音の字にて、かよはしよめり、田舎《いなか》には、田つくる時、やとひたる人々をあつめて、このはつ刈《かり》の稲にて、にゐしをして饗《きょう》する也、其日は、門をさして、さわりの出《いで》こぬ先に、と云《いい》のゝしめ、此時、来《く》る人は内へもいれねども、君来《きた》らば戸にたてんやは、とよめり、葛飾《かつしか》は所《ところ》の名にやといへり、又或抄に、かつしかわせといふは、かつくしや歟《や》、早《わ》稲《せ》を取《とり》はじめてにえする心也、しやといふは、それといふ詞《ことば》也、かれといはんとてなるといひ、しやかといはんとてしかといふ、同じ心也といへり、古《いにしえ》は歌よみやうを心得るに、さきに釈《しゃく》とも正義にあらず、勝鹿《かつしか》は下総国葛飾《しもうさのくにかつしか》の郡《こおり》なり、かのかつしかの郡の中に大河あり、ふと井といふ、川の西をば葛西《かさい》の郡《こおり》といふ也、にをどりの勝鹿、とつゞけたることは、かつしかといふかつの詞《ことば》、かつくといふ心にてかよへば、かつくといひ出《で》んためのまくら言葉に、鳰鳥《におどり》とをける也、鳰鳥は水の中に入《いり》てかづくゆえなり、にえすとも、その悲しきをとにたてめやは、といへり、由縁《ゆえん》は先釈に相違なし、

以上、鳰鳥《におどり》はかゐつぶりの事也

よみ人しらず

ふるきよの跡をたれつゝ古《いにし》へのまゝのてこなし見にけんがごと

おなじく

足曳《あしひき》のやまとぢをへてさる沢の池の玉藻を手児《てこ》なしぞ思ふ

奉レ詠《よみたてまつる》二手児奈宮《てこなぐうを》一

真間山下社、少女往時蹤、金井惟レ倦レ綆、玉藻不レ惜レ容、衆人夏虫集、美質素清濃、可レ憐泛二潮海一、貞心有二古松一、古松幾年歴、小祠神自宗、

(注) 歌枕。うたまくら。古来、和歌に詠み込まれたことばや地名。また、それらを集めた書物。とくに、和歌に詠み込まれる名所。

(注) 山部宿禰赤人。やまべのすくねあかひと。生没年未詳。奈良時代の歌人。三十六歌仙の一人。聖武朝《しょうむちょう》のころ、各地への僥倖《ぎょうこう》に従い、宮廷歌人として活躍した。透徹した自然描写に特徴がある。『万葉集』に長短五十首を残し、旅の歌が多い。柿本人麻呂《かきのもとひとまろ》とともに歌聖として慕われた。

(注) 高橋連虫磨。たかはしのむらじむしまろ。生没年未詳。奈良時代の歌人。『万葉集』に三十四首の歌を残すが、東国関係の作が多く、一時期東国(とくに常陸国《ひたちのくに》)の下級官人であったとみられている。浦島子《うらしまこ》や真間の手児名などの伝説に材をとり、それらを叙事的に詠じた作品が多く、女児歌人・伝説歌人として特異な作風を示す。『常陸国風土記《ひたちのくにふどき》』の編纂にあたったといわれる。

(注) 清輔奥義抄《おうぎしょう》。歌論書。三巻付一巻。藤原清輔著。成立年未詳。天治《てんじ》元年(一一二四)

～仁平《にんぴょう》元年（一一五一）の間に成立か。その後も増補が続けられたとも思われ、平安末期までに成立か。崇徳《すとく》・二条の両天皇に献上された。従来の歌論・歌学の集大成で、後世への影響が大きい。藤原清輔は長治《ちょうじ》元年（一一〇四）～治承《じしょう》元年（一一七七）。平安後期の歌人・歌学者。六条家の出。従来の歌学の大成者で、歌壇の第一人者。

（注）『葛飾誌略』より関連個所を記す。

一、真間の於須比《おすひ》。麓に有り。東より西へ流る。市川へ落ち入る小川也。

　万葉集。かつしかのままの手児名がありしかばま丶のおすひに浪もとどろに。

おすひとはをそひ也。傍《そば》にと云ふことぞ。往古は此山の麓より皆浦也といへり。蒼海變而成二桑田一と、宣也。

　万葉集。葛飾のま丶の浦まを漕ぐ舟の舟人さわぐ浪たつらしも。

（注）『勝鹿図志手繰舟』より関連個所を記す。

真間の於須比《おすひ》　麓に東より西へ流れ市川へ落入《おちいる》小川也。

同（萬葉のこと）

かつしかのま丶の手児奈がありしかばま丶のおすひは《(ママ)》波もとゞろく《(ママ)》

おすひとはおそひ也。山の傍《そひ》にと云事《いうこと》也。継はしは両岸より板を投わたし中にて合せたるにて何国《いずこのくに》にも有橋《あるはし》也。

古説曰《いわく》、手児女は其かたち心猶《なお》やさしく殊《こと》に継母《けいぼ》に孝有《あり》て、水汲玉藻刈つ丶世をわたりけるを、見る人夏虫の火に入《いる》ごとく身をこがして云《いい》よるを、あつかひうるさくもおもひけん、其汀《なぎさ》に身を投しと云《いう》。真間の井は手児奈の水汲《くみ》し跡なりとぞ。昔はたゞ男をせな、女を手児と云《いい》たりしときこゆ。近世は嫡子《ちゃくし》をせな、未女をてことと云《いう》。いせ物語の注に、せなは東国のこと葉としるしたれども、かつしかの詞《ことば》也。かつしかさへ近き頃は此言《こと》ばをつかふものもまれ也。愚老（鈴木金堤のこと）、真間の近村にて、「せなよ出て見よ」と唄ふ盆踊《ぼんおどり》を見て、

　其《その》まゝのむかしをおどれ月もまた

と吟じて一笑したりし。

（注）『江戸名所図会』より関連個所を記す。

真間浦《ままのうら》　同じく弘法寺の前の水田の地をいふ。勝鹿《かつしか》の浦といふも此所の事を云ふなるべし。土人云ふ、昔は真間の崖下《がいか》まで浪打ち寄せたりとなり。故に此辺に今も其旧跡とて、字《あざな》に残れるものあり。所謂《いわゆる》大洲は初て洲になりし所なり。立野《たちの》といふは、蘆《あし》を刈りて陸地となりし所なり。蘆畔《あしくろ》といふは萱野《かやの》にして、水田を開発せし故とぞ。

◉真間《まま》の井《い》

俗に亀井《かめい》と云《いう》、附たり
和歌、幷《ならびに》今手児奈《てこな》の事

手児奈の明神の前より少し行也《いくなり》、沢水《さわみず》にて奇麗成《きれいなる》清水《しみず》、尤《もっとも》鈴木院《れいぼくいん》の庭上也、昔手児奈の入水《じゅすい》の池水の由《よし》、此所《このところ》の銘にあり、

玉葉集六

葛飾《かつしか》の真間の井筒《いづつ》の影ばかりさらぬ思ひの跡をこひつゝ

光明峰寺入道摂政《こうみょうほうじにゅうどうせっしょう》

右是《これ》もまゝの歌枕の中に有《あり》、

まゝの井のおもかげばかりうつしきて猶《なお》遠きよをくみてしる哉《かな》

よみ人しらず

又、手児奈の入水《じゅすい》の池水と云《いう》は、合せて形《かた》チを残せる也、真間の井は、手児奈の水を汲し井也、其《その》かたち宮女《きゅうじょ》にこえ、水くみ、玉藻刈《か》れるを見る人、夏虫の火に入る如《ごと》くなるをもて、あつかひうるさがりて、其湊《みなと》に身を投げし、と右《みぎ》まゝの歌枕に云《いえ》り、其湊と有故《あるゆえ》に、井にてはなし、又、今手児奈といふに付て、俗に云伝《いいつた》ふる事有《あり》、是《これ》は、真間の開山聖人《かいざんしょうにん》、ある日空の晴間もなき霏《コ》雨《サメ》のそぼふれるに、山廻《やまめぐり》して見給《みたま》はんとて出《で》られけるに、此《この》手児奈の辺《あたり》にて、若き女の何くともなく来《きた》れるが、聖人の袖にむずと取付《とりつき》、離れざる者有《あ》り、何者ぞと問給《といたま》ふに、我《われ》は此《この》近き辺《あた》り

にてなきものなるが、余りに罪ふかく候《そうら》へば、聖人の御《おん》のりのちからにて吾《われ》を助けさせ給《たま》へ、とぞ申《もうし》ける、聖人、其儀《そのぎ》にてあるならば、尋《たず》ね求めて懇《ねんご》ろに弔《とむら》ひ得《え》さすべし、と宣《のたま》ひしかば、則《すなわち》嬉しがり、かきけち失《うしない》にけると也、其後尋求《たずねもと》め給《たま》ふに、果して其辺《そのあたり》近き所にて、若き婦《ふ》の産するとて身まかれる有《あり》けり、依《よっ》て、右の趣《おもむき》を告《つ》げ知らせ給《たま》ひしかば、家内《かない》驚きあへり、夫《それ》より経書流灌頂を修《しゅう》し給ひ、新《あらた》に卒都婆《そとうば》を建《たて》、念頃《ねんごろ》に弔ひ給ふ、猶《なお》夢の告げ有《あり》て、我をば神に祭り給へ、といふ、然《しか》らばとて、今手児奈神と祭り籠《こ》め、夫《それ》より、手児奈明神の御影《みえい》を、真間山より出さるゝとなり、雪舟摘流《ちゃくりゅう》之筆也、

又、真間の歌枕の中に、おきつき所とは、沖着所也、我もみつ人にもつげんの歌は、身をなげたる死骸の沖着所と云事《いうことなり》也、我ましと尋ね求めたるをよみたる也、大海の口三枚洲《さんまいず》と云洲《いうす》は、風の廻《めぐ》りにて、時折波騒《ときおりなみさわ》ぎ鳴り聞《きこゆ》る也、銚子浦などの浪《なみ》の音に変る事なし、不断《ふだん》は鳴らず、此洲を沖《おき》着所《つきどころ》といふ、短歌の心也、妹《いも》のふしける遠きよにありける事を、きのふしもの心は、豊玉姫《とよたまひめ》の故事也、沖津鳥鴨《おきつとりかも》つく島に我《われ》いねし妹《いも》は忘れじ世のことごとも、の神詠《しんえい》を取《とり》たる也、神詠は、神《じん》代巻下《だいかんげ》に有《あ》り、ひたさををは、一直《ヒタサヲ》を也、機《ハタモノ》一端《いったん》也、くつをだには、沓《くつ》をだに也、身をたなりては、身を嗜《タナ》知りて也、又棚退《タナジリ》て也、猶可《なおたずね》レ尋《べき》、

（注）玉葉集《ぎょくようしゅう》。玉葉和歌集。第十四番目の勅撰和歌集。二十巻。伏見院の命を受けた藤原為兼が正和《しょうわ》元年（一三一二）に奏覧。総歌数二千八百首。伏見院・藤原為子《いし》・永福門院・

為兼など、持明院統や京極派歌人の歌が多い。自然観照に徹して詠んだ句が多く、清新な印象を与える。
(注)卒都婆。そとうば。「そとば」とも。卒塔婆。率塔婆。供養追善のために墓に立てる上部を塔形にした細長い板。梵字・経文・戒名などを記す。板塔婆。
(注)井筒。いづつ。井戸の地上の部分を木・石・土管などで囲んだもの。本来は円形だが、広く方形のものをもいう。井戸側。
(注)霏雨《コサメ》。『葛飾記』本文には、コサメとルビがあるが、『新版漢語林』をひくと、霏はヒとある。したがってヒサメと読むのだろう。霏とは、雨や雪が入り乱れてはげしく降るさま、とある。
(注)豊玉姫《とよたまひめ》。海神、豊玉彦神の娘で、彦火火出見尊《ひこほほでみのみこと》の妃。産屋《うぶや》の屋根を葺き終わらないうちに産気づき、八尋鰐《やひろわに》の姿になっているのを夫神にのぞき見られ、恥じ怒って海へ去ったと伝える。そのとき生まれたのが鸕鷀草葺不合尊《うがやふきあえずのみこと》という。
(注)おきつき所とは、沖着所。奥つ城ところ。墓のこと。上代、おくつき。
(注)沖津鳥《おきつとり》。沖つ鳥。沖にいる鳥の意から「鴨」「あぢ」にかかる。
(注)『江戸名所図会』より関連個所を記す。
真間井 同所北の山際、鈴木院《れいぼくいん》といふ草庵《そうあん》の傍《かたわら》にあり。手児奈が汲みける井なりと云ひ《い》伝《つた》ふ。中古《なかむかし》此井より霊亀《れいき》出現せし故に、亀井ともいふとなり。此鈴木院と云ふは、北条

家の臣にして、俗称を鈴木修理《すずきしゅり》と云ひけるよし。此人の造立故《ぞうりゅうゆえ》に鈴木《れいぼく》と号す。又此庵《このいおり》の傍《かたわら》に、其祖先鈴木近江守《すずきおうみのかみ》の石塔あり。これも同じく修理と云ふ人造立せしなり。

按ずるに、寛文《かんぶん》八年（一六六八）戊申《つちのえさる》、相州鎌倉鶴が岡修造《しゅぞう》の時の工匠《たくみ》を、鈴木修理《しゅり》長常《ながつね》といふ。然《しか》る時は番匠《ばんしょう》の家ならん歟《か》。鶴が岡梁牌《りゅうはい》にかく載せたれども、又別の人にや、猶考《なおかんが》ふべし。

（注）『葛飾誌略』より関連個所を記す。
一、真間井。手児名祠の奥山陰亀井坊の側《そば》清水の井也。清冷にして寒暑無㆓増減㆒《ぞうげんなし》。銘に曰く、瓶甕可㆑汲。固志何傾。嗚呼節婦。與㆑水洌清。と。人渇《かつ》を凌《しの》ぐに足れり。浅々たる清泉境に似るといふ、梅聖兪が詩の心に近し。
玉葉集。かつしかのまゝの井筒の影ばかりさらぬ思ひの跡を戀ひつゝ　光明峯寺入道摂政。

◉鈴木院《れいぼくいん》

附鈴木近江守《すずきおうみのかみ》石塔

亀井《かめい》の傍《かたわ》らの小庵を云《いう》、鈴木修理《しゅり》建る故《ゆえ》、号《なづ》くと也《なり》、此《この》庵に、右まゝの歌枕収《おさま》り有《あり》、入江、継《つぎ》橋《はし》、井、手児奈《てこな》、共に歌を集め載《の》す、前《さき》に記すごとく、願へば是《これ》を拝覧する也、奥の山に御大工鈴木近江守《すずきおうみのかみ》の石塔あり、尤《もっと》も、鈴木修理《しゅり》造営す、此修理は北条の家臣の由《よし》、石塔の傍《かたわら》に記し有《これ》㆑

之《あり》、尤、北条の古戦場たる故《ゆえ》、印《しる》しに建られたるなるべし、又、寛文《かんぶん》八戊申年《つちのえさるのとし》（一六六八）、鎌倉鶴ヶ岡修造《しゅぞう》の工匠《こうしょう》を鈴木修理《しゅり》と云《いう》、此修理《このしゅり》なるべし、新編鎌倉志、鶴岡修造棟札載《のす》レ之《これを》、

（注）亀井。かめい。前項の真間の井のこと。
（注）『葛飾誌略』より関連個所を記す。
一、鈴木院。真間井に隣る。御大工鈴木修理の寺也。
（注）『葛飾誌略』より関連個所を記す。
一、石階《いしきざはし》。凡《およそ》四五十段、みかげ石面結構なる事並びなし。鈴木氏寄進すと也。
（注）『葛飾誌略』より関連個所を記す。
一、鈴木近江像。庫裏《くり》（弘法寺の庫裏のこと）にあり。官家御大工にて法華宗当寺（弘法寺のこと）を信仰有り。石階は日光御普請の残石を寄附せらる。
（注）『市川市史』第二巻所収「明治十二年下総国東葛飾郡寺院明細帳」より。
亀井院。日蓮宗。寛永《かんえい》十二年（一六三五）創建。開山日立上人。本尊十界曼荼羅。弘法寺塔中。

亀井院は以前は鈴木院《れいぼくいん》と号す。鈴木近江守修理が造立したと『江戸名所図会』では書いている（前項「真間の井」の注参照）。ゆえに「鈴木院《れいぼくいん》」としたという。鈴木家没落の後に霊亀出現の故事に従い「亀井院」と改める。

◉妙見菩薩《みょうけんぼさつ》

附曽谷殿《そやどの》、幷《ならびに》王公の廟《びょう》の記

小金海道脇在方《ざいかた》曽谷村 長谷山安国寺《ちょうこくざんあんこくじ》の寺中に立給《たちたま》ふ、但し、寺は日蓮宗なり、此《この》尊像は、当国千葉寺の妙見菩薩の末木也《なり》と云《いう》、依《よっ》て、千葉寺の妙見尊へ参詣しても、此尊へ不レ参《まいらず》ば受取給《たま》はずといへり、近来、此寺の妙見尊の御堂《おどう》へ、江都の大儒芝南郭子、烏石子より、晋の王羲之の像を納め、華表《かひょう》を建て、石碑を建らる、其外、宝物をも収めらる、是安国大居士《これあんこくだいきょし》の御吉兆の故なるべし、鳥居の額の文字は、晋王公廟なり、烏石子筆石碑も、同筆南郭子草のよし、左の如し、

鐘ノ銘、宝物、

王公神像ノ記

朝散大夫滕康桓撰ス

王公神像一座者、晋右軍将軍会稽内史瑯琊王羲之、字逸少之神也、烏石山人少好レ書、容尽二後世一、遡二洄晋代一、以追二二王跡一、乃溓然曰、吾惑日尚矣、猶三神之於二漸夫人一乎、王氏而前無二王氏一、王氏後無二王氏一、其跡延及二我東方一、古人率二由之職一、此之由乃於二其宅中一構二一室一、曰二書聖閣一、安二王公神像一、祭二之其前一、畳帖朝夕拝跪之余、寓二目于此一、心神与レ之一、竟レ日忘レ食、渉レ年下レ筆、恍若二自出者一、卒業之後、自倏覧レ之、踊躍曰、神其眷レ吾乎、不レ爾、何得二彷彿一、乃今以往、観レ神其有レ所レ啓而可レ入者、鬼神享二于克一、誠其豈虚訓哉、先レ

是、余肇禋二武鈴森一者、独与二都下我徒一同レ之、已古人己欲レ達而達レ人、豈不下与二四方一同上レ之、乃命二善工一、作二神像一者百、頒二諸大邑名都一、其未レ遑二新廟一、則姑配二附之菅神祠一、蓋同二其好一也、

烏石山人書、蔵二于下総州蘇射王公廟一、

時《とき》延享《えんきょう》改元《かいげん》夏《なつ》四月也（一七四四）、

又、此所《このところ》曽谷殿《そやどの》と申人《もうすひと》の陣家有《あり》しよし、尤是《もっともこれ》は千葉介《ちばのすけ》の一族なりとぞ、

（注）『市川市史』第二巻所収「明治十二年下総国東葛飾郡《しもうさのくにひがしかつしかぐん》寺院明細帳」より。

長谷山安国寺。日蓮宗。建治《けんじ》年間（一二七五〜七七）創建。開山日礼上人。開基曽谷教信。本尊日蓮上人像、十界曼荼羅。中山法華経寺末。

（注）『葛飾誌略』より関連個所を記す。

一、妙見尊。城主教信霊夢を蒙り、勧請有り。霊験奇端、世の人知る所也。

（注）『葛飾誌略』より関連個所を記す。

一、王義之祠。菅神祠の隣。延享《えんきょう》元子《ね》年（一七四四）四月、出家鳥石先生勧請也。神像は唐土より伝へ来るといふ。書家の祭る所、尤もなるべし。

（注）『葛飾誌略』より関連個所を記す。

一、石額。晋右軍王公廟。鳥石筆。鳥居等は寛政辛亥《かんせいかのとい》暴風に破倒せし也。碑。王公神像

記。朝敬大夫藤原檀揺。延享《えんきょう》改元夏四月。

（注）華表。かひょう。墓の入口の門。城郭や役所などの入口に建てた門。神社の鳥居。

（注）『葛飾誌略』より関連個所を記す。

一、曽谷次郎教信城趾。則《すなわ》ち此寺（安国寺のこと）地也。鎌倉北条時頼卿の時の大名也。祖師日蓮上人弘法《こうぼう》の為、房州より鎌倉へ赴き給ふ時、曽谷殿の館に入り、暫く逗留、教信深く信じ、弟子となり、日禮《にちれい》と云ふ。此時、祖師の面前にて御影《みえい》を刻む。則ち體の内に祖師髪爪を納む。此像いま同国塩古村法宣寺の祖師是也。開山日祝は教信の末也。千葉一族也といふ。

◉香《ニホヒ》桜

名木也、宮久保《みやくぼ》と云《いう》村にあり、真間《まま》より東巽《たつみのかた》方八幡町《やわたまち》より前《さき》、佐倉海道《さくらかいどう》の横、海道小金領《こがねりょう》、丁荷《テカ》領、府佐《ふさ》領への海道駅也、右にほひざくらは鎮守の神木にして、隠れなき名木なり、

（注）『葛飾誌略』より関連個所を記す。

一、宮久保村。高四百——。当村名主、貝塚村より兼帯也。

（注）『葛飾誌略』より関連個所を記す。
一、春日社。当村（宮久保村）鎮守。別当。家数凡四十余戸。

葛飾記下巻

◉八幡宮《はちまんぐう》

附八幡《やわた》、社領、不知《しらず》ノ森《もり》、寺領

市川村より巽《たつ》ミ、行徳《ぎょうとく》よりは艮《うしと》ラの方也《かたなり》、船橋、佐倉、銚子、上総《かずさ》、房州《ぼうしゅう》の海辺《うみべ》、駅綱也《ムマツナギなり》、是《これ》、聖武皇帝《しょうむこうてい》の御願《ぎょがん》、国々に御鎮座《ごちんざ》まします八幡宮《はちまんぐう》の下総国《しもうさのくに》第一の御社《おやしろ》也、御神体《ごしんたい》は、仲哀帝《ちゅうあいてい》の御子《みこ》、人王十六代応神帝《おうじんてい》也、御母《おんはは》は神功皇后気長足妃《じんぐうこうごうオキナガタラシヒメ》と号《ごう》す、当社は殊《こと》の外《ほか》社地広く、木立森《しん》森《しん》として物ふり、諸人《もろびと》信仰を増す、尤東叡山持《もっともとうえいざんもち》なり、海道《かいどう》より鳥居《とりい》に入《いる》、仁王門有《あ》り、拝殿の西の方《かた》、御本地《ごほんち》阿弥陀堂有《あ》り、拝殿の側《かたわ》ら、左方神輿《ひだりのかたじんよ》の宝蔵有《ほうぞうあり》、南右《みぎ》の方《かた》鐘楼有《あり》、本社の傍《かたわ》ら、右方《みぎのかた》大木の銀杏木有《いちょうのきあ》り、根より根を生じ、何囲といふ事をしらず、毎年正月十五日朝、筒粥《つつがゆ》と云事有《いうことあり》、其年《そのとし》の旱水《かんすい》、又五穀の善悪を知る、夥《おびただ》しき参詣有《あ》り、五七里遠方よりも参る也、又八月十五日は夥鋪市《おびただしくいち》立つ、但し十四日より十七八日頃迄也諸国の大商《おおあきない》集る、生姜《しょうが》まちと俗《ぞく》に呼ぶ、苧《お》、真綿、絹布類、巷《ちまた》に満ち満ち、鮨桶《すしおけ》は、例年鳥居の辺《あたり》にて山のごとく、其香芳郁《そのかおりほういく》たり、見せ物、小芝居、かぞへ難《がた》し、其外《そのほか》、諸商《しょあきな》ひ、小間物類、貴賤《きせん》群集する事、宛《あて》も合期《あいき》し難《がた》し、又、田舎《いなか》やうにて、十四日の夜より、路傍《みちのかたわら》にて夜はらうそくを立て、樗蒲一《チョボイチ》と云《いう》物の賭《かけ》の勝負充々《みちみち》たり、繁昌日《ひ》を逐《つい》て弥増《いやま》し、近来、市川村の舟渡しにて、大風にて船覆《くつがえ》り、人死す、是《これ》船中人重《ひとかさな》りし故《ゆえ》也、今は其《その》加減をして乗する也、別当《べっとう》は東叡山末、天台宗八幡山法漸寺《てんだいしゅうやわたさんほうぜんじ》と号す、

（注）巽《たつ》ミ。たつみ。巽。辰巳。南東の方角をいう。十二支の辰と巳の間。
（注）艮《うしと》ラ。うしとら。艮。丑寅。北東の方角をいう。十二支の丑と寅の間。
（注）聖武皇帝。聖武天皇。しょうむてんのう。大宝《たいほう》元年（七〇一）～天平勝宝《てんぴょうしょうほう》八年（七五六）。第四十五代天皇。文武《もんむ》天皇の第一皇子。神亀《じんき》元年（七二四）即位。在位中には天災や反乱が多かったが、積極的に危機を打開。二度の遣唐使派遣、墾田永年私財法の制定、国分寺・東大寺の創建、大仏鋳造発願などの事績がある。仏教を深く信仰し、天平文化《てんぴょうぶんか》を生んだ。皇后は藤原光明子《こうみょうし》（光明皇后）。
（注）八幡宮。はちまんぐう。やわたのみや。八幡神《はちまんじん》を祭神とする神社の総称。応神天皇《おうじんてんのう》を主神とし、神功皇后《じんぐうこうごう》・比売神《ひめかみ》の三神を祀る。八幡神《やわたがみ》。八幡《はちまん》は源義家の称。石清水八幡宮《いわしみずはちまんぐう》で元服し「八幡太郎《はちまんたろう》」と呼ぶことからいう。八幡大菩薩《はちまんだいぼさつ》。八幡の神を垂迹《すいじゃく》した菩薩であるとして呼ぶ語。垂迹とは仏や菩薩が衆生を救うため、仮に神や人の姿になってこの世に現れることをいう。奈良時代に神仏混淆《しんぶつこんこう》の結果起こった称。
（注）神功皇后《じんぐうこうごう》。仲哀天皇の皇后。名は息長足媛《おきながたらしひめ》。息長宿禰《おきながすくね》王の女《むすめ》。熊襲《くまそ》が反逆し天皇とともに西征、天皇崩御の後、朝鮮の新羅《しらぎ》を征して凱旋、誉田別皇子《ほむたわけのみこ》を筑紫で出産。摂政七

十年にして崩。

（注）『江戸名所図会』より関連個所を記す。

葛飾八幡宮　真間《まま》より一里あまり東の方《かた》、八幡村《やわたむら》にあり。常陸《ひたち》并《ならびに》房総《ぼうそう》の街道にして、驛《うまや》なり。鳥居は道ばたにあり。別当は天台宗にして、八幡山法漸寺《やわたさんほうぜんじ》と号す。本地堂《ほんちどう》には、阿弥陀如来を安置し、二王門には、表の左右に金剛・密迹《みつしゃく》の像、裏には多聞《たもん》・大黒《だいこく》の二天を置きたり。神前右の脇に銀杏《いちょう》の大樹《だいじゅ》あり。神木とす。此樹《このき》のうつろの中に、常に小蛇栖《しょうじゃす》めり。毎年八月十五日祭礼の時、音楽を奏す。其時数万の小蛇枝上《しょうじゃしじょう》に顕《あらわ》れ出《い》づ。衆人見てこれを奇なりとす。

古鐘一口《こしょういっこう》　寛政年間《かんせいねんかん》（一七八九～一八〇〇）枯木の根を穿《うが》つとて是《これ》を得たり。其丈《そのたけ》三尺七寸あまり、龍頭《りゅうず》の側《かたわら》に、応永《おうえい》二十一年（一四一四）午《うま》三月二十一日と彫り付けてあり。按《あん》ずるに、応永《おうえい》は、鐘の銘にしるす所の元亨元年《げんこうがんねん》（一三二一）よりは凡《およそ》九十有余年後《のち》の年号なり。もしくは応永の頃、乱世を恐れて土中へかくし埋めける時、其年号月日を刻するにや。

奉ル二治鑄シ一銅鐘

大日本國。東州下總。第一鎮守。葛飾八幡。是ノ大菩薩ハ。傳ヘ聞ク寛平。宇多天皇。勅願ノ社檀ト。建久以來。右大将軍。崇敬殊勝。天長地久ナリ。前ニ横ハリ二巨海一。後ニ連ル二遠村一。京蟲性動。梟鐘曉ニ聲スレバ。人戦キ眠覺ム。金啓夜響ケバ。永ク除キ二煩惱ヲ一。能ク證ス二菩提ヲ一。

元亨《げんこう》元年（一三二一）辛酉《かのととり》十二月十七日

願主右衛門尉《じょう》丸子眞吉

別當　法印智圓

筒粥神事《つつかゆのしんじ》　毎歳《まいさい》正月十五日の朝此《この》神事あり。其年の豊凶をしるとて、参詣多し。

放生會《ほうじょうえ》　八月十五日に修行す。此日神輿《じんよ》渡らせらる。又同日《おなじひ》津宮《つく》といふ事あり。夕七《ななつ》時《どき》頃、當社《とうしゃ》の社人等《しゃにんら》集り、華表《とりい》の前に檣《なぎ》の如く長き柱に、白布《しろぬの》を巻きたるを建て、上の方《ほう》にて其白布を結び合せて、足をかくる代《しろ》とす。念願ある人身軽になり、件《くだん》の楹《はしら》の上へ登り、四方を拜し、社《やしろ》の方《かた》を拜し、終りて下《くだ》る。此行事は相州日向薬師《そうしゅうひゅうがやくし》にもありて、かしこにては推登《すいとう》といへり。其趣《そのおもむき》相似《あいに》たり。又其の津宮柱《つくばしら》の下に楽屋《がくや》をまうけ、神輿帰社《じんよきしゃ》に及ぶ時、獅子・猿・大鳥の形を粧《よそほ》ひて此楽屋より出《い》で、笛太鼓に合せて舞ふ事あり。

同《おなじく》十四日より十八日迄の間、生姜《しょうが》の市あり。故に土俗生姜祭《しょうがまち》と唱ふ。マチハ《は》祭《まつり》の縮語なり。

当社《とうしゃ》は宇多天皇の勅願にして、寛平年間《かんぴょうねんかん》（八八九～九七）、石清水正八幡宮《いわしみずしょうはちまんぐう》を勧請せし宮居《みやい》なり。遙《はるか》の後建久《のちけんきゅう》（一一九〇～九八）に至り、鎌倉将軍頼朝卿、再び朽傾《きゅうけい》の社檀を修営ありしより、封域《ほういき》広くして壮麗たりしが、又星霜を歴《へ》て、今は老樹鬱蒼《うっそう》として、上久《かみさ》びたる神垣《かみがき》となれり。

按ずるに、当社は国分寺に同じく、一国一宮《いちぐう》の八幡宮にして、往古《そのかみ》府中に置かれしもの是なるべし。

(注)『勝鹿図志手繰舟』より関連個所を記す。

八幡宮

社地に年ふりたる大木有。寛政辛亥《かんせいかのとい》の秋大風に吹倒されしを伐《かり》とり根株を堀《(ママ)》おこせしに、地中より撞鐘出現せり。其銘ニ曰《いわく》

敬奉治鋳銅鐘

大日本国。東州下総。第一鎮守。葛飾八幡。是大菩薩。伝聞寛平。宇多天皇。勅願社壇。建久以来。右大将軍。崇敬殊勝。天長地久。前横巨海。後連遠村。魚虫生動。鳥鐘《(ママ)》暁声。人獣眠覚。金磬《(ママ)》夜響。永除煩悩。能証菩提。元亨《げんこう》元歳《(ママ)》(一三二一)辛酉《かのととり》十二月十七日　願主右衛門尉丸子真吉

(注)『葛飾誌略』より関連個所を記す。

一、八幡宮。相殿二前。天照大神《あまてらすおおかみ》、春日明神。御朱印五拾石。男山八幡宮勧請。寛平《かんぴょう》年中(八八九~九七)勅願所。国家鎮護として日本国中に一社づつ鎮座ましまし、其所をも八幡と号せり。凡九百十余年に及ぶ。

一、大鳥居。額、八幡宮。筆者不レ詳。古記に云ふ、額を掲ぐる事、昔は禁中三十六殿九重の御門、神社は伊勢・石清水、是は天子御自体の社なれば仔細なし。寺院に於ては御祈願所七十二ヶ寺の外は制禁也。勿論、額を掲げぬ所には下馬《げば》もなき事也。云々。

一、下馬。仁王門前右に札有り。口訣《こうけつ》に、下馬札を二字ともいふ。死活の点、板は小さく文字は大に見ゆるが法也。

一、楼門。仁王あり。裏は大黒天・毘沙門天也。古記に云ふ、金剛《こんごう》・密迹《みつしゃく》の像也。必ずしも二像に限るにあらずと雖も、此尊、伽藍守護の誓ひあり。故に惣門の左右に安置して仁王と称す。云々。

一、狛犬。拝殿前左右にあり。神社記に曰《い》ふ、獅子・狛犬《こまいぬ》、神社に限らず。禁中にもあり。元日の節会・御即位などに、隼人《はやと》、此狛犬の後《うしろ》にて犬の声を上げて君《きみ》を守る事、延喜《えんぎ》式《しき》にあり。是日本紀にいへる火門降命の苗裔《びょうえい》也。此故に神社に立つるも守護の心なり。

一、神輿《しんよ》。三基、拝殿にあり。御随身、拝殿にあり。豊盤間戸命・櫛盤間戸命是也。此拝殿に詩歌連俳の奉納の額数多あり。予《よ》若年の頃、俳友の勧めにより、催主となりて発句の額を奉納せし也。今、是を顧みるに、我句の拙《つたな》きを後悔致す也。

一、大銀杏《おおいちょう》。本社の側に有る神木也。大《おお》き《おおき》さ牛も隠すばかり也。

一、筒粥《つつがゆ》神事。正月十五日、神事也。此粥占《かゆうらない》を聞きて、農家作り物の熟不熟、幷《ならび》に、天気の善悪を知る也。

一、祭礼。八月十五日十六日也。国中第一の大市にして、呉服屋を始め麻苧《まちょ》・古着屋、幷《ならび》に小道具・小間物、其外萬《よろず》の諸商人、二通り三通りに假《かり》の見世店《みせだな》をしつらへ、鬻《ひさ》ぐ事誠に喧《かまびす》し。貴賤老若男女の参詣限りもなく、八幡祭《やわたまち》とて世に名高し。生姜《しょうが》、是亦此市《これまたこのいち》の

名物とする也。放生会《ほうじょうえ》もあり。又、寛政《かんせい》五 癸 丑年《みずのとうしのとし》(一七九三)正月十一日、本社西の
朽木《くちき》の根の下より鐘一口堀り出せり。銘左に。

敬奉冶鑄銅鐘 丈三尺。龍頭七寸五分。指渡二尺一寸。

大日本國　東州下總　第一鎮守　葛餝八幡　是大菩薩　傳聞寛平　宇多天皇　勅願社檀
建久以來　右大将軍　崇敬殊勝　天長地久　前横巨海　後連遠村　魚虫性動　鳧鐘曉聲
人獸眠覺　金磬夜響　永除煩惱　能證菩提

元亨元年《げんこうがんねん》(一三二一)辛酉《かのとり》十二月十七日。願主右衛門尉丸子眞吉。別當法印智圓。

予も拝見致せしに、いかにも古きもの也。此年号より是迄の年数四百八十九年に及びし也。是は、其時代此辺を領せし武家の寄進なるべし。

(注)樗蒲一《チョボイチ》。ちょぼいち。中国から渡来した賭博《とばく》の一種。一個の賽《さい》で勝負を争うもの。予定の目が出れば、掛け金の四倍を得るという。

(注)別当《べっとう》は東叡山末、天台宗八幡山法漸寺《てんだいしゅうやわたさんほうぜんじ》。

『葛飾誌略』より関連個所を記す。

一、法漸寺。八幡山といふ。別當也。天台本睿山末。鈴木右膳、神主《じんしゅ》也。

津宮《つく》、八幡《やわた》知らずの森

本社の東の方《かた》に、当神主《じんしゅ》鈴木若狭守《わかさのかみ》、右同方《どうかた》に有《あ》り、毎年八月十五日昼七ツ時、注連《しめ》下禰宜《ねぎ》集り、津宮《ツク》といふ事有《あり》、兼《かね》てより、華表《かひょう》前に檣《ほばしら》の如《ごと》く長き柱に白布《しろぬの》を巻《まき》、上《う》へにて結び合《あわせ》て足の代《し》ロを置き、其下《そのした》に少《すこ》しき楽屋《がくや》をしつらひ、此内《このうち》より、獅子《しし》、猿、大鳥などを出し、舞をして、笛、太鼓に合せて、御輿《みこし》帰り入《いら》せ給《たま》ふ、まひ過《すぎ》て、其年の念願の有《ある》もの撰《あらわ》れ、身軽《みがる》に成《な》り、右の津久《つく》楹《はし》ラの上に登り、四方を拝し、又社《やしろ》の方《ほう》へ向ひ、拝謝して下る也、大方《おおかた》は、参詣の内、態《わざ》とにてなければ、暮《くれ》に及ぶ故《ゆえ》に見物する者少《すくな》し、相州日向《そうしゅうひゅうが》の薬師の推《すい》登りに似たる事也、是、都盧《トロ》の気に倣《なら》ひ、強盛《きょうせい》ならん事を願ふ謂《おも》ひ也、異国に都盧国《とろのくに》と云国有《いうくにあり》、此国《この》にては、皆軽業《みなかるわざ》のみを得《え》手《て》たる国也、是則《これすなわち》、幼稚《ようち》より其業《そのわざ》を習《なら》はしめ、功《こう》を得て、大船の帆綱《ほづな》の操《あやつ》りをすると見へたり、黒ン坊と云《いう》は是なるべし、字書曰《いわく》、都盧ハ戯《ゲ》伎《キ》[左注]ハムルワザ タノ名、師古ガ注ニ、都盧国ノ人勁捷《ケイセフ》善ク縁《ヨル》レ高、有リ二跟《クビス》掛腹旋《メグル》之名一、皆因レ橦以見レ伎ヲ、唐ニ曰《ヒ》二竿木一、今曰《フト》二上竿一有リ、橦ハ旗矛《ハタホコ》ナリ、伎ハ与《トモ》ナリ、勁捷ハ強ク俊《スグル》ナリ、是今云軽業の事也、樗蒲モ戯伎ノ名、端午ノ菖蒲打ナドノ類歟、博物志ニ、樗蒲ハ老子作レ之、三体詩に、尽欄ノ紅紫闘《ハジム》二樗蒲一トアリ、一ハ筒《つつ》心《こころ》ナリ

八幡宮《はちまんぐう》鐘ノ銘 幷宝物《ならびにほうもつ》

又、八幡宮鳥居《はちまんぐうとりい》まへより南方《みなみのかた》八わた町入口に、八幡《やわた》知らずの森と云古《いうふる》き森有《あり》、森余《あま》り大《おおき》からず、高《たか》からず、然《しかれ》ども、鬱々《うつうつ》として其中見《そのなかみ》へ透《すけ》ず、古木朽木《こぼくくちき》の類《たぐい》、幾年か人の手に触《ふ》れざる有《あり》、此森《この》の内に入《い》るもの無ければ也《なり》、若入《もしい》れば、堅《タチドコロ》に駐《スク》み死して、出る者なしと云《いえ》り、是《これ》は、平親王《たいらのしんのう》

将門《まさかど》、平《たいら》の貞盛《さだもり》の矢にあたり、秀郷《ひでさと》の為に討《うた》れ給《たま》ひ、猶生《なおいく》る如《ごと》くにして通り給《たま》ふ時、六人の近《きん》習此所迄慕《じゅうこのところまでした》ひ来《きた》り、土の人形《ひとかた》と顕《あらわ》れ、終《つい》に此《この》森の中に入《い》り不レ働《はたらかず》、後《の》ち雨雪に解《とけ》て、終《つい》に土地と成《な》れりと云《いえ》り、依《よっ》て、此中《このなか》の土を踏む者は、その祟《たた》りにて死して出《いで》ざると也《なり》、其所《そのところ》、昔より里諺《りげん》に云伝《いいつた》へたり、然《しかれ》ども、此所相馬郡《このところそうまごおり》よりの順路に非《あらざ》るゆへいかゞ、松戸通りたるべきか、愚按《ぐあん》ずるに、是《これ》は、将門《まさかど》は葛原《くずはら》の親王《しんのう》の後胤《こういん》たる故《ゆえ》、葛飾《かつしか》の葛の字の縁を以《もっ》て、近習の人の内にて、此所に其由緒《ゆいしょ》を残されたるなるべし、

(注)注連。ちゅうれん。しめ。しめかざり。しめなわ。

(注)『江戸名所図会』より関連個所を記す。

放生會《ほうじょうえ》　八月十五日に修行す。此日神輿《じんよ》渡らせらる。又同日津宮《つく》といふ事あり。夕七時《ゆうななつどき》頃《ころ》、当社《とうしゃ》の社人等《しゃにんら》集り、華表《とりゐ》の前に檣《なぎ》の如く長き柱に、白布《しろぬの》を巻きたるを建て、上の方にて其白布を結び合せて、足をかくる代とす。念願のある人身軽になり、件《くだん》の楹《はしら》の上へ登り、四方を拝し、社《やしろ》の方《かた》を拝し、終りて下る。此行事は相州日向薬師《そうしゅうひゅうがやくし》にもありて、かしこにては推登《すいとう》といへり。其趣相似《そのおもむきあいに》たり。又其の津宮柱《つくばしら》の下に楽屋《がくや》をまうけ、神輿帰社《じんよきしゃ》におよぶ時、獅子・猿・大鳥の形を粧《よそお》ひて此楽屋より出で、笛太鼓に合せて舞ふ事あり。同十四日より十八日迄の間、生姜《しょうが》の市あり。故に土俗生姜祭と唱ふ。マチハ祭《はまつり》の縮語なり。

（注）『市川市史』第二巻所収「つく舞問題・見世（店）賃問題」より。

法漸寺《ほうぜんじ》の訴えたのは、つく舞を例年雇われて行《おこな》っていた船橋五日市村《ふなばしいつかいちむら》に住む舞大夫《まいたゆう》宇賀山主斗《もんど》が、舞の面・装束の修覆を名目に近郷の村々を勧化に巡行《じゅんこう》し、その巡行にあたって八幡宿の名主豊治郎・問屋市兵衛が全面的に協力しているのは、別当である法漸寺へ無断でなしていることであり、八幡宿の御威光を売る行為にほかならないという、無断勧化の件であった。法漸寺のいい分によるならば、つく舞は元来、神領百姓十二軒が舞大夫を雇っていたのだが、祭礼繁昌のため人手不足となり舞の準備が出来なくなったので、八幡宿の者に依頼し、その費用として仁王門より外廻りの祭礼の時の出店の見世賃を渡すようにしたものであった。そして今回のような無断勧化が八幡宿の者と舞大夫によりなされるのでは困るから、神領百姓も二十九軒に増加したので、最初の如く、つく舞は神領百姓方で舞大夫を雇うようにし、八幡宿に見世賃を渡すのを中止したいので、そのように処置して欲しいというのがその要望であった。この法漸寺の寺社奉行への訴えに対して、八幡宿の名主豊治郎と問屋市兵衛の代人源八は翌八月、返答書を伊奈右近将監の役所に提出した。無断勧化については次のように返答している。宇賀山主斗のつく舞勤仕は親代々、数十年来のことである。主斗から自力では道具の修覆が出来難いので八幡の氏子と信心の人々に勧化し寄進をえたいと、四年前の天明《てんめい》七年（一七八七）に禰宜《ねぎ》鈴木若狭《わかさ》まで連絡があり、法漸寺へも若狭から届けでた。若狭から豊治郎の前の名主代四郎にも相談があったが、天明七年は凶作であるから一両年は無理であろうと計画をおさえたといういきさつがあった。当年は作柄もよかった。若狭と主斗からの申出もあり、若狭から町内の世話を頼まれたので問屋市兵衛を紹介した。このように勧化は自分達の私欲によるものではない。次につく舞については町内の氏子が雇ってきたので、法漸寺の申分のように神領百姓が関与した前例はない。祭礼の神輿の修理も氏子の手でなされている。見世賃も、境内および仁王門通の双方氏子が請取っていたが、そのうちの仁王門と末社廻りの見世賃は神領百姓に遺している。これは祭礼に神領百姓が役人足として働いてくれるからである。なお、氏子側の見世賃をつく舞の入用にあてることはなく、主斗もつく舞を神役と心得、数十年来つとめている。大体、氏子は代々であるのに、法漸寺の住職は在職した九年間のことしか知らず偽りの申立をしている。この偽りの申立をよく吟味されたい。これが八幡の氏子側からのいい分であり、(後略)。

(注)『市川市史』第二巻所収「つく舞」より。

さて、「江戸名所図絵」「成田参詣記」「下総第一鎮守葛飾八幡宮略縁起」(嘉永《かえい》七年、一八五四)の記す八幡の行事は、正月十五日の筒粥の神事、八月十五日の放生会(神輿渡御・つく舞)である。なかでも八月十五日は近在から多く人々が参集し、「参詣の貴賤雲霞《うんか》の如く二三里四方には錐《すい》を立る地なし」(略縁起)ともいわれ、事実、江戸時代の一枚刷の「関東市町定日案内」(「番付集成」上)によるなら八月十五日の八幡のにぎわいは、前頭全体で町ノ方に五八の町が記されているうちの十枚目に位置づけられている。なお、町ノ方にみえる下総関係は大関香取宮（四月二十日）、関脇成田不動（正・五・九の二十八日）、前頭七枚目に小金諏訪、三十二枚目に布川地蔵、三十三枚目に船橋神明、四十九枚目に東庄である。これらと対比すると、八幡のにぎわいの程度がかなりのものであったことは疑えない。また、だからこそさきの出入で祭礼の際の見世賃が重要な論点にもなったのである。近在の群集をあつめた八月十五日の祭になされたのが、この訴訟にもみられるつく舞であった。「江戸名所図絵」「成田参詣記」（共に近世史料下所収）にも記されている。

又同日津宮《つく》といふ事あり、夕七時頃《ななつとき》当社の社人等集り、華表《とりい》の前に檣《ほばしら》の如く長き柱に白布を巻きたるを建《たて》、上の方にて其白布を結ひ合せて足をかくる代とす、念願ある人身軽になり、件の檣の上へ登り四方を拝し社の方を拝し終て下る。此行事ハ相州日向薬師にもありて、かしこにては推登《すいとう》といへり其趣相似たり、又其の津宮柱《つくばしら》の下に楽屋をまうけ、神輿《じんよ》帰社におよふ時獅子・猿・大鳥の形を粧《よそお》ひて此楽屋より出て笛太鼓に合せて舞ふ事あり、（「江戸名所図絵」）

というのが、その記すところで「成田参詣記」は「勝鹿名所志」の、

つくまいハ筑波より伝《つたわり》たる舞にて、筑波をつめつくまいと云、

という説明を紹介している。これらの記述から市川のつく舞が、高い柱を立て、柱の上に

登ることをその特色としていたことが分かる。一種の曲芸・軽業である。ただ、名所図絵のいうように念願のある一般の者が柱に登るだけでなく、この寛政《かんせい》の出入《でいり》で明らかなようにつく舞を専門にする舞大夫が参加しており、念願のある者の登頂は、舞大夫によるものが終わってからなされたものであろう。舞大夫は船橋五日市村に住むもので、毎年雇われていた。江戸時代の舞大夫の職能は「寺社捷径」「寺社取扱大概」などによると、大黒像の配布、獅子頭による釜の煤《すす》払い、祭礼に舞をまう、月待・日待祈念に御幣《ごへい》を切り、御符《ごふ》守《まもり》を出すことであり、数珠《じゅず》・錫杖《ようじょう》を手にするのが普通の姿で、問合神道とも呼ばれていた。舞大夫は特定の社に所属することのない下級神職であった。つく舞はその「祭礼之宮二而《て》舞二而相勤来候事《あいつとめきたりそうろう》」という職能のうちに含まれるものであった。（中略）市川でも面を被っていたらしいことは、寛政の出入の発端となった勧進が舞大夫の宇賀山主斗の面・装束の修覆入用のためであったことからもうかがえる。（後略）

（注）華表。かひょう。とりい。神社の鳥居。中国で宮城・陵墓などの前に立てる標識または装飾の柱。

（注）『葛飾誌略』より関連個所を記す。

一、八幡不レ知森《やわたしらずのもり》。諸国に聞えて名高き杜《もり》也。魔所也といふ。又、平将門《たいらのまさかど》の影人形、此所へ埋めてありともいふ。又、日本武尊《やまとたけるのみこと》東征の時、八陣を鋪《し》き給ふ跡とも云ふ。其外説々多し。予《よ》、古老に委《くわ》しく尋ね聞きけるに、此所昔假遷宮《かりせんぐう》の神也。故《ゆえ》に敬して注連《しめ》を引き、猥《みだり》に入る事を禁ず。不浄《ふじょう》を忌む心也。昔は今の街道にあらず。古八幡に中山道といふ字《あざ》有り。其所街道にて、宮居《みやい》も其所に北向にてあり。国初様《くにはじめさま》（徳川家康の事）御通行の砌《みぎり》、此街道を開く。幷《ならび》に宮居も今の所に遷《うつ》し、大社に造営有り。云々《うんぬん》。此杜《もり》の地所、今は本行徳村の同地内に成りたり。八幡三不思議、杜、一夜銀杏、馬蹄石、是を云ふ。

（注）『江戸名所図会』より関連個所を記す。

八幡不知森《やわたしらずのもり》　同所街道の右に傍《そ》ひて一つの深林《しんりん》あり。方《ほう》二十歩に過ぎず。往古八幡宮鎮座《そのかみはちまんぐうちんざ》の地なりと云ひ伝ふ。即《すなわち》森の中に石の小祠《こほこら》あり。里老《りろう》云ふ、人謬《あやま》ちて此中に入《い》る時は、必ず神の祟《たたり》ありとて、是を禁む。故に垣を繞《めぐら》してあり。或は云ふ、むかし平親王将《へいしんのうまさ》門《かど》、平貞盛《たいらのさだもり》が矢にあたり、秀郷《ひでさと》が為に討たれ、後《のち》六人の近臣と称する輩《ともがら》、其首級を慕ひ此地に至りし頃、此森の中《うち》に入りて働《はたら》かず。終《つい》に土偶人《どぐうじん》と顕《あらわ》れたりしが、其後《そののち》雷雨に破《は》壊《え》せしより、此地を踏む者あれば必ずたゝりありとて、大いに驚怖するといへり。又或人いふ、此森の囘帯《めぐり》はことごとく八幡《やわた》の地にして、森の地ばかりは行徳の持分なりと。此故に八幡村の中《うち》に入り會ふといへども、他の村の地なる故に、八幡《やわた》の八幡《やわた》しらずとは字《あざな》せしと。さもあらん歟《か》。

因《ちなみ》に、按《あん》ずるに八幡はむかし荘《しょう》の号《ごう》なり。中山什宝《なかやまじゅうほう》の内《うち》、応永《おうえい》二十七年（一四二〇）千葉介兼胤《ちばのすけかねたね》の證文に、下総国《しもうさのくに》八幡庄《やわたのしょう》、本妙寺《ほんみょうじ》・法華寺《ほっけじ》・弘法寺《ぐぼうじ》三箇所寺務職云々《うんぬん》。同庄曽谷郷田畠在家《どうしょうそたにのごうたはたざいけ》云々。かくの如く記せり。證《しょう》とすべし。しかあれば、真間のあたり曽谷《そたに》ともに、八幡の荘《しょう》に属せしとしられたり。
(注) 松戸通り。今の国道14号線から国府台を抜けて松戸へ通ずるバス通り。
(注)『勝鹿図志手繰舟』より関連個所を記す。
八幡不知森《やわたしらずのもり》　日本武尊八陣を布《しか》せ給ひし跡なる故、人出る事あたはずと云伝ふ。按《あんず》るに八陣の法は武内大臣初て漢土より学び来りて応神天皇に伝へ奉る。応神天皇は日本武の御孫也 此天皇八陣の法よく熟し諳《そらん》じ玉ひ国中《くにじゅう》大平なりしとぞ。所謂《いわゆる》八陣には八本の幡有《はたある》所以《ゆえ》に後人《のちのひと》、応神天皇を八幡武太神と崇め奉る。又云、御誕生の時、白幡八流下りたるいわれにより八幡とも云といへり。かくあれど、景行天皇の代八陣の法日本に伝りたる事を聞《きか》ず。只、日本武尊の御陣所跡なれば恐れて入る事を禁ぜしものならん。

◉甲《かぶ》トの宮《みや》

附鈴鹿山《すずかやま》の事、行徳領の内、稲荷《いなり》森の分也

八幡《やわた》より半里程西の方《かた》、行徳へ入《い》る縄手《なわて》の内《うち》に有《あり》、是応神天皇《これおうじんてんのう》異国の賊船《ぞくぶね》を退《しりぞ》け給《たま》ひし時の甲《かぶと》を祭《まつ》り、又、神功皇后《じんぐうこうごう》三韓を退治し給《たま》ふ時の甲を祭る、此所《このところ》に、古来より悪敷追剥《あしきおいはぎ》の賊ありて、日暮《ひぐれ》前より通る者なし、若《もし》通る人は、必ず賊共居《ぞくどもい》て劫《おびや》かし、追懸《おいか》けて、持《もち》たるもの、衣類等《など》を奪ひ取る、昼は籠《こも》る事能《あた》はず、是、悪敷宿屋《あしきやどや》の有《あり》て、其首領《そのしゅりょう》たるものあらん、但し今は其沙汰《さた》なし 彼《かの》鈴鹿山に籠《こも》りたるを鬼神と称するものは、皆東夷《みなとうい》の賊也《なり》、田村丸坂《さかの》上《うえの》刈《かり》田《た》丸《まる》の孫《そん》也清水《きよみず》の観音の御力《おちから》にて退治し給《たま》ふ、是等《これら》の者も、少《すこ》しき拠有《ヨリドコロあり》ての故也《ゆえなり》、則《すなわち》田村将軍は、人皇五十代桓武天皇《かんむてんのう》の御宇《おんう》東夷を討給《うちたま》ひし功名《こうみょう》は、五十一代平城天皇《へいじょうてんのう》の御《おん》宇《う》にの仁《じん》也、其同時《そのおなじとき》、田村丸の朋輩《ほうばい》に三吉清行《みよしきよゆき》と云《いう》才人有《あり》、算道《さんどう》に達者《たっしゃ》に、文質《ぶんしつ》に巧《たくみ》也、此《この》清行、数乗方《すうじょうかた》の算法を立給《たてたま》ひ、法令に合《あわ》せ給ひしかば、諸家《しょけ》の気象《きしょう》に符合して、文質皆正《みなただし》きを得たり、国国《くにぐに》の賊徒《ぞくと》は、悉《ことごと》く邪法と成《なり》て釣り出され、鈴鹿山に棲《す》む叛人《はんにん》の悪精《あくせい》、合《ごう》して往来の旅人に仇《あだ》せし也、後《のち》、人皇六十一代朱雀院《すざくいん》の御宇《おんう》、又鈴鹿山に籠《こも》りし首領《しゅりょう》をば、伊賀《いが》寿《ことぶき》丸《まる》といふ類族《るいぞく》有《あり》、国々の賊也、純友《すみとも》の手下《てか》の者也、是《これ》邪法といへども籌《サンギ》の正負也、又、片つ片つ先有《あり》し術《じゅつ》也、依《よっ》て、公卿僉議《くげせんぎ》有《あり》て、武将に命じてこれを討《うた》しむ、則《すなわち》田村まろ軍兵《ぐんぴょう》を馳《はせ》て、籠居《ろうきょ》の賊徒咸《ことごと》くほろぶ、軍兵は即《すなわち》清行の正法《せいほう》也、謡《うたい》に作れる雨雹《あめひょう》「傍注」霰《あられ》カと降《ふ》り懸《かか》つては演段数の算木《さんぎ》、則《すなわち》智恵《きが》の矢也、私意《わたくしい》、後《のち》の宮城外記《みやぎげき》藤原清行《ふじわらのきよゆき》、之《これ》を調べ見る、一千四百十五、七乗方両平錐の形は鬼牙の図也、和漢算法書に出《いで》たり、右伊賀寿丸を亡《ほろぼ》し給ふは、六孫王経基、多田満仲公也

（注）縄手。なわて。畷。田の間の道。あぜ道。縄の筋。まっすぐな長い道。
（注）算道。さんどう。数を計算する法。算法。算術。
（注）籌。サンギと仮名がふられている。チュウと読む。かずとり。はかる。はかりごと。くじ。
（注）僉議。せんぎ。僉は「みな」の意。多人数の評議。衆議。

(注)籠居。ろうきょ。謹慎などして家の中に閉じこもっていること。本項では転じて、かくれる、立てこもるなどの意がある。

(注)『葛飾誌略』より関連個所を記す。

一、兜八幡《かぶとはちまん》。兜宮《かぶとのみや》といふ。大和田村《おおわだむら》の鎮守にして新道《しんみち》の左(行徳から行って左ということ)の森也。祭所の神霊を治むる也。平将門《たいらのまさかど》の兜を祭るともいふ。又、源義家の兜を祭るともいふ。当社の前にて、武士たる人乗打すれば必ず落馬すといふ。此辺大和田の旧地也。

(注)『江戸名所図会』より関連個所を記す。

甲宮《かぶとのみや》 行徳入口の縄手《なわて》にあり。其来由《らいゆ》今知るべからず。土人《どじん》或は伝へて云ふ。国府臺合《こうのだいかっ》戦《せん》の時、某《それがし》の大将の兜を祀ると、さもあらん歟《か》。当社は行徳八幡宮の別当兼帯奉祀す。

◉囃《はや》シ水

附 墨《すみ》染《ぞめ》桜《ざくら》、又早清水《はやしみず》トモ

真菰《まこも》〔傍注〕込本字也 馬《ま》沢通り、鹿島海道《かしまかいどう》の在村方《ざいむらかた》、道野村《みちのむら》と云《いう》村にあり、人寄りてはやせば、即《すなわち》水高く涌《わ》き出《いで》る也《なり》、甲斐《かい》なし、今少し、といへば、猶々《なおなお》高く沸《わ》き上ると也、西行法師《さいぎょうほうし》、北面《ほくめん》佐藤兵衛憲清《さとうひょうえのりきよ》たりし時、鳥羽院《とばいん》の障子《しょうじ》の絵の歌を望ませ給《たま》へしに、取《とり》あへず詠《えい》せられし歌、よく此所《このところ》にかな

へり、

道《みち》の辺《べ》の清水《しみず》流《なが》る、柳《やなぎ》かげしばしとてこそ立《たち》どまりつれ　佐藤兵衛憲清

又、美濃国《みののくに》にも同じ様成事有《ようなることあり》、谷汲《たにぐみ》の念仏池《ねんぶついけ》、右のごとく也、是《これ》は念仏の高声《たかごえ》ほど高く沸上《わきあが》ると也、墨染桜は、則《すなわち》右道野辺村《みぎみちのべむら》に有《あり》、花の輪の内、本《も》ト《と》の方《かた》墨にて染《そめ》たるやう成故名付《なるゆえなづく》と也、是もかくれなき名花也、

（注）馬込沢。馬込は、まこめと読む。鎌ヶ谷市の大字。鹿島海道は、木下街道。道野村は、道野辺村のこと。

（注）墨染桜。すみぞめざくら。桜の一品種。華《はな》は小さく単弁で細く白色。茎・葉ともに青く、薄墨のようである。

（注）囃水。はやしみず。囃子水とも。喧伝《けんでん》される故事の出典は『葛飾記』である。

◉高石大明神《たかいしだいみょうじん》

舟橋海道《ふなばしかいどう》少し左方脇《ひだりのかたわき》也《なり》、八幡《やわた》よりたつみの方《かた》

此所《このところ》、間ィの宿鬼越村《おにごえむら》と云《いう》の続き、深町《ふかまち》といふ、本名高石神村《たかいしがみむら》と云《いう》、中山より西也、山越《やまごえ》にも中

山へ近道有《あり》、木《き》卸《おろし》、鹿島《かしま》への海道也、此所は私領にて、御旗本朝夷奈百助殿《おはたもとあさいなひゃくすけどの》の御知行所《おんちぎょうしょ》也、寛延《かんえん》四辛未《かのとひつじ》（一七五一）八月廿四日、騒動の事有《あり》て此家絶《このいえた》へしを、後又、本領に被《おおせ》二仰付《つけらる》一、昔、朝夷奈義秀《よしひで》鬼を牽《ひき》て此所を越されし故《ゆえ》に、鬼越村と云《いう》、と俗諺《ぞくげん》に云《いい》伝へたり、是は俚諺《りげん》にして云《いう》に足らず、地理を以《もっ》て窺《うかが》ひ見るに、東方《ひかしのかた》に鬼国有《きこくあり》、此故《このゆえ》に艮《うしと》ラを鬼門《きもん》と云《いう》、依《よっ》て、鹿島に見る目の社《やしろ》とて、東に向社有《こうしゃあ》り、此所鹿島へ越行所《こしゆくところ》なれば、鬼国の気を鹿島に降伏《こうぶく》して越行《こしゆ》く心にて、鬼越《おにごえ》といふならん、此《この》深町の入口高き所に、高石明神の社有《やしろあり》、是は里見義弘《さとみよしひろ》の弟上総国大多喜《かずさのくにおおたき》の城主正木大膳《まさきだいぜん》江戸砂子《えとすなご》には内膳《ないぜん》とありの廟所《びょうしょ》なり、此故《このゆえ》に、御《ご》神体は剣戟《けんげき》を帯《たい》したる馬上の軍神也、則《すなわち》此所の鎮守也、正木大膳の事、前《さき》の国府台《こうのだい》の所に見へたり、又、別に深町《ふかまち》の権現《ごんげん》といふ有《あり》、是《これ》は此所の草創百姓兵庫《ひょうご》と云人《いうひと》の屋敷の鎮守也、先年、此《この》家の子に此《この》権現乗り移り、色々の奇異成事《なること》をいひ、又いろいろの不思議成事有《なることあり》しによりて、皆信仰を起し、段々と流行出《はやりで》て、夥敷参詣有《おびただしきさんけいあり》し也、其後《そののち》沙汰なし、定《さだめ》て狐寄《きつねツキ》の所業《しょぎょう》なるべしといへり、

（注）『葛飾誌略』より関連個所を記す。

一、高石神村。諸人《もろびと》深町《ふかまち》と云《い》ふ。高二百廿一石八升三合。小金領也。朝比奈清右衛門知行。

一、高石神社。当村鎮守也。社地は鬼越村地内也。別当、養福寺。正木大膳亮時綱舎弟正木弾正左衛門の霊を祭る也。

（注）上記の養福寺は泰福寺が正しい。『市川市史』第二巻より。
泰福寺。日蓮宗。弘安《こうあん》二年（一二七九）創建。開山日寂上人。本尊、彩迦如来・多宝如来。法華経寺末。

（注）『江戸名所図会』より関連個所を記す。
高石明神社《たかいしみょうじんのやしろ》　八幡より東の方《かた》、佐倉街道鬼越《おにおこし》村深町の入口、道より左の岡にあり。別当は日蓮宗にして泰福寺と号す。祭礼は九月九日なり。土人傳へ云ふ、当社は里見安房守義弘の弟、南総大多木城主《なんそうおおたきじょうしゅ》正木内膳亮時総《ないぜんのすけときふさ》の墳墓なりといへり。正木内膳の事諸説あれども、繁きを厭ひてこゝに略す。神体は剣を帯せし馬上軍神の像なりといふ。永享《えいきょう》二年（一四三〇）平胤貞《たいらのたねさだ》より中山の中興日《にち》祐《ゆう》上人へ注進の状に、八幡庄内《やわたのしょうない》にて高石神村の地を寄附するとあり。又同年二月、同胤貞日祐上人へ附する證文にも、下総国《しもうさのくに》八幡庄高石神南方中島内坪付《やわたのしょうたかいしがみなんぽうなかじまのうちつぼつけ》の事《こと》とあり。依《よっ》て考ふれば、高石神村の名古き事しられたり。

（注）『江戸名所図会』より関連個所を記す。
内膳山《ないぜんやま》　国分寺《こくぶんじ》より東の方、一町計《ばかり》を隔てたる丘をいふ。往古《そのかみ》里見義弘の舎弟、正木内膳が陣営の地たりしといふ。

（注）『勝鹿図志手繰舟』より関連個所を記す。
高石大明神　在高石神村
里見義弘の舎弟、上総国大多喜の城主正木大膳亮時綱の霊を祭る。『里見軍記』曰《いわく》、永禄《えいろく》七年（一五六四）正月七日八日合戦、里見義弘岩槻《いわつき》の城主太田三楽斎、鴻臺《こうのだい》に出張《でばり》して北条氏康《ほうじょううじやす》・氏政《うじまさ》と戦ふ。正木大膳は手の者僅《わずか》二十騎斗《ばかり》に討なされて前後を見合《みあわせ》、扣居《ひかい》たるを小田原勢四五百騎、短兵急に打てかゝる。時綱進んで敵二十余人薙倒《なぎたお》し義弘の跡をしたひ上総の方へぞ落にける。嫡子《ちゃくし》弾正左ェ門は尚駆入《なおかけいり》て戦ふ所に山角伊予守、覘《ねらひ》寄て無手と組《くみ》、両馬が間に落重り、正木左の手を以《もっ》て山角を取て押へけるが馬の上より落さまに、右の腕を打おりしかば太刀取て刺《さす》に堪《たえ》ず、砕《ねぢ》殺さんとおもひけるにや、曳《えい》々声を出して押付るに、下より山角、三刀まで腰の番《つがひ》を刺通し終《つい》に正木を刎《はね》返し首を取てさし揚たり。下略　此軍記によらば大膳は落行《おちいき》、嫡子弾正討死と見ゆ。高石明神は弾正左衛門を祭る歟《や》。未審《いぶかし》。

（注）『市川市の町名』より。

鬼越村《おにごえむら》。鬼越という変わった地名から、その由来に関する伝説は多くて、次のような説があります。

一、鬼国の人が鹿島神宮へ降伏のため、此地を通過して行ったから。

二、この地に鬼が出没していて鬼子居《おにごい》と呼ばれていたから。

三、この地にある神明社を俗に鬼にげといっていたから。

このように伝えられますが、地名を説いた本にも、御荷越《おにごし》・穏越《おにごし》・尾根越《おねごし》が変わったものだろうとの説があって、正しくは分かりません。平安時代末の治承《じしょう》四年（一一八〇）

に東胤頼がこの付近で詠んで源頼朝に献じた歌に「鬼のしこ草踏み越えて」と詠み込んだといいますので、この頃、すでに地名があったのかもしれません。鬼越村は江戸時代からあった村名です。幕末の支配は旗本朝比奈氏領が大部分で一部は幕府領、併せて石高は六百七十五石でした。明治二十二年（一八八九）の町村合併により、鬼越村は中山村の大字《おおあざ》となりました。大字の区域は高石神の区域と複雑に入り組みながら、現在の鬼高《おにたか》の多くを含む広い範囲でした。大正八年（一九一九）、鬼越の中南部は高石神の飛び地とともに別れて大字鬼高となりました。残りの部分は昭和二十六年（一九五一）、近隣の大字と区域を整理してほぼ現在の区域となり、地名も鬼越町一・二丁目となりました。次いで昭和四十四年（一九六九）、住居表示の実施のさい、町名を鬼越一・二丁目と改称しています。

（注）『市川市の町名』より。

高石神村《たかいしがみむら》。この地名は石器時代の遺物にみられる石棒を祭ったことに由来しているといわれています。また、石棒を祭っているとみられる高石神社に直接由来しているのかもしれません。高石神社の始まりにちなんだ伝説には、国府台合戦で死んだ武将の墓だとか、この武将が持っていた奇石を祀ったというように伝えられています。これよりむかし、室町時代初めの文書にはすでに高石神村という地名を見ることができますので当時はすでにあったわけです。高石神村は江戸時代にもあった村名です。幕末の支配は旗本朝比奈氏領で石高は二百二十一石余でした。明治二十二年（一八八九）の町村合併により、高石神村は中山村の大字になりました。大字の区域は現在の鬼高・鬼越に飛び地が多数ある広い範囲でした。大正八年（一九一九）、高石神と鬼越の中南部は別れて大字鬼高となり、残りの部分も昭和二十六年（一九五一）には近隣の大字と区域を整理して、ほぼ現在の区域となり、地名も高石神町となりました。次いで昭和四十四年（一九六九）、住居表示の実施のさいに町名が高石神と変わりました。

（注）『市川市の町名』より。

鬼高《おにたか》。鬼高は、かつて大字鬼越の地に高石神の飛び地が多く混りあっていた区域でした。これが明治四十五年（一九一二）に始まった耕地整理によって区画が整然とすると、大字の区域も整理する必要ができましたが、この付近だけは大字の混在のため、どちらの大字にも分割することがむつかしかったようです。このため耕地整理が完成した大正八年（一九一九）に、両大字に中南部を併せた大字鬼高が誕生しました。この事情から分かるように鬼高の地名は元となった両大字の一字ずつをとったものです。昭和二十六年（一九五一）には区域を一部整理して地名も鬼高町となりました。昭和四十二年（一九六七）からこの付近ではじまった住居表示実施のさい一部を南八幡・田尻に分割し、残りが同四十四（一九六九）・四十八年（一九七三）鬼高一～四丁目となりました。

（注）兵庫《ひょうご》と云人《いうひと》。

『葛飾誌略』より関連個所を記す。

一、兵庫新田。是は一村にあらず。源町の兵庫といふ人取立てしといふ。
（注）上記の源町とは高石神村である。
（注）深町は、木下街道沿いの両側に展開した細長い集落を指し、現在でもバス停に深町坂《ふかまちさか》上《うえ》などの名がある。

◉安房《あわ》ノ須大明神《すだいみょうじん》 附里見長《さとみちょう》九郎《くろう》の事

是《これ》も同所深町《ふかまち》の辺《あたり》にあり、是は正木大膳《まさきだいぜん》の兄里見越前守成平《さとみえちぜんのかみなりひら》の子息《しそく》長九郎の廟所也《びょうしょなり》とぞ、十六歳にて此所《このところ》に討死《うちじに》す、北条氏康《ほうじょううじやす》の家臣松田左近《まつださこん》これを討《う》つ、即時《そくじ》に発心《ほっしん》して、是を後《のち》の蓮生《れんじょう》といひしとかや、松田尾張守《おわりのかみ》、後に心変りして、渡辺勘兵衛《かんべえ》同心して、主人の城を箱根口より切《きり》抜《ぬき》て、上方の勢《ぜい》を引入《ひきいれ》んとして、主人氏政《うじまさ》より責《せめ》られ、終《つい》に罪に死すと云《いえ》り、尤《もっとも》、上総国佐貫《かずさのくにさぬき》も里見義弘《よしひろ》城主也、同越前守《えちぜんのかみ》は同国長南《ちょうなん》の城主也、此《この》越前守は早世《そうせい》す、委《くわし》くは見聞軍記に見へたり、又、里見成平《なりひら》討死の事、中ノ郷業平天神《なかごうなりひらてんじん》の辺《あたり》にての事のよし、江戸砂子《えどすなご》に書《かけ》り、業平《なりひら》天神は此成平《このなりひら》のよしなり、

蒲生《がもう》軍記巻四ニ曰《いわく》、北条ノ長臣松田尾張守逆意《ぎゃくい》ヲ挟《はさん》デ、上方《かみがた》ノ兵ヲ我《わが》役所ニ引入《ひきいれ》ントス、氏政《うじまさ》怒《いかり》テ責レ之《これをせめらる》、終《つい》ニ罪ニ死スト云々《うんぬん》、

(注)現在の安房神社。市川市中山四丁目三番。

(注)廟所。びょうしょ。貴人の霊を祭ってある所。おたまや。はかば。墓所。

(注)発心。ほっしん。菩提心を起すこと。また、一般にある事をしようと思い立つこと。発意。発起。

(注)江戸砂子。えどすなご。編者、小池章太郎。発行所、株式会社東京堂出版。昭和五十一年八月二十五日発行。『江戸砂子温故名跡誌』は享保十七年(一七三二)仲夏日作者菊岡沾凉、日本橋南一丁目万屋清兵衛が刊行し、『続江戸砂子温故名跡志』は享保二十年(一七三五)正月に作者菊岡沾凉江戸日本橋通一丁目松葉軒萬屋清兵衛蔵とされている。沾凉は、凡例として、「凡編纂の序次新古に拘らず、御城を以始とす。江都の中央にして方角茲より計る。故に首巻は先武陽の大意を論じ、次に御城を始として御外曲輪の内に終ル。第二は江城の東、浅草・橋場に始メ下谷・千住に終ル。第三は江城の艮、湯島・谷中に始メ駒込・小石川に終ル。第四は江城の西北、牛込・四谷に始メ赤坂・渋谷に終ル。第五は江城の南、芝・西久保に始メ亀戸・隅田川・真間に終ル」としている。

葛飾浦の塩を商う塩商人が髑髏を蹴り歩いた話

又、所《ところ》に云伝《いいつた》ふる俗諺《ぞくげん》に曰《いわく》、中むかし葛飾浦《かつしかうら》の塩を商《あきな》ふ者有《あり》、此所《このところ》を黄昏《たそがれ》に通りしに、道の傍《かたわ》らに、古き髑髏《どくろ》に藤の蔓《つるつらぬ》貫きまとひたる有《あり》、此《この》商人、何《なん》となく脚《あし》にて蹴《けり》もて行《いく》に、向《むこ》ふの方《かた》に、いづくともなく、若き男一人忽然《こつぜん》と顕《あらわ》れ、商人に向《むか》ひ、悦《よろこ》べる色をなしていはく、是永《これなが》き世のくるしみ、藤かつら生《お》ひつらぬきまとひ、苦《くるし》み止《や》む隙《いとま》なかりしに、今是を蹴放《けりはな》ち給《たま》ふゆへ、此苦《このくるし》みを免《まぬが》る、此恩を謝せんとするに処《ところ》なし、我《わが》本国は安房国《あわのくに》也、その所縁猶存《しょえんなおそん》す、願《ねがわ》くは我《われ》に伴ひ給《たま》へ、とて是《これ》をいざなふ、須臾《しゅゆ》にして房州《ぼうしゅう》に至《いた》る、ゆかりの武家に寓《ぐう》して、時《とき》七月盆の中《うち》にて、此聖霊会《せいれいえ》の棚をしつらふ、此《この》商人を聖霊棚《せいれいだな》の下に置き、備ふる所の供物《くもつ》を色々とねだりとりて、此商人に与ふる、故にあへて飢る事なし、ある日、家内口論を仕出《しだ》し、互ひにわめきあふ、棚の下より覗《のぞ》き見るに、已前《いぜん》の若き男、馳走《ちそう》の悪《あ》しきとて腹立《はらたて》る也、則《すなわち》、其家の稚《おさな》き児《こ》を、此男《このおとこ》囲炉裏の火中に蹴落《けおと》しぬ、父母驚き周章《あわ》て、悲む事甚《はなはだ》し、則取上《すなわちとりあげ》て色々と介抱す、商人問ふ、何故に幼き者をかくはし給《たま》へる、以前の男の曰《いわ》く、吾《われ》此家の祖たるを以《もっ》て、今此家に来《きた》れり、聊《いささ》か疎《おろそ》か成事《なること》を憎む、此故《このゆえ》にかくせし也、と答へたり、商人帰らん事を乞《こ》ひしかば、すなはちゆるして、又須臾《しゅゆ》にして帰らしめけるとかや、其後《そののち》、彼《かの》髑髏を小祠《しょうし》に祭《まつ》り、本国は安房国《あわのくに》なればとて、安房のす明神と崇《あが》め号《なづ》けし、と里老《さとろう》の物語を聞候《ききそうらわ》き、此故に、元《もと》は安房の頭《ヅ》明神と云《い》ひしとかや、是則《これすなわち》、安房の里見長九郎の髑髏也《なり》と云《いえ》り、つとすと通ふ故用《もち》いるよし、

東鑑《あずまかがみ》巻二ニ曰《いわく》、安房ノ国須《ス》ノ宮ト申ス有、洲ノ崎神社ト号ス、須ノ宮万雑公事免除《まんぞうくじめん》ノ事、神官へ下シ文、

頼朝公《よりともこう》ヨリ賜《たま》ハリシ事アリ、治承《じしょう》五年（一一八一）二月十日丁亥《ひのとい》ト云々《うんぬん》、

（注）髑髏。どくろ。この逸話は『葛飾記』に最初に紹介され、のちに、『江戸名所図会』に追記されている。葛飾浦の塩を行商する塩商人の姿を描いた貴重な描写と考える。

（注）須臾。しゅゆ。しばらく。少しの間。暫時。寸刻。

（注）『葛飾誌略』より関連個所を記す。

一、安房の須祠。当村（高石神村のこと）にあり。里見越前守忠弘男《なん》里見長九郎弘次の霊を祭る也《なり》。永禄《えいろく》七年（一五六四）正月の軍《いくさ》也。忠弘生年《しょうねん》十六歳、勇力にして血戦す。終《つい》に松田尾張守に討れし也。古老云《い》ふ、すべて此辺より国府臺《こうのだい》迄に小祠の多きは、其頃の勇士戦死の霊を祭るもの多しと。云々《うんぬん》。里見軍記に云ふ。永禄七年正月八日合戦。里見義弘・岩槻城主太田三楽斎、鴻《こう》の臺《だい》に出張《でばり》し、北条氏康・氏政と戦ひ、正木大膳は手の者僅か二十騎ばかりに討ちなされ、前後を見合せ控へたるに、小田原勢四五百騎、短兵急に打つてかゝる。時綱進んで敵兵廿余人薙ぎ倒し、義弘の跡を慕ひ、上総国へぞ落ち行きける。嫡子《ちゃくし》弾正左衛門は、なほ深入りして戦ふ所に、山角伊予守覘《うかが》ひ寄りて無手と組み、両馬が間に落ち重る。正木左の手を以て山角を取つて押へけるが、馬より落ちざま右の腕を打折りしかば、太刀《たち》取つて刺すに堪へず。捻《ね》ぢ殺さんと思ひけるにや、曳々《えいえい》声を出し押し付けけるに、下より山角三太刀まで腰の番《つが》ひを刺し通し、終《つい》に正木を刎ね返し、首を取

つて刺《さ》し揚げたり。云々。

（注）『江戸名所図会』より関連個所を記す。

安房須明神社《あわすみやうじんのやしろ》　同所中山の北、池田といふより北の岡にあり。傳《つた》へ云《い》ふ、里見越前守忠弘の息男《そくなん》、里見長九郎弘次の墓なりといへり。今淡島明神《あわしまみょうじん》とす。今猶《いまなお》塚の形存《そん》せり。

［北条五代記］に、里見長九郎弘次、生年《しょうねん》十五歳、初陣なりしが、桃花馬《つきげのうま》に乗り、母衣《ほろ》をかけ、弓を持ちて、たゞ一騎はるかに落ち行くを、相模国の住人松田左京亮康吉《さきょうのすけやすよし》追《おっ》かけ、組んで落ちたり。既に首を取らんとせしかど、容貌美麗《ようぼうびれい》にして、花の如き少年なりしかば、たすけばやと思ひしかど、味方雲霞の如く走《は》せ来《きた》り、首をうばひとらんとす。力およばず首討ち落しけれど、さすがにたけき康吉も涙にくれて前後に迷ふ。かゝるうき目にあふ事は、弓箭《ゆみや》に携るが故なりと発心《ほっしん》して、帰国におよばず出家して、浮世《ふせい》と改名し、一筋に弘次の跡をとふと云々。

［葛飾志］に云《いは》く（葛飾記のこと）、中昔《なかむかし》かつしかの浦に塩売るをのこあり。或時此所を通りしに、道端《みちばた》に古き髑髏《どくろ》の藤蔓《ふじづる》に貫かれたるがありしを、何の心もなくて踏みたりしに、其行く先に忽然として一人の壮子《そうし》顕《あらわ》れ出《い》で、塩売の男子《をのこ》にむかひ、悦べるおもゝちにしていへるは、年頃《としごろ》藤づるに貫きまとはれ、苦《くるしみ》止む時なかりしが、今幸《いまさいわい》に是を蹴《け》はなちたまはりしゆゑに、此苦《く》をまぬかる。此恩を謝せんとするに所なし。しかるに吾《わが》本国は安房国《あわのくに》なり。其所縁《しょえん》今猶《なお》存す。ねがはくは吾《われ》にしたがひ来《きた》るべしとて、塩売るをのこを

いざなひ須臾《しゅゆ》にして房州に至り、彼壮子《かのそうし》が所縁の家に寓《ぐう》す。此時既に七月盂蘭盆会《うらぼんえ》にして、家内に魂棚《たまだな》を設く。壮子塩売のをのこをして、其棚の下に居《お》らしめ、牌前《はいぜん》に供《くう》ずる所の種々《くさぐさ》、皆ことごとく此《この》をのこに与《あた》ふ。故に飢に臨む事なし。然《しか》るにある日、家の内あらそひの事出来《いでき》て、互にわめきあふ声せり。依《よっ》て棚の下よりうかゞひみるに、件《くだん》の壮子、あるじがもてなしのとゞかざるをいかり罵詈《ののし》り、又其家の稚児《をさなご》を囲炉裡《いろり》の中へ蹴おとしぬ。父母おどろき悲む事限《かぎり》なし。塩売のをのこは、何故に稚児をかくなさけなくはものせしと問ひたりしに、壮子答へて云《いわ》く、吾《われ》は此家の祖なるをもて、此家に来《きた》れり。されどあるじがもてなしのおろそかなるを憎むのあまり、かくのごとしと云々《うんぬん》。其後《そののち》塩売のをのこ家に帰らん事を乞ひたりしかば、則《すなわち》ゆるしつ。扨《さて》前のごとし須臾《しゅゆ》にして古郷《こきょう》に帰りければ、不測《ふしぎ》の思《おもひ》をなし、此地を封《ほう》じて件《くだん》の髑髏を小倉《おぐら》に鎮《まつ》り、本国安房国なればとて、安《あ》房頭明神《わずみょうじん》と称《とな》へしとかや。これ安房国の里見長九郎弘次が髑髏なりといへり。津《つ》と須《す》と音《おん》の通ふ故に、今は安房須明神《あわすみょうじん》と称《しょう》したりと云々《うんぬん》。

按《あん》ずるに、〔葛飾志〕に載する所、浮説妖妄《ふせつようもう》に似たれども、云ひ伝ふるにまかせてもらす事あたはず。しばらくこれを記し加ふるのみ。

（注）『勝鹿図志手繰舟』より関連個所を記す。

安房の須大明神　在同村

里見越前守忠弘の男《なん》、里見長九郎弘次の霊を祭る。是も永禄《えいろく》七年（一五六四）正月の合戦、十六歳にて戦死の地也。北条の長臣松田尾張守討取りて後に仏家に入《いり》、今《いま》蓮生と呼《よぶ》。又俗心はなれがたきにや、老後に逆意を挟み上方勢に同心なす。北条家怒てこれを責《せ》め、終《つい》に罪に死すと云云《うんぬん》。

◉子《ね》ノ神の社《やしろ》

北方《ほっけ》の谷合《たにあい》よりは坂急《さかきゅう》にして登り難《がた》し、雨には登ること能《あた》はず

右同断《どうだん》、後《あと》の方《ほう》也、此所《このところ》をば北方《ボッケ》村と云《いう》、則《すなわち》此所の鎮守也、此神は大黒天、則《すなわち》日本にては大己貴命、此神は則甲子《きのえね》を祭《まつ》る、依《よっ》て使者は鼠《ねずみ》也、又、所名《ところな》を北方《ぼっけ》と云故《いうゆえ》、北方《ぼっけ》は坎《かん》ノ卦《け》にて十《じゅう》二支《にし》の首子に当るゆへ、道理を以《もっ》て子《ね》の神といふなるべし、又、北方《ボッケ》と唱《とな》ふるは北方《ホクケタ》也、上に濁りを施《ほどこ》し、下略《したりゃく》したるや、四角成物《しかくなるもの》をけた也と云《いう》、またぼつけはほつけ也、法華経守護の大黒天成故《なるゆえ》、正中山《しょうちゅうざん》起立草創の以前、先請《しょう》じ祭られ、幸《さいわい》本郷《ほんごう》の往還より北方《きたのかた》に当る故、北方村《ぼっけむら》と名付られたるなるべし、尤《もっとも》、日常聖人《にちじょうしょうにん》帰依《きえ》取立《とりたて》の檀那《だんな》の居住所《きょじゅうしょ》と覚《おぼ》へたり、

（注）北方村。ぼっけむら。現在の地名としては北方町《ぼっけまち》四丁目として残るのみ。住居表示実施により他の地域は北方《きたかた》一〜三丁目、本北方《もときたかた》一〜三丁目になった。
（注）『市川市の町名』より。

北方と書いて「ボッケ」とも「キタカタ」とも詠みますが、古い呼び方は「ボッケ」です。ボッケは崖を意味する言葉で、この地形に由来しているものと思われますが、どうして北方の字をあてたかは不明です。この地に所領があった法華経寺から見た方向と、北をホクと呼び、音が似ていることから北方の字をあてたのかもしれません。北方をボッケと変わった呼び方をすることから、地名伝説も多くあって、一、この地に住んだ閑院家《かんいんけ》の呼び名が北家《ほっけ》だから。二、その閑院家にあった宝剣《ほうけん》を里人が尊んだから。三、中山の領主、太田乗明《おおたじょうみょう》の北《きた》の方《かた》（奥方）が住んで北方《ほっけ》といったからで、後にこの庵は法顕（後の法見寺）と呼ばれた。などと伝えられています。この地名は室町時代からあって、八幡庄北《やわたのしょうぼっ》方村《けむら》のように記録されています。北方村《ぼっけむら》は江戸時代からあった村名です。北方町《ぼっけまち》四丁目にある町会を千足《せんぞく》町会といいますが、この付近は北方村《ぼっけむら》の新田で江戸時代には千足村と称したことがありました。北方村《ぼっけむら》の幕末の支配は旗本朝比奈氏領。石高は二百十九石でした。明治二十二年（一八八九）、町村合併により北方村《ぼっけむら》は中山村の大字《おおあざ》となりました。昭和二十六年（一九五一）、大字北方《ぼっけ》は北方町《ぼっけまち》一～四丁目と地名を変え、次いで昭和四十四年（一九六九）の住居表示実施のさい、一～三丁目が北方《きたかた》一～三丁目と本北方《もときたかた》一～三丁目に分かれて北方の字を「キタカタ」と呼ぶようになりました。北方町《ぼっけまち》四丁目のみは住居表示がまだ実施されず「ボッケマチ」と古い呼び方をされています。

（注）『市川市史』第二巻より。

子之神社。創建、文永《ぶんえい》年中（一二六四～七四）。祭神、大己貴命。祭礼、十月八日。市川市北方《きたかた》三―十七―二十三。

（注）甲子。きのえね。干支《えと》の第一番目で十干の「きのえ」と十二支の「ね」とに当たる年または日。かっし。甲子大黒は、ネズミを大黒の使者と見なして、甲子の日に大黒天を祀ること。

（注）大黒天。だいこくてん。七福神の一。頭巾をかぶり、左肩に大きな袋を負い、右手に打ち出の小槌を持ち、米俵を踏まえる。

（注）十二支。じゅうにし。子《ね》・丑《うし》・寅《とら》・卯《う》・辰《たつ》・巳《み》・午《うま》・未《ひつじ》・申《さる》・酉《とり》・戌《いぬ》・亥《い》の称。

（注）十干。じっかん。甲《こう》・乙《おつ》・丙《へい》・丁《てい》・戊《ぼ》・己《き》・庚《こう》・辛《しん》・壬《じん》・癸《き》の総称。これを五行に配し、陽すなわち兄（え）と、陰すなわち弟（と）をあてて甲（きのえ）、乙（きのと）などと訓ずる。甲《きのえ》・乙《きのと》・丙《ひのえ》・丁《ひのと》・戊《つちのえ》・己《つちのと》・庚《かのえ》・辛《かのと》・壬《みずのえ》・癸《みずのと》。十干と十二支は組み合わせて用いられ、干支（かんし）を「えと」と称するに至った。

（注）『葛飾誌略』より関連個所を記す。

一、北方村《ぼっけむら》。高二百十九石七斗九升五合。朝比奈清右衛門知行也。

一、千足《せんぞく》。是は北方村《ぼっけむら》の新田也。公儀へは一村に書き上ぐる也。

（注）『市川市史』第二巻より。

法見寺。ほうけんじ。単立派。創建、応永《おうえい》二十七年（一四二〇）。開山、日薩上人。本

尊、釈迦如来・多宝如来。市川市本北方《もときたかた》三—五—十六。

◉中　山

市川《いちかわ》宿《しゅく》より一里有《あり》、附タリ泣銀杏《なきいちょう》、寺領十石

右同所《みぎどうしょ》より少し行《いく》、海道石碑有《かいどうせきひあり》、惣門見《そうもんみ》ゆる、惣門を越《こし》て山門に入《い》る、額《がく》正《しょう》中《ちゅう》山《ざん》、光悦筆《こうえつひつ》院家《いんけ》の坊舎《ぼうしゃ》左右に有《あ》り、本堂の庭前《にわまえ》に入《い》り、右に常題目堂《じょうだいもくどう》、向《むかい》に五重の塔、同《おなじく》濡《ぬ》レ大仏有《あ》り、左に経蔵《きょうぞう》有り、本堂は祖師堂《そしどう》、額祖師堂後《うしろ》に西の方鬼子母神《かたきしもじん》の堂有《あ》り、毎月十七日夜、近郷隣辺《きんごうりんぺん》より夥敷参籠《おびただしきさんろう》の賑《にぎわ》ひ有《あり》し、同後《おなじくうし》ロ祖師御説法《ごせっぽう》の堂あり、飛騨内匠建《ひだたくみたて》し儘《まま》古き堂也《なり》、右の方《かた》門を入《いる》、客殿有《あ》り、同《おなじく》続き庫裏《くり》あり、客殿は能《よ》き座敷也、其《その》奥に宝文庫有《ほうぶんこあり》、戸前迄《とまえまで》は長き廊下《ろうか》を行《いく》、戸前、毘沙門《びしゃもん》、広目《こうもく》の二天立給《たちたま》ふ、正中山妙法華経寺《しょうちゅうざんみょうほけきょうじ》と号《ごう》す、土岐氏入道日常聖人《ときしにゅうどうにちじょうしょうにん》の開基《かいき》也、初祖聖人御自筆《おんじひつ》の曼荼羅《まんだら》幷《ならびに》消息等《しょうそくなど》、什宝物《じゅうほうもつ》数々有《あり》、毎年七月七日、開帳有《かいちょう》レ之《これある》也、尤《もっとも》、身延《みのぶ》と池上《いけがみ》とへ相《あい》配《くば》り、昔より一本寺也《いっぽんでらなり》、境内広く、堂宇《どうう》、坊舎無双《ぼうしゃむそう》の霊場《れいじょう》也、近来、延享《えんきょう》年中（一七四四～四七）、院家より申出《もうしで》て、公事《くじ》の事有《あり》、京都を末寺には立たず、京都よりも祖師の本《もと》たる故《ゆえ》、支配成難《なりがた》きよしにて、院家の衆不首尾《しゅうふしゅび》也《なり》し由《よし》也、毎年三月十三日より十九日迄、十月も同《おなじ》く、都鄙《とひ》共《とも》に参詣、貴賤男女群集する事夥《おびただ》し、また、三月は千部音楽有《あり》、毎年七月十五日相撲有、近在より集る、又、此《この》地中に泣銀杏《なきいちょう》といふいてふの樹《き》有、是《これ》は、真間《まま》の日頂聖人《にっちょうしょうにん》は日常《にちじょう》聖人の子

也、久しく勘当《かんどう》を得て恩顔《おんがん》を拝する事能《あた》はず、此所《このところ》へ来《きた》り給候《たまいそうろう》ても、更に対面《たいめん》なき故《ゆえ》、此《この》銀杏《いちょう》の木の下に幾度《いくたび》も哭《な》ひて、帰り給《たま》ひしと也、此故《このゆえ》に泣銀杏と云《いえ》るとなり、

正中山鐘ノ銘、什宝物、院家坊名、

（注）『千葉県東葛飾郡誌（二）』より。

法華経寺《ほけきょうじ》の泣銀杏《なきいちょう》。中山村法華経寺境内に在《あ》り、五十宝塔の傍《かたわら》、富木殿《ときどの》の乗馬を埋め祠りし小なる駒形堂の辺《あたり》、直幹聳立《しょうりつ》雲際を掠《かす》むる大銀杏あり、これぞ秋風除に落葉を散し、冬月寒く枯梢に冴ふる候ならざるも、六百星霜一日の如く涙を以て当門葉を誡《いまし》め本化の家風を教へつゝ、ある哀の形見の名木なりと、いでや中山史が語る其儘の哀史に筆を染めん哉。

（注）『江戸名所図会』より関連個所を記す。

正中山本妙法華経寺《しょうちゅうざんほんみょうほけきょうじ》　船橋街道の左側にあり。此地を中山村といふ。日蓮大士最初転《にちれんだいしさいしょてん》法輪《ぼうりん》の道場にして、一本寺《いっぽんじ》なり。開山は日常《にちじょう》上人。中興は日祐尊師《にちゆうそんし》たり。［鎌倉大草子《おおぞうし》］に云《いわ》く、千葉介貞胤《ちばのすけさだたね》、父の宗胤三井寺《みゐでら》にて討死せし後、北国落《ほっこくおち》迄は宮方《みやがた》にて、新田義貞《にったよしさだ》の御供《おんとも》たりしかども、こゝろならず尊氏《たかうじ》の味方になりぬ。弟胤貞は宮方にて、千葉にありけるが、此人の子日祐上人《にちゆうしょうにん》は法華《ほっけ》の学匠《がくしょう》にて、下総国中山の法華経寺の中興開山なり。是によりて胤貞より中山の七堂建立ありて、五重の塔婆をも建てらる。其後胤貞、上洛して

吉野へ参り、西征将軍《せいせいしょうぐん》の宮の御下向《おんげこう》の時、御供《おんとも》して九州へ下り、大隅守《おおすみのかみ》に補任し、肥《ひ》前国《ぜんのくに》をも知行しけり。日祐上人も九州へ下向し、肥前国松王山《しょうおうざん》を建立して、総州の中山を引き、末代迄此所を中山と両山一寺《りょうざんいちじ》と号すとあり。

祖師堂《そしどう》　日蓮上人の像を安《やすん》ず。日法師の作なりと云ふ。額『祖師堂』、太虚庵光悦筆《たいきょあんこうえつのふで》。

祈祷堂　同所後《うしろ》の方《かた》にあり。額『祈禱堂』、筆者不知《しれず》。

法華堂《ほっけどう》　同左にならぶ。大士手刻《だいししゅこく》の一尊四菩薩《しぼさつ》の像を安置す。此所は太田乗明《おおたのりあきら》の宅地なり。乗明《のりあきら》日常上人の教《をしへ》を受け、自らの宅地を転じて仏宇《ぶつう》とし、正中山本妙寺《しょうちゅうざんほんみょうじ》と号す。則《すなわち》此堂は其頃営建《えいこん》する所の儘《まま》にして、世俗云ふ、飛騨匠《ひだのたくみ》が作る所なりと。当時宗祖大士最初転法輪《さいしょてんほうりん》法華説法の道場なり。額『光明法華経寺《こうみょうほけきょうじ》』、光悦筆《こうえつのふで》、堂内外陣《げじん》の家帯《なげし》に掲《か》く。此堂の軒《のき》に宗祖大士より常忍《じょうにん》へ贈らる、所の消息の写を板に書きて掲《か》く。其文《ぶん》に云《いわ》く、

銭四貫をもちて一圓浮提第一《いちゑんぶだいだいいち》の法華堂造《つくり》たりと霊山浄土《りょうぜんじょうど》に御まゐり候《そうら》はん時は申あげさせ候《そうら》へかし恐々《きょうきょう》

十月二十二日　　日蓮判

進上　宮城入道殿

御返事

真書《しんしょ》は宝庫《ほうこ》に収《おさ》む。世に銭四貫をもて造ると云ひ伝ふるもの是なり。

鬼子母神堂《きしもじんどう》　同じ左に並ぶ。此鬼子母神堂は鎌倉の 某《それがし》の堂なりしを移せしといふ。本尊鬼子母神の像は宗祖大士の作にして、往古《そのかみ》大士常忍建立の法華堂に在《いま》せし頃、一尊四菩薩《いっそんしぼさつ》の像と共に彫刻ありしとなり。毎月十七日の夜《よ》近在より道俗参籠《どうぞくさんろう》す。

経蔵《きょうぞう》　祖師堂の前、左の方《かた》にあり。

龍淵橋《りょうあんきょう》　堂前《どうぜん》の流《ながれ》に架《か》せり。

常唱堂《じょうしょうどう》　寮舎にならぶ。常に唱題怠る事なし。

泣銀杏樹《なきいちょうのき》　常唱堂《じょうしょうどう》の後《うしろ》に存す。真間弘法寺《ままぐほうじ》の開山日頂上人は日常上人の子なり。久しく父の勘気《かんき》を受けて、恩顔《おんがん》を拝する事能《あた》はず。故に此樹の下《もと》に幾回《いくたび》も来《きた》りつゝ、哭《な》きては帰られたりし故に、此号ありといひ伝へたり。

五層塔《ごそうのとう》　同じ左にあり。釈迦多宝《しゃかたほう》ならびに当寺《とうじ》十八世《せ》日慈《にちじ》の像を安《やすん》ず。当寺祖師堂創建の師なり。

三十番神社《さんじゅうばんじんのやしろ》。同じ後《うしろ》の方《かた》小高き所にあり。当山の護法神《ごほうじん》にして、毎歳《まいさい》十一月八日火焚《ひたき》祭《まつり》を修行す。

宝庫　方丈書院の奥の方にあり。宗祖大士の彫像、其外仏経の類《たぐい》を蔵《をさ》む。

支院三十六宇　今破廃《ははい》せしものありて、僅《わずか》に十六宇存せり。

二王門　額『正中山《しょうちゅうざん》』、日等上人筆《にちとうしょうにんのふで》、或はいふ、光悦の筆なりと。

中興開山日祐上人墓　総門より内、左の方、小路《こうじ》を入《い》りて二町ばかり西の方、山の中にあり。当山第二世日高上人《にちこうしょうにん》の墓も又此所にあり。

奥の院　方丈《ほうじょう》の構《かまえ》の外《そと》、右の方《かた》の小路を入《い》りて、三町ばかり東北《ひがしきた》の方《かた》にあり。文応《ぶんおう》元年（一二六〇）宗祖大士此境《このさかい》にあそばるゝ頃、富木常忍《ときじょうにん》宅地に一宇《いちう》をいとなみ、法華堂《ほっけどう》と号《なづ》け、大士をしてこゝに居《を》らしむ。因《よっ》て百日の間《あいだ》説法あり。即《すなわち》宗門最初転法輪《しゅうもんさいしょてんほうりん》の道場妙蓮山法華経寺《みょうれんざんほけきょうじ》の旧跡なり。［日蓮上人伝］に、屋形《やかた》の後《うしろ》にまはり、百間ばかりの堤を築き、其中《そのうち》にすこし高く土をかさね、堂をしつらひ、聖人《しょうにん》の御《おん》まうけにぞ立てられけるとあるもこれをいへり。往古《そのかみ》大士手刻《しゅこく》の一尊四菩薩の霊像も、此地に安置ありしとなり。当寺第十二世の住侶日珖《にちこう》上人、此地を封じて法華一萬部《ほっけいちまんぶ》の経塚《きょうづか》を築き、古《いにしへ》より宝蔵に安置せし日法上人の作の宗祖大士の影像をうつしたてまつるといへり。

開山日常上人石塔　同所道を隔てゝ、左の方にあり。石塔の上に草堂をいとなみ、傍《かたわら》に庵室を設けて、僧を置き是を守らしむ。日常上人を常忍修院《しゅゐん》と号す。因幡国富城《いなばのくにとき》の産にして、承久《じょうきゅう》二年（一二二〇）庚辰《かのえたつ》を以《もっ》て生《うま》る。［本化伝］に富木五郎入道とあり。長じて播磨守常忍《はりまのかみつねのぶ》と名《なづ》く。後《のち》下総国中《なか》山邑《やまむら》に移住し、鎌倉に仕ふ。土民称して富木殿《ときどの》といふ。日蓮大士の法化《ほうけ》をたふとみ、大士の滅後竟《つひ》に薙染《ちせん》して日常と改む。正安《しょうあん》元年（一二九九）三月二十日八十歳にして化《け》すといへり。

東土産

まゝの継はしのわたり、中山の法華堂本妙寺《ほっけどうほんみょうじ》に一宿して、あくる日一折《ひとおれ》などありしかど、発句《ほっく》ばかりを所望にまかせて、

杉の葉やあらしの後《のち》の夜半《よは》の月　宗長

其夜あらしのはげしかりしばかりなり。今日はことに日も長閑《のどか》にて、かつしかの浦春のごとし云々。

寺宝　立正安国論《りっしょうあんこくろん》　諸山に蔵《をさ》むる所すべて四部なり。洛の本国寺、甲の身延山、ならびに当山と真間の弘法寺《ぐほうじ》とに蔵《ぞう》して、ともに宗祖大士の親筆なり。　同來由《おなじくらいゆ》　文永《ぶんえい》五年（一二六八）戊辰《つちのえたつ》、法鑒《ほうかん》日頂の事なりにあたへられしと云ひ伝ふ。或は日昭等《ら》にあたふと。稟権《りんごん》出界書《しゅっかいのしょ》　文永《ぶんえい》三年（一二六六）九月、富木常忍《ときじょうにん》、台徒了性《たいとりょうしょう》と法義を論ず。了性竟《つひ》に屈服す。富木氏書を奉じて是を告ぐ。同十月朔日《ついたち》の返書にして、二十二通あり。

高祖日蓮大士真骨《しんこつ》　法塔に収む。日忍師の添状あり。其余宗祖大士をはじめ、諸尊師の曼《まん》茶羅《だら》、及び其頃の武将ならびに千葉家の消息・寄附状の類、霊仏・霊神の像等尤多し。

悉《ことごと》く記すに遑《いとま》あらず。

寺記《じき》に曰《いわ》く、建長《けんちょう》六年（一二五四）甲寅《きのえとら》、日蓮大士総州に遊び、後鎌倉に帰らんとし給ふの日、中山の住人富木播磨守常忍《ときはりまのかみつねのぶ》も又かしこに至らんとす。（富木《とき》は因幡国《いなばのくに》巨《こ》濃郡《のごおり》の地名なり。常忍初彼地《つねのぶはじめかのち》にあり。故に富木《とき》と称す。［和妙抄《わみょうしょう》］罵城《とき》に作り、今こゝに富木或は土木とす。）其間船中にして大士に見《まみ》え、聞法随喜《もんぼうずいき》し、壇越《だんをつ》となる。文永《ぶんえい》元年（一二六四）庚申《かのえさる》、竟《つい》に宅地を転じて一宇を営み、大士をしてこゝに居《を》らしむ。此時一百日の間大《おおい》に説法あり。又大士自親一尊四菩薩《みずからいっそんしぼさつ》の像を彫刻ありて、かしこに安置し、法華堂と号《なづ》けらる。［中山記］に云く、宝庫に一尊四大士の木像二刻十躯あり。其一は仏形、其一は菩薩形なり。皆大士の手刻と云々。此法華堂といふは、大士最初転法輪の道場たり。今奥の院と称す。時に曽谷教信《そたにきょうしん》・教信姓は平氏、次郎左衛門と称す。法名は法蓮日禮と唱ふ。当国曽谷に住す。後宅地をあらためて梵刹とし、曽谷山法蓮寺と号《なづ》く。秋本太郎兵衛藤氏よりいづ。当国白井の人なり。子孫に至り、其地に一宇を創建して、白井山秋本寺と号《なづ》く。及び太田《おおた》乗明《のりあきら》等《とう》、来《きた》って壇越《だんをつ》となる。乗明は五郎左衛門尉と称す。当国中山民部少輔康連の子なり。曽て富木氏の論導をもって、大士の宗化に帰し、一子を投じて出家せしむ。日高上人是なり。後中老僧日高尊師《のちちゅうろうそうにちこうそんし》、父乗明卒《しゅつ》するの後、日蓮大士の命に応じ、日常上人の教《おしえ》を受け、其家を改めて精舎《しょうじゃ》とし、正中山本妙寺《しょうちゅうざんほんみょうじ》と号す。今の正中山の地是なり。亦《また》先の法華堂を合せて一寺とし、正中山本妙法華経寺《ほけきょうじ》と号す。則《すなわち》日常上人を開山と称し、日高師を第二世とす。然《しか》るに仏心院日珖《にちこう》師、当山十二世。台命によりて寺法を更《あらた》めしより已降《このかた》、京攝《けいせつ》より輪番して当山の貫主となれり。毎年三月十三日より同《おなじく》十九日に至るの間、法華経千部読誦《どくじゅ》、七月十五日相撲興行す。十月十三日は日蓮大士の忌辰《きしん》なるにより、大法会《だいほうえ》を設く。近国の道俗群参して、大《おおい》に賑へり。

（注）『葛飾誌略』より関連個所を記す。

一、中山村。高百十一石九斗二升九合。小金領也。

一、法華経寺。正中山《しょうちゅうざん》といふ。御朱印五十四石壹斗。開基日常上人。上人は真間日頂上人の実子也。鎌倉の代に家栄えて富木播磨守《ときはりまのかみ》入道常忠といへり。則《すなわ》ち此地居館なりしを、祖師に帰依《きえ》有りて御弟子《おんでし》と成り、師と共に宗を弘め、大伽藍建立有りし也。

一、仁王門。額、正中山。光悦筆。

一、黒門。額。如来滅後。閻浮提内。本化菩薩。初轉法輪。法花道場。是も光悦の筆也。しかし、是は写し也といふ。又、池上にも長榮山・祖師堂・本門寺、此三枚の額光悦筆也。又、見延山にも額有り。本阿彌光悦は能書なる事、万人の知る所なり。
一、本堂。釈迦如来。祖師堂、十五間四面。什物は小松原御難御衣・富木氏陣貝・御所持巾着・天台真言等の経巻・真筆の題目、其外数多。毎年七月七日虫干しに出す。
一、法華堂。建長《けんちょう》六年（一二五四）寅春《とらはる》、祖師と日常の両僧、銭壹貫文にて建てられしといふ。
一、五重塔。塔高し梢の秋のあらしより　素堂。
一、日蓮上人報書。新麥、たかむな三本、油のやうな酒五升、南無妙法蓮華経と回向《えこう》いたし候。右は風俗文選にも出でたり。
一、鬼子母神堂《きしもじんどう》。霊験有り。一代山《やま》の高き所に立つ。中山相伝御祈祷本尊也。題二正中山一。法燈赫燿二尊間。精宇梵音心自閑。花木知レ時春色顯。黄鶯有レ感正中山。青文豹。
一、番神堂。三十番神《さんじゅうばんじん》を祭る也。毎年七月十五日には近村の女童集りて、拍子とりどり踊り興ずる也。
一、千部。三月八日より十七日迄御影講。十月十五日、中山の祭《まち》とて群集せり。
一、鐘。朝七ツ前に撞《つく》レ之《これを》。此庵を助宣庵といふ。
一、正中山法華経寺。洪鐘銘曰、諸法従本來。常自寂滅相。佛子行道已。來也得作佛。萬《まん》治元戊戌歳《じがんつちのえいぬのとし》（一六五八）。
一、菩薩号。祖師菩薩号は、洛の妙蓮寺より始む。本寺の什宝に雨乞の本尊とて、祖師自筆の法華曼荼羅《ほっけまんだら》あり。後《のち》光厳の御時《おんとき》天下大旱《だいかん》す。時に此本尊を桂川辺《あたり》に致し請雨《うけあめ》の法を修す。忽ち大雨数日に及び、叡感《えいかん》ましまし、勅して大井の号を賜はるとぞ。先年、妙蓮寺にて此曼荼羅拝見せし也。又、勢州宇治里光明寺の境内に、日蓮上人の真跡にて題目石有り。聖人弘徳の為に雨宮に百ケ日参詣、七宇を刻し給ふとぞ。今の髯題目《ひげだいもく》とは大きに異にして、字形全く、筆法備はり、凡筆にあらず。是亦《これまた》予拝見せし也。

一、役寺四ヶ寺。浄光院。本行徳。法宣院。安世院。此外に地中といへるは二十ヶ寺あり。寺号略レ之《これをりゃくす》。此辺の末寺七十五ヶ寺といふ。江戸觸次《しょくじ》、谷中《やなか》妙法寺也。

一、角力《すもう》。毎年七月十五日、鬼子母神堂下にて、近辺のもの打寄り興行す。見物群集す。

一、下宿《しもしゅく》。是は中山村也。当山の下通り故に下宿といへり。

(注)『市川市史』第二巻より。

法華経寺。日蓮宗。創建、元徳《げんとく》三年(一三三一)。開山、日常上人。開基、富木五郎胤継。本尊、釈迦如来・多宝如来・日蓮上人像。大本山。

(注)『市川市の町名』中山の地名より。

地名の由来は正中山《しょうちゅうさん》法華経寺の山号からとったものと伝説は伝えていますが、東胤頼《あずまたねより》が源頼朝に献じた歌の題に中山の地名があって、法華経寺ができる前にはすでにあった地名のようです。その由来ははっきりしませんが、あるいは中山の中心、法華経寺付近の台地は両側に浅い谷が入り込み、南側から見ると昔は山のように見え、それが中山小学校と東中山の台地と較べて中間の山という意味でいったのかもしれません。鎌倉時代の中山は八幡《やわた》庄《のしょう》谷中郷《やなかごう》に属していました。また、戦国時代の記録には谷中郷中山村、安土桃山時《あづちももやまじ》代《だい》には中山郷という地名も見られます。江戸時代から中山村といいました。幕末の支配は幕府領と法華経寺領があって石高は併せて百六十二石でした。明治二十二年（一八八九）、中山・若宮・北方・鬼越・高石神の各村は合併して新しい中山村となり、旧村はそれぞれ大字となりました。昭和二十六年（一九五一）、大字中山は中山町一～三丁目と改称し、次いで昭和四十四年（一九六九）の住居表示実施の際、中山一～四丁目と町名を変えて現在に至っています。その区域は大字の頃とあまり変わっていません。

◉法成寺《ほうじょうじ》

附成瀬伊豆守殿《なるせいずのかみどの》の事、寺領三十石

中山より東巽《ひがしたつみ》の方《かた》、海道《かいどう》は本郷村《ほんごうむら》と云《いう》往還より少し左方脇《ひだりのかたわき》、此所《このところ》を栗原村《くりはらむら》と云《いう》、□□山法成《ほうじょう》寺《じ》と号《ごう》す、是も関東禅宗本寺《ほんでら》若干の内、洞家《とうけ》の大寺なり、当寺《とうじ》よりも、則道正庵《すなわちどうしょうあん》の解毒丸《げどくがん》を出す也、葛飾明神《かつしかみょうじん》へ行道《いくみち》の左方《ひだりのかた》少し高き所、門へ入《い》る、本堂は右の方《かた》に有《あ》り、但《ただし》近来炎上す俗に栗原の東堂《ひがしどう》といふ、殊《こと》に当寺は由緒有《あ》りて、武江府《ぶこうふ》の尾張大納言様《おわりだいなごんさま》の御家老成瀬隼人正殿《なるせはやとのしょうどの》の御祈祷《ごきとう》并《ならびにおん》御菩提所《ぼだいしょ》也、是《これ》は元《もと》成瀬伊豆守《いずのかみ》殿と云《いう》、此所《このところ》の領主にて、家督《かとく》の一子《いっし》十五歳にて幼年なりし故《ゆえ》、参勤《さんきん》の公役《くやく》に怠《おこた》り、殊《こと》に孤《こ》なりし故、東照神君《とうしょうしんくん》へ知行被二召《めし》上《あげらる》一、則《すなわち》御抱《おかか》へと成《な》り、尾《お》張守《わりのかみ》様へ御附家老《おつきかろう》に被二仰《おおせ》付《つけられ》一候由也《そうろうよしなり》、先年、当寺に夜盗《やとう》の入《い》りたる事有《あり》、在家《ざいけ》隔ちたる故也、則《すなわち》東堂《ひがしどう》を伐殺《ばつさつ》し逃《に》げたり、指《さし》て物取《ものとり》にてもなし、鐘《かね》を撞《つ》き、人を集めたれ共《ども》、最早《もはや》逃げ延《のび》たり、後《のち》に聞《きけ》ば、納所坊主《なっしょぼうず》、東堂に遺恨《いこん》の事有《あり》て乱入したり、御弟子《おんでし》は須弥壇《しゅみだん》の下に隠れ、裏より戸を押《おさ》へ、這々《ほうほう》にして命助《いのちたすか》り、後《のち》、不吉なればとて改宗せられ、浄家《じょうけ》と成《なる》、葛西小松川仲台院《かさいこまつがわちゅうだいいん》の弟子と成《なる》、則《すなわち》仲台院の師匠跡一代となる、尤《もっとも》、右《みぎ》東堂は成瀬隼人正《はやとのしょう》殿の前《さき》の御子息《ごしそく》のよし、

法成寺鐘ノ銘、

（注）『葛飾誌略』より関連個所を記す。

一、寶城寺《ほうじょうじ》。茂春山《もしゅんざん》といふ。禅曹洞仙臺膽澤《たんざわ》永徳寺末。開基智泉和尚。葛西三郎茂春《かさいさぶろうしげはる》建立。年代不レ詳。御朱印三十石。此内八石四升は印内村《いんないむら》に有り。昔は木戸内にあり。後、此所へ移すといふ。

一、成瀬伊豆守直陳墓。高さ一丈余。寛永《かんえい》十一年（一六三四）甲戌《きのえいぬ》十月。其外。墓多し。

一、臣下殉死塚三墓。成瀬信濃守正賢墓。寛政《かんせい》十戊午《いぬうま》（一七九八）三月。成瀬氏は尾州《びしゅう》様《さま》御家老三万石、成瀬隼人正の家也。故有りて当寺へ葬る。

（注）『船橋市史』現代編より。

宝成寺。小栗原町。曹洞宗。茂春山。仙台胆沢永徳寺末。智泉開基。葛西成春建立。朱

印廿一石原木、九石印内。木戸内よりここに移された。
成瀬伊豆守直陳墓　高さ一丈余　寛永《かんえい》十一甲戌《きのえいぬ》十月
臣下殉死塚
　平野　宇平次　　心鉄道無信士
　青木　左源太　　瑞宗道的信士
　藤井仁左衛門　　頓翁道悟信士
正成　寛永《かんえい》二（一六二五）、正、十七日卒《そつ》
　白林院殿前布護直指宗心大居士
二子之成墓　棹石《さおいし》九尺、巾二尺三寸、厚一尺四寸
　見性院殿伝翁直心大居士
　　前室　林鐘院青安芳秀大禅定尼　森川氏、慶長《けいちょう》三（一五九八）、六、十七日
　　後室　凄風院月窓正桂大禅定尼　片桐且元女、寛永十一（一六三四）、閏七、一三日
成瀬信濃守正賢墓　寛政《かんせい》十（一七九八）、戊午《つちのえうま》三月
一碑　長生院殿高運妙徳大禅定尼　明暦《めいれき》二（一六五六）、正、十三日　正虎女。板倉重
大室

（注）『葛飾誌略』より関連個所を記す。
一、本郷村。高四百五十八石三斗一升四合、実は栗原の本郷也。栗原七ヶ村といふ。又、

八ヶ村ともいふ。栗原、二俣、山野村、二子、海神、寺内、印内、古作。
右八ヶ村也。今は大抵行徳領となれり。
一、栗原左衛門尉《じょう》冬詮館。当村に有れども所定《ところさだ》かならず。此八ヶ村は栗原氏の領地也。一揆のために所領を失ひ、甲州へ落ちたりと也。故に此村を元は御館村《おやかたむら》といひし也。云《うん》云《ぬん》。

（注）『葛飾誌略』より関連個所を記す。

一、小栗原村。高二百八十八石九斗一升。是は小金領也。いまは行徳領に成れり。

（注）東照神君《とうしょうしんくん》。徳川家康のこと。

（注）在家。ざいけ。出家していない人。在郷の家。民家。

（注）納所坊主。なっしょぼうず。会計・庶務を取り扱う僧。下級の僧。納所とは、寺院で施し物を納め、また、会計などの寺務を取り扱う所。また、それをつかさどる僧。

（注）須弥壇。しゅみだん。すみだん。寺院の仏殿の仏像を安置する檀。四角・八角・円形などあり、木・土などでつくる。

（注）『江戸川区の史跡と名所』より。
葛西小松川仲台院《かさいこまつがわちゅうだいいん》。東京都江戸川区西小松川町。都バス「小松川警察署」下車南へ六百メートル。浄土宗。無量山西方寺《むりょうざんさいほうじ》という。開山は感蓮社応誉良道。本尊、阿弥陀如来。

（注）『船橋市史』現代編より。

宝成寺鐘銘

関東道下総国千葉庄葛飾郡栗原印内御館村茂春山宝成禅寺曹洞之法窟也。先鋒鳥銃偏将従五位下伊豆守藤原朝臣成瀬之成久為知県傾心北宗請太誉和尚為住持補苴頽垣繕完敗宇不幸而罹病去年甲戌十月念八日三十九歳而逝道称曰見性院殿伝翁直心大居士、事達営中特惜先鋒無其人矣。天下之知友不知為之無不随涙矣。嗣子之虎未晬日而失陟岵之恃大樹哀憐之令継旧封撫育愛養今茲乙亥自春至秋白打建当寺以遂乃父之宿志成就後世之悉地又別鋳鐘掛之高楼聞一百八声之警座二六時中之深禅銘曰

東国勝区　関中喉襟　栗原曠々　千葉森々
春山裏寺　修竹茂林　僧夏問途　緑樹重陰
一法成就　見性直心　名而実矣　世所慕欽
鳧鐘高掛　遠響碧潯　万籟既収　十莛記音
日分刻限　人発省深　玄妙窟禅　人懐彼深
大将檀上　登握其鐔　玄武巨節　示文徳忱
緇素皆仰　神灵以歆

干旹寛永《かんえい》十二年（一六三五）乙亥《きのとい》十月念八（二十八のこと）日
領主嗣子《しし》成瀬藤蔵之虎　法眼杏菴正意誌
御大工椎名兵庫頭吉綱

◉葛飾大明神《かつしかだいみょうじん》

附葛《くず》ノ井《い》、幷《ならびに》土佐殿館跡《やかたあと》

同村方也《どうむらかたなり》、法成寺《ほうじょうじ》の前を行道《いくみち》少し有《あり》、海道《かいどう》よりは五六町《ちょう》もあるらん、社《やしろ》は大社《たいしゃ》ならず、社地《しゃち》は唐竹《とうちく》の藪《やぶ》なり、此御神小社《このおんかみしょうしゃ》なれ共《ども》、葛飾の惣社《そうじゃ》也、近隣に藤原台《ふじわらだい》と云所有《いうところある》なれば、大職冠《たいしょっかん》鎌《かま》足公《たりこう》を祭《まつ》りたる事もあるべし、近年、里禰宜《さとねぎ》より神主《じんしゅ》を願ひ、社《やしろ》の再建せん事を願へども、御免《ごめん》許《きょ》これなし、又、宮《みや》の傍ラ《かたわ》藪《やぶ》の中に、葛《くず》の井と云《いう》井有《あり》、昔より橡木《クスノキ》の幹《イゲタ》朽《くち》ずして存《そん》せり、此《この》水を少し飲めば、瘧疾立《ヲコリたち》ドコロに零《おち》ると也、此故《このゆえ》に、皆《みな》信拝して瘧《ヲコ》る日に用《もちい》るに、其効《そのシルシ》速《すみや》か也と云《いえ》り、又、俗に此《この》井は竜宮迄抜け通れりと云《いう》、又、此辺《このあたり》に小作村《こさくむら》と云村有《いうむらあり》、此所にて、茶湯の小飯鐘を畑の中より掘出《ほりだ》せる事有《あり》、其故を尋《たずぬ》れば、此所に昔三ッ橋土佐殿といふ人の館有《あり》しとかや、此館中《やかたうち》にて翫《もてあそ》ばれたる茶道具なるべしとぞ、但、茶碗、古銭等ともに掘出す是は成瀬伊豆守殿の国家老成《なる》べし、偖《さて》、掘出せる品は地頭へ召上《めしあげ》られ、其代《そのかわ》りに米二俵下《くだ》されたるよし、

（注）惣社。そうじゃ。総社。参拝の便宜のため、数社の祭神を一ヶ所に総合して勧請した神社の称。一国の総社、寺院の総社などがある。また合祀《ごうし》せず、鎮守、または一宮《いちのみや》を総社と称することもある。

（注）大職冠。たいしょっかん。六四七年（大化三）制定された十三階冠位より六六四年の

二十六階冠位までの最高の位階（のちの正一位《しょういちい》に相当）。唯一人授けられたので、特に藤原鎌足の称。

（注）禰宜。ねぎ。神主《じんしゅ》の下、祝《はふり》の上に位する神職。宮司の命を受け祭祀に奉仕して事務を司った。

（注）『江戸名所図会』より関連個所を記す。

葛飾《かつしか》明神《みょうじん》社《のやしろ》　中山より東《ひがし》の方《かた》、栗原本郷《くりはらほんごう》の街道より左へ四町ばかり入《い》りて、叢林《そうりん》の中《うち》にあり。葛飾の惣社と称すれども、祭神　詳《つまびらか》ならず。同所真言宗萬善寺別当たり。祭礼は九月十五日なり。社より東の方の林間、稲荷の小祠《こほこら》の傍《かたわら》に、葛《くず》の井《い》と称する井あり。当社《とうしゃ》の御手洗《みたらし》といふ。土人《どじん》相伝へて、此井の水脈龍宮界に通ずと云ふ。瘧疾《ぎゃくしつ》を患《うれ》ふる者、此井の水を飲みて験《しるし》ありといへり。

（注）『葛飾誌略』より関連個所を示す。

一、古作村《こさくむら》。高百廿六石二斗九合。是は栗原領也。凡《およそ》家数三十戸。此村、高より縄延びにて畑多し。故に近村の人々当村の地を作るといへり。東方《ひがしのかた》は上山新田・行田《ぎょうだ》新田・藤原新田等の村々也。

（注）作は谷《さく》であり、近隣に大谷《おおさく》の地名があり、小谷《こさく》の呼称があったとされる。のちに小作の文字を当て、その後、古作となる。（『船橋市史』前編）

（注）地頭。じとう。平安時代、荘園の領主が土地管理のため現地に置いた荘官が始まり。

鎌倉・室町幕府の職名。江戸時代、知行所を持つ旗本。また、各藩で知行地を与えられ、徴祖の権を有した家臣。

（注）『葛飾誌略』より関連個所を記す。

一、葛飾祠。是一郡の惣社也。通りより二丁《ちょう》ばかり入《い》る。別当満善寺。祭神瓊々杵尊《ににぎのみこと》。勧請より千有余年に及ぶとぞ。地神三代の神也。

（注）『勝鹿図志手繰舟』より関連個所を記す。

葛飾明神。在本郷村。祭神地神第三代瓊瓊杵尊。神前に井有《あり》。勝鹿《かつしか》の井又《また》桂の井とも。俗《ぞく》に龍宮に通ずと云《いう》。

有リレ碑銘ニ曰ク

下総勝鹿。郷隷栗原。神祀瓊瓊（ママ）。地出醴泉。豊姫所鑒。神龍之渊。大旱不涸。湛乎維円。
名日葛蘿（ママ）。不絶綿（ママ）々。

　文化《ぶんか》九年（一八一二）壬申《みずのえさる》春三月建　南畝大田覃撰

（注）『千葉県東葛飾郡誌（二）』より関連個所を記す。

葛羅之井《かつらのい》。葛飾村大字本郷葛飾神社境内にあり、麗水滾々大旱《こんこんたいかん》にも涸れず、里人雨乞をなせば大雨沛然《はいぜん》として至ると伝へ信仰今に衰へず、俗に龍宮に通ずと称し古来別名を勝鹿の井又桂の井と云へり。碑あり、高二尺八寸、横一尺、巾九寸、（正面）葛羅之井（右側面）文化《ぶんか》九年（一八一二）壬申《みずのえさる》春三月建（左側面）下総葛鹿《かつしか》郷隷、栗原神祀瓊々杵地出

醴泉、豊姫所鑑、神龍之淵。大旱不涸、湛乎維圓、名曰葛羅、不絶綿々。南畝太田、覃撰
とあり。

（注）『船橋市史』前編。旧本郷村葛飾明神と葛《くず》の井《い》及び満善寺の項を抜粋。

旧本郷村葛飾明神はもと本郷部落の北の境に近く、旧寺内村に接するところにあった。社地は数次移動したことがあると見えて、最初は今もある同社御手洗《みたらし》葛の井の北に接して、今の古作道《こさくみち》の東側水田の傍《かたわ》らにあったと伝える。されど、近き昔は葛の井と古作道を隔てて、少し西の方《かた》台地に上る坂路《さかみち》の右側高地の端にあった。里人もその様に語り、明治十六年（一八八三）調製の実測葛飾郡図及び江戸名所図会にもその様に記してある。

従来伝うるところによれば、この社は天孫瓊々杵尊と豊玉姫とを祀るといい、旧本郷村の村社であったと同時に、旧葛飾郡の総社であったともいわれる。故に一名を総社明神とも呼んで居った。明治大正時代の地理学者邨岡《むらおか》良弼の如きも、この神社を葛飾郡総社だと考えて居った。葛飾誌略には、千年前の古社だと記してある。

しかし、これについては若干の疑義もないわけでは無い。第一に延宝《えんぽう》六年（一六七八）の此の村検地帳に熊野権現、阿弥陀堂、万善寺などの名は記してあれど、此の神社の名は全く見出せない。第二、前に掲げた如く、此の村方と舞大夫宇賀山大膳及び古作明王院とが、この神社の神職について争った時、延享《えんきょう》四年（一七四七）四月村方から幕府奉行所に差出した訴願状に、「小宮山杢之進様御支配の節当村御林開発被二仰《おおせ》付《つけらる》一、拙者共村請に

仕《つかまつり》、右場所御年貢地え葛飾大明神勧請仕《つかまつる》」とある。これらに拠《よ》れば、この神社は享《きょう》保《ほう》年中（一七一六〜三五）の開創で、まだ新しきものと思われる。しかし一つ疑わしきことは、享保以来あまり多くの年月も経ざる寛延《かんえん》二年（一七四九）の著述である葛飾記に、新しき社ということは少しも記さず、却《かえ》って「葛飾の総社なり」などとしるしてあることである。故に今は軽々しく右の通り考うることも出来ない。

仍《よ》ってよく考うれば、この神社はもともと小さな社で、右に記した通り、葛の井の北隣道傍にあった。その前面今の古作道の西側、台地に登る坂路の左右から台地にかけて相当に広い場所は、昔は幕府の御林山であった。それを享保年中（一七一六〜三五）代官小宮山《こみやま》杢之進《もくのしん》時代に民間に払下げ開墾して畑となし、百姓等《ら》に配分した。その時百姓等は配分された残りの地に、此の神社を移し来《きた》って祀ったのだと判断せられる。それを土地の人々は勧請などというたのであろう。延宝《えんぽう》（一六七三〜八〇）の検地帳に載せないのは、旧境内が万善寺の地中などであったからであろう。故にこの社は小社といえども、昔から葛飾郡総社と言伝えられ尊信せられて来たものと考えられる。葛の井前面の水田を、印内《いんない》あたりでは享保以前から葛飾下といい、同じ葛の井西方前面の畑地を、本郷では同じく古くから葛飾前というを以《もっ》て見れば、この神社の古社であることは疑いもないであろう。

享保《きょうほう》十年（一七二五）六月印内村田方地押帳《でんかたじおしちょう》に、葛飾下、下田《げでん》壱畝十八歩などとある。

しかし何分小社であるから、新しき場所に移されても、特別に社有の財産も無かったであろう。延享《えんきょう》四年（一七四七）五月宇賀山大膳が奉行所に差出した書状には「葛飾明神の義は小社にて造営等助力も無《これ》レ之《なく》候に付、万善寺明王院義も社《やしろ》修覆料をも付置度願《つけおきたきねがい》に付《つき》、私方《わたくしかた》に才覚仕《さいかくつかまつり》、去年《さんぬるとし》十一月万善寺へ金拾両、明王院へ金拾両相預け置候」とある。また葛飾記には「社は大社ならず、社地は唐竹の藪なり」とある。自然社地も狭隘であったらしい。しかも始終荒れ果てて居ったと見えて、文政《ぶんせい》六年（一八二三）四月（約百四十年前、船橋市史執筆時点から見てということ）此処に詣でた人の書いたものに、「祠前に至り其の有様を見るに、祠の扉に蔦《つた》を纏《まと》ひ、拝殿には狐兎の足跡を印す。寂寥々として幽邃蔗を噉《くら》ふが如し」とある。しかし、この社は幕末の頃は誠に有名であった。幕末の頃文化文政以来此の地方を遊歴する文人墨客《ぼっかく》にして、此の社を訪問せぬものは殆ど無かった。邨岡良弼の如きも明治十三年（一八八〇）夏此の社を訪ねてその著千葉日記に所謂《いわゆる》総社の解釈を載せた。

其の後大正三年（一九一四）十二月十九日此の社は今の国道沿い勝間田《かつまた》の池畔《ほとり》旧熊野権現社と合祀せられ、同五年一月十三日官許を得て、その名は今も葛飾明神と呼ばれて居る。移転前の旧社殿は今は売られて船橋大神宮の境内に移り、大鳥神社となって居る。方《ほう》六尺位である。

旧本郷葛の井は昔葛飾明神御手洗の井といわれた。明神旧社地のあたり古作道の道傍にある。今はコンクリートで固められた直径六尺ばかりの円き井戸で水も汚れて居り、見る姿も無けれど、此の水脈は竜宮界まで通ずるといわれ、如何なる旱年にも水の涸れることは無く、瘧疾《ぎゃくしつ》を患うものが此の井の水を飲めば、必ず直ると伝えて居った。文化《ぶんか》九年（一八一二）三月（約百五十年前、船橋市史執筆時点から見てということ）太田南畝はこの地の人惣四郎という者に頼まれてこの井の銘を撰んだ。今も此の銘を刻したる碑が井戸の側に立って居る。（以下略）

◉勝間田《かつまた》の池

附和歌、中山より東巽《ひがしたつみ》の方《かた》

是《これ》本郷村《ほんごうむら》の内也《うちなり》、俗《ぞく》に本郷の溜池《ためいけ》と云《いう》、池を越れば、寺内村《てらうちむら》と云、舟橋海辺《ふなばしうみべ》の端《はし》、此堤《このつつみ》を往行《おうこう》する也、池の中定杭有《さだめくいあり》、常に水なし、北の方《かた》一筋の堰《せき》水なり、中空原《なかからはら》にして闊《ひろ》し、圦樋有《いりひあり》、池の上高き所、熊野三社権現のやしろ有《あり》、能景地成所《なるところ》なり、

景物

柳、花、蓮、鴨、杜若《とじゃく》、蘆《あし》、鮎《あゆ》、つれなし草、堤、槭《イキ》水はなつ所也

万葉集十六

婦人

かつまたの池は我知《われし》るはちすなししかいふ君がひげなきがごと

家集

水なしと聞《きき》てふりにし勝《かつ》またの池あらたむるさみだれの頃　西行法師《さいぎょうほうし》

千載集《せんざいしゅう》　肥後《ひご》

池もふり堤くづれて水もなしむべかつまたに鳥のゐざらむ

よみ人しらず

い井つゝむ心の水はかつまたのいけるもさのゝつれなし草と

おなじく

水なしと見へて心にい井つゝむ流れは絶へぬかつまたの池

おなじく

五月雨《さみだれ》にみなぎる池はかつまたのかつ水ありといはざらめやも

おなじく

勝間田《かつまた》の池は水なきみはらにて蘆《あし》かりほせど只野《ただの》にほせるこゝちこそすれ

春日観レ海

山水目前風帆横、海堧芳草毯塘平、只流転有二沙鷗睡一、緩々融々遺二歩行一、

（注）『葛飾誌略』より関連個所を記す。
一、寺内村。高二百五十一石七升四合。家数凡五十六七戸。
（注）杜若。とじゃく。ヤブミョウガの漢名。カキツバタのこと。
（注）『葛飾誌略』より関連個所を記す。
一、葛間田の池。当所（本郷村のこと）の池をいふ。此池は下総の名所にも出でて古き所也。此流下に二間田《ふたまた》といふ所あり。八雲御抄に「かつまたの池ははちすなし」と。又、万葉集にもありとも詠めり。題林抄に「かつまたの池は今は水なし」。云々。
一、景物。柳花、蓮、杜若、鴨、芦、鮎、つれなし草、堤并《ならびに》桶。堤かくれば水もなし。
万葉集。かつまたの池は我しる蓮なししかいふ君がひげ無きがごと　婦人。

家集。水なしと聞きてふりにしかつまたの池あらたまる五月雨の頃　西行。

是ははちすなし水なしと詠めるかつまたの池の談、奇也。されど、何となく水ある躰の歌も多くありといふ。又、万葉集のかつまたの歌は、下総国のかつまたには非《あら》ずともいへり。

千載集。池もふり堤崩れて水もなしうべかつまたに鳥もゐざらん　肥後。
一、下《お》り所《しょ》の池。此溜（葛間田の池のこと）をいふ也。是は昔、日蓮上人房州より仏法のために来り、此池より舟に乗りたりといふ。昔は此所より堀江村（行徳領堀江村のこと）

迄渡し有り。又、鎌倉迄出勤の武士の舟路なりといへり。

(注)『江戸名所図会』より関連個所を記す。

勝間田の池　同所船橋街道の道傍《みちのかたわら》にあり。此所も栗原本郷村の内なる故に、土民《どみん》本郷の溜池と唱《とな》ふ。池より東は寺内村と云ふ。池より西、小高き所に、熊野三所権現《くまのさんしょごんげん》の宮居《みやゐ》あり。萬善寺より兼帯奉祀《けんたいほうし》す。祭礼は九月十五日なり。

万葉

勝間田《カツマタ》之《ノ》池《イケ》者《ハ》我《ワレ》知《シル》蓮《ハチス》無《ナシ》然《シカ》言《イフ》君《キミ》之《ガ》鬚《ヒゲ》無《ナキ》如之《ガゴト》　新田部親王

右或ハ有リレ人聞テレ之ヲ曰ク。新田部新王《ニヒタベノミコ》出二遊シテ于堵裡《ミヤコノウチ》一御二見《ミタ》勝間田之池《マフカツマタ》一ヲ。感《メデ》二緒《タマフ》御心《ミコヽロ》之中一二。還リレ自リ二彼池一不レ忍ビ二憐愛一二。於レ時二語テ二婦人一二曰ク。今日遊行見ルニ二勝間田ノ池一ヲ。水影濤々。蓮花灼々。可憐断腸。不レ可カラレ得レ言フテ爾。乃チ婦人作リ二此戯歌一ヲ。専ラ輒チ吟詠スル也。

「勝地吐懐編《しょうちとくわいへん》」に、右和歌の註に、今日遊行《こんにちゆぎょう》勝間田池《かつまたのいけ》をみるとあれば、余国に出でぬ事しるべし。又堵裡《みやこのうち》に出遊《しゅつゆう》して勝間田の池を御見《みたまふ》ともあるは、万葉集堵《と》は都《と》の字に通ひたり。然《しか》れば平城京にて添下郡《そふのしもごほり》なるべしとあり。「八雲御抄《やくもみしょう》」範兼卿《のりかねきょう》「五代集類字名所和歌集《ごだいしゅうるいじめいしょわかしゅう》」等《とう》下総国とす。「清輔抄《きよすけ》」美作《みまさか》とす。「歌枕名寄《うたまくらなよせ》」もまた美作とす。考ふるに「良玉集《りょうぎょくしゅう》」に、初瀬《はつせ》へ参りけるに、勝間田の池をみて

朽《く》ちにたるくひなかりせば勝間田の昔の池とたれかみてまし　道済

とあるは、奈良に其便《そのたより》ありと云々。

千載

池もふり堤くづれて水もなしうべ勝間田に鳥も居《ゐ》ざらん　二條太皇太后宮肥後

後拾遺

鳥《とり》も居《い》で幾世経《いくよへ》ぬらん勝間田の池にはいひの跡だにもなし　範永

新拾遺

かつまたの池の心はむなしくて氷も水も名のみなりけり　寂然

歌枕

年を経て何頼《なにたの》みけん勝間田の池に生《お》ふてふつれなしの花　よみ人しらず

夫木

かつまたの池も緑にみゆるかな岸の柳の色に任せて　顕仲

同

尋ね来てかつみるから《原まゝ》に勝間田の花の陰こそ立ちうかりけれ　為相

家集

かつまたの池にはいかに杜若《かきつばた》水なしとてやにほはざるらん　慈鎮

同

下《した》はよも氷もあらじ降りつもる雪のみ深きかつまたの池　家隆

夫木

勝間田の池の氷もとけしよりやすの浦とぞ鳰鳥《にほとり》もなく　好忠

同

霜がれの蘆《あし》ばかりこそかつまたの池のしるしに立ち残りけれ　大貳

家集

勝間田の池に浮寐《うきね》の床《とこ》絶えてよそにぞすぐる鴨《かも》の群鳥《むらどり》　慈鎮

同

水なしと聞きてふりにし勝間田の池あらたむる五月雨《さみだれ》の頃　西行

新撰六帖

かつまたのいけには何ぞつれなしの草のさてしもおひにける身よ　知家

(注)『勝鹿図志手繰舟』より関連個所を記す。

勝間田の池。『萬集』には大和《やまと》と有《あり》。清輔説には美作《みまさか》といひ古き哥枕《うたまくら》、『八雲御抄』には下総と有。文字にかゝりていふとも葛飾郡《かつしかごおり》なるべし。さはいへ国をへだてゝ、同名の名所もあれば大和《やまと》・美作《みまさか》にもおなじ名の名所もあらん歟《や》。大和は勝間田の池の跡、薬師寺なりといへり。

家集　西行

水なしと聞てふりにし勝間田の池あらたむる五月雨の頃

かつまたの池をさして下戸溜井《をりと》と云《いう》。日蓮上人船へおりさせ玉《たま》ふ所なりと里人伝ふ。勝間田の下流一町余《あまり》南に一村有。二間《ふたま》田村《たむら》と云。今は俗《ぞくに》二股村と書《かく》。
（注）『千葉県東葛飾郡誌（二）』より。
勝間田池。葛飾村大字本郷の地、国道に沿うて池あり、今本郷溜と云ふ、池畔《ちはん》大樹の鬱蒼《うっそう》たるものなく、自ら幽玄の趣に乏しと雖も、碧潭凄滄頗《すこぶ》る神秘的の景致あり、これ古来勝間田池と称せり、此池又の名を下戸《オリト》溜水と云ふは日蓮上人船へおりさせ玉へる處《ところ》なるが故なり。下流一町余南に二俣あり、元は二間田なりきと、記して蛇足を添ふ。

◉大明神山《だいみょうじんやま》

高き松山にて、景地なる所也《なり》、尤《もっとも》、山野村《やまのむら》の内、浅間《せんげん》より前にて、乾方道端也《いぬいのかたみちばたなり》、社有《やしろあり》、此所《このところ》も暮には追《おい》はぎ出るといふ、

（注）『葛飾誌略』より関連個所を記す。
一、山野村。高貳百六十石六斗壹升六合。
（注）乾方。いぬいのかた。戌亥《いぬい》。戌と亥との中間の方角。北西。
（注）『船橋市史』前編より。

山野町旧山野村の発達。山野町、昔の山野村は旧西海神、今の海神西一丁目の西に隣りする旧村である。ここは此の付近では珍しくも、台地と丘陵と小さき幾つかの谷合とが入り交り、その谷合には上代から水田を開くことが出来、台地と丘陵との南、今の国道下の低地にも同じく上代から水田を開くことが出来たから、この付近の他の村落に劣らず最も古き時代から、人家聚落《しゅうらく》の発達したところである。（中略）山野町の地内には東の方海神町に接して南より北に入る細き谷入がある。此谷入はもと小字鎌ヶ谷津《かまがやつ》、蛇沼《じゃぬま》、浅間谷《せんげんたに》等に分れて居った。この内鎌ヶ谷津というは此の谷の頭で、旧西海神の地内である。ここに昔から大きな「カマ」があった。「カマ」というは、底も知られぬ泥深い穴の様な低窪地《ていくぼち》で、地中深くより絶えず冷水を滲出《しんしゅつ》するところである。この「カマ」があったから、この谷頭を昔は「カマヤツ」と呼んで居った。それが後に鎌ヶ谷津に転じたのである。この旧「カマヤツ」より湧出する水は流れて此の谷の中程最も低窪なところで停滞した。これを蛇沼という。この谷は入口を砂で塞がれて居ったから、水の流失が自由《まま》ならず、自然ここに停滞して此の池を作ったのである。しかし、この沼の水は流れて砂地の一端を突破し国道を横切り、国道南の田野に入る。此水の流れるところは大体旧山野村と西海神村との境である。今はこの流れ、幅は僅かに三四尺乃至《ないし》五尺ばかり、水もあえて清潔というわけではなく、河床も甚だしく汚れた小溝であるけれど、此の流れを太刀洗《たちあら》い川、或は血洗い川と呼び、里人の間に一つの物語を伝えて居る。（後略）

このあとの『船橋市史』の記述は『葛飾記』の記述を引用しているので省略する。

◉富士浅間《ふじせんげん》 附駿河国《するがのくに》不二山《ふじやま》の説、并《ならびに》秘書晁監《ちょうかん》の事

勝間田《かつまた》の池より巽方《たつみのかた》、海道《かいどう》の傍《かたわ》ら松の多有《おおくあ》る高き坂山也《なり》、但《ただし》大明神山の方《ほう》松多く茂る尤《もっとも》、此所《このところ》は山野村《やまのむら》と云《いう》、大社《たいしゃ》にはあらず、此所《このところ》も又《また》能景地也、別当《べっとう》山野村延命院《えんめいいん》毎年六月朔日《ついたち》、葛西篠崎村《かさいしのざきむら》浅間は、近在近郷より、陸船共に夥敷参詣有《おびただしきさんけいあり》て市《いち》立つ、又、当国稲毛村《いなげむら》浅間、是《これ》も同日夥《おびただ》しく群集す、上総《かずさ》、房州《ぼうしゅう》をさかひて来《きた》れる市也、当社は篠崎村の富士有故《あるゆえ》に群集はせず、然《しかれ》ども、近隣在辺より、其最寄最《そのもよりも》寄《より》にて詣《もうで》るもの夥敷也《おびただしきなり》、此《この》浅間は海辺にて、殊《こと》に高き故、障《さわ》る隈《くま》なく、駿河国《するがのくに》の富士山能《よ》く見ゆる山也、是幸《これさいわい》と謂《いい》つべし、抑《そもそも》、駿河国富士浅間と申奉《もうしたてまつ》るは、御神体は木花開耶姫尊《コノハナサクヤヒメノミコト》、地神三代彦火瓊々杵尊《ヒコホノニヽギノミコト》の御后妃、彦火々出見尊の御母后《おんははご》也、則《すなわち》、御山《おやま》は人皇六代孝安天皇の即位九十二年庚申歳《かのえさるのとし》六月朔日《ついたち》、一夜の中《うち》に湧出《ゆうしゅつ》す、同七代孝霊天皇即位五乙亥年《きのといのとし》、近江国《おうみのくに》の山陸、一夜の中に陥《おちい》りて、湖水出来《しゅったい》す、同十二代景行天皇十庚辰年《かのえたつのとし》、同所竹生島、金輪際《こんりんざい》より出《しゅっ》生《しょう》す、乃《イマ》し年代記に載《の》する所、如レ斯也《かくのごとくなり》、爾《しか》るに、余《よ》幼年の頃より此説を會《かつ》て信ぜず、若《もし》国土出《で》来《き》て後、然《しか》も人王に至《いたり》て湧出《わきいで》るならば、俗に云《いう》、湖水陥《おちい》り一夜の内《うち》不二山と成《なる》と云《いう》は、時代前後相違の故か、幼年未《ようねんはいまだしらず》レ知前より會《かつ》て不レ信《しんず》大地裂《さけ》て泥土《どろつち》を涌出《ゆうしゅつ》す事、蟹《かに》の泥《ヒヂリコ》をはみ出すが如《ごと》く、生類《しょうるい》の成《な》せるわざにや有《あら》ん、中華《ちゅうか》より蓬莱山《ほうらいさん》と云《いわ》ば不二の事なるは、

犬打童《いぬうちわらべ》迄《まで》も知所也《しるところなり》、黿鼉《げんだ》の甲《こう》に蓬莱山を負《お》ふと云時《いうとき》、南海の大黿鼉《だいげんだ》、富士山をはみ出し出所《しゅっしょ》を失ひ、負レ甲《こうをおう》より外《ほか》は有《ある》べからず、と道理を以《もっ》て覧《み》る所に、元文《げんぶん》五庚申《かのえさる》（一七四〇）三月中、江府《こうふ》へ富士山吉田口の御師中《おしちゅう》より札《ふだ》を建《た》て、是《これ》をしらしむるは、不二山は天地開闢《かいびゃく》よりの自然湧出《ゆうしゅつ》の御山也《おやまなり》、人皇六代孝安帝の御宇《おんう》、雲霧《うんむ》披《ひら》けて、始めて人眼に入《い》ると也、然《しか》れば、湧出《わきいで》たると云《いう》は虚説《きょせつ》、愚夫賤奴《ぐふせんど》の俚諺《りげん》とする也、愚按《ぐあん》ずるに、人王六代初《はじめ》て雲霧ひらけて、人眼に入《い》ると云事《いうこと》、又不審也、是は孝安帝の御宇《おんう》、先達《せんだつ》の行者有《ぎょうじゃあり》て、神代《じんだい》の人の山禅定《ぜんじょう》を改《あらた》めて、始《はじ》めて不二山禅定《ぜんじょう》すといふ事ならん、俗に云切《きり》替《かえ》て《もっ》と云事此事を伝聞《つたえきき》て、秦《しん》の徐福来朝《じょふくらいちょう》せしならん、又湖水は、孝霊帝の御宇《おんう》、改めて初《はじめ》て舟船《しゅうせん》を以て渡海すと云事なるべし、尤《もっとも》、舟は弘法大師《こうぼうだいし》自ら御履《おんはきもの》を以《もっ》て考へ出し給《たま》ひ、教へ給ふ、則沓《すなわちくつ》の形の舟《ふね》也、此故《このゆえ》に、周《まわ》り周りの高山下風《たかやましたかぜ》の難を遁《のが》る丶と也、竹生島は、景行帝の御宇《おんう》、始《はじめ》て革《あらた》めて島上へ人跡通ふと云ふ事なるべし、又、宝永三丁亥《ひのとい》の年《とし》（一七〇六）十一月廿三日《にじゅうさん》より一七日の間、関東砂降る、是は頂上より地底に洞窟の路有故《みちあるゆえ》に、沙陛彝《さへいツネ》に陰精熱《ねっ》し沸《わ》く、則《すなわち》、天地の運動に依《よっ》て歊《きょう》したる事、上古《じょうこ》より初て最上の希有《けう》也、是尋常《じんじょう》の事に非《あら》ず、天地人の三才同根なる故に、古《いにし》へよりの、朝敵《ちょうてき》、叛逆《はんぎゃく》の人の籠《こも》れる怨念《おんねん》を吹出《ふきだ》したる成《なる》べし、大友の王子、平親王将門《たいらのしんのうまさかど》、伊予掾藤原純友、藤原恵美押勝、蘇我入鹿《そがのいるか》、筑紫熊襲《くまそ》の大将川上の梟師《きゅうし》、賊の首領伊賀寿丸、其外《そのほか》平家一党、幷《ならびに》島原、天草等《など》の怨念ならむか、右は富士浅間の因《ちな》みに記レ之畢《これをしるしおわん》ぬ、又、亀の甲に蓬莱山を負ふと云《いう》に付て、思ひ出せる事侍《はべ》り、

送三秘書晁監還二日本一　　王　維

積水不レ可レ極、安知滄海東、九州何処遠、万里若レ乗レ空、向国唯看レ日、帰帆但信レ風、鰲身映レ天黒、魚眼射レ浪紅、郷樹扶桑外、主人孤島中、別離方異域、音信若為通、

此《この》詩《し》は唐詩選（又訓解も同じ）に出《い》づ、略註に曰《いわ》く、秘書晁監《ちょうかん》は日本人遣唐使《けんとうし》なり、（即《すなわち》安倍《あべの》仲麿《なかまろ》なり）唐の貞観《じょうかん》の初め、唐朝に入《いり》て諸経《しょきょう》を授《さずか》り、聖賢《せいけん》の業《わざ》を肆《ナラフ》、久しく止《とどま》つて後、日本に還《かえ》らん事を請《こ》ひ、帰られしに、其時に、唐朝の王維名残《なごり》を惜《おし》み、餞別《せんべつ》に送られたる詩也《なり》、此詩は排律《はいりつ》とて句数多く対する、古詩は句数不定格、不定、恒《つ》ネは皆《かい》八句、律《りつ》四句、絶句《ぜっく》計《ばか》り格を能《よく》定めて作る也、同略註に曰《いわ》く、列子に曰《いわく》、渤海《ぼっかい》の東《ひがし》五山有《あり》、岱輿《たいよ》、員嶠《いんきょう》、方壺《ほうこ》、瀛洲《えいしゅう》、蓬莱《ほうらい》、是皆《これみな》仙人の居《い》る所、五山の根連《れん》着《ちゃく》なし、湖《みず》に随《したがい》て西極《さいごく》に流《ながれ》ん事を恐れて、則《すなわち》、上王帝、策強《さくきょう》（又禺強《ぐきょう》とも）と云神《いうかみ》に命じて、巨鰲《キョガウ》十五を以《もっ》て、首を挙《あげ》て是を戴《いただ》かしむる故《ゆえ》、始めて動《うごか》すと也、其《その》五山の中は、皆《みな》客殿楼閣《ろうかく》は、金玉《きんぎょく》を以て鏤《ちり》ばめ、僊聖《せんせい》是に居《い》れり、然《しか》れども、右のごとく湖波《みずなみ》に泛《うかべ》て、常に上下往来して、少時も駐《とどま》らず、依《よっ》て、神に命じて、天帝より動かざるやうにせられしと也、鰲《おおうみがめ》の甲に蓬莱山を負ふとは、是よりして云也、同註に曰《いわく》、日本に如意宝珠《にょいほうじゅ》あり、其色青く、大《おおき》さ鶏卵のごとし、夜光り有《あ》り、是魚眼の精なり、といへり、則、難波《なにわ》の生玉明神《いくたまみょうじん》の御神体の生玉抔《など》ならんか、又、同註に日本を扶桑国《ふそうのくに》と云《いう》は、往昔《おうむかし》、大成桑樹有《だいなるそうじゅあり》、樹《き》ノ長数千丈《ながさすうせんじょう》、三千余国両樹同根にして、相依《あいよりて》倚《い》す、故に扶桑国と云と也、右は永々しけれども、粤《ここ》に著《あらわ》し訖《おわん》ぬ、

（注）巽方。たつみのかた。南東の方角のこと。辰と巳の間。

（注）葛西篠崎村《かさいしのざきむら》浅間。『江戸川区の史跡と名所』より。
浅間神社。東京都江戸川区上篠崎一―二十二―三十一。天慶《てんぎょう》元年（九三八）五月十五日創建、区内で最も古い神社。祭神、木花開耶姫命《このはなさくやひめのみこと》。天慶三年（九四〇）平将門の乱を鎮めるため平貞盛が将門降伏《こうぶく》の祈願をこめ、金幣と弓矢を奉納したと伝えられる。

（注）黿鼉。げんだ。あおうみがめとわに。

（注）先達。せんだつ。せんだち。修験者の峰入などの先導者。案内者、先導者。その道の先輩。先学。

（注）禅定。ぜんじょう。修験道で富士山・白山・立山などの霊山に登って修行すること。

（注）宝永《ほうえい》三丁亥年《ひのといのとし》十一月廿三《にじゅうさん》日より一七日の間、関東砂降る。この記述の日にちが違っていて、宝永四年（一七〇七）十一月二十日から富士山が噴火し宝永山ができる。江戸に降灰一～二寸。船橋で一坪に砂一升。二十三日昼から二十六日まで焼砂降り止まず（『明解行徳の歴史大事典』その他『折りたく柴の記』など）。

（注）排律。はいりつ。漢詩形の一。六韻十二句が正式だが、短いものは十句、長いものは五十韻、百韻のものもある。唐代に確立。長律。

（注）渤海。ぼっかい。八～十世紀、中国東北地方の東部および朝鮮半島北部あたりに起こった国。唐の文化を模倣し、高句麗の旧領地を併せて栄え、七二七年以来しばしばわが国と通交。十五代で契丹《きったん》に滅ぼされた。六九八～九二六。

（注）『葛飾誌略』より関連個所を記す。
一、富士浅間社。当村鎮守。一帯の松林也。駿州富士山勧請。別当——。
（注）『船橋市史』前編より。

旧山野村の社寺。浅間社は今の山野町の東辺海神町に近き砂山の上にある。（中略）この山野浅間は船橋五日市砂山浅間、稲毛浅間、葛西篠崎浅間と並べて、此の付近では早くから最も有名であった。その祭日は篠崎浅間や、稲毛浅間ほどには盛んではなかったが、近郷近在より夥しき人出であったという。この社地は此のあたりでは最も高き地点で、境内には古松も多くあり、富士山展望の景は此の付近随一である。元禄の頃（一六八八〜一七〇三）は正覚寺が此の社の別当であったが、近代は延命院が代って是れを勤めて居った。社地は前に述べた如く、元禄年中には三反七畝十歩あった。しかし今の社殿はあえて立派という程のものではない。明治維新船橋戦争の際、脱走兵の隊長江原鋳三郎は戦い敗れて此の山中に隠れたことは既に述べた通りである。

◉太刀《たち》洗水《あらいみず》

附土の牢《ろう》の事

浅間《せんげん》より少し東巽方《たつみのかた》、海神村《かいじんむら》の入口也《なり》、山より海辺へ流《なが》る丶清水《しみず》を云《いう》、其源《そのみなもと》は蛇《ジャ》沼と云所《いうところ》より水来《きた》り落《おち》る也、尤《もっとも》、海道《かいどう》に小橋《こばし》を渡す、此《この》清水、昔 源 頼義公《みなもとのよりよしこう》太刀を洗《あらわ》れし水也と云伝《いいつた》ふ、然共《しかれども》、頼義公は奥州攻《おうしゅうぜめ》の道筋なれば、此所にては有《ある》べからず、是は、源 頼朝公相模国《みなもとのよりともこうさがみのくに》より安房国《あわのくに》へ渡り、上総《かずさ》、下総《しもうさ》を随《したが》へて、隅田川の渡りへ懸《かか》り、此所《このところ》を通られし事有《あ》れば、是則《これすなわち》頼朝公の事ならん、其節《そのせつ》市川の渡りへ舟橋掛《ふねはしかか》りし事、東鑑《あずまかがみ》に《の》載す、舟橋掛りし事、前《さきの》国分の所に記す 又、此所の近隣に前貝塚村《まえかいづかむら》と云所《いうところ》有《あ》り、此所の山の腰に洞穴《どうけつ》二ツ有り、是は、昔戦場の時、大将の此洞《このほら》の中に隠れ居《い》られしと也、定《さだめ》て国府台合戦《こうのだいかっせん》の時なるべし、土の牢《ろう》とも見ゆる、何者を込《こ》めしにや、又、昔の下屋敷等《しもやしきなど》にて、科人《とがにん》を籠《こ》めし事も有《ある》にや、洞《ほら》の口一ツは大《おおき》く、又一ツは小《ちいさ》し、此ちいさき方《ほう》の中は余程広く、口究《きわ》めて窄《せま》し、此中に入《い》れば必ず人死《ひとし》する故《ゆえ》、入《い》る者會《かつ》てなし、又、口の広き方《ほう》は、近来、此所の百姓、ある日畑を返さんと、鍬《くわ》をかたげて何心なく洞《ほら》の奥の方を掘り見る時、人骨抔《など》掘出し、又、昔焼《むかしやき》の花瓶《かびん》の壺《つぼ》を掘出したり、中に黄金有《あり》て、頓《ぬかずき》て持《もち》て家に帰りけるに、何《いず》れの世埋《よう》みたる事を知らず、瓶《かめ》は、唐津焼《からつやき》か信楽焼《しがらきやき》等の、世に恥かしからぬ上焼《じょうやき》也と云《いえ》り、今《いま》中山の大坊へ納めて有《これ》レ之《ある》よし、扨《さて》、黄金は性朽《しょうくち》て用に立たざりしか、

（注）『ふるさとの地名―船橋の地名の由来を探る―』より。
海神村。かいじんむら。海神と西海神は江戸時代～明治には全く別の村であった。海神は船橋海神とも呼ばれ、船橋宿の一員であった。一方西海神の方は行徳海神とも呼ばれ、山野・印内と共に栗原八ケ村の一つであった。この両村は明治二十二年（一八八九）の町

村制施行時に海神は船橋町に、西海神は葛飾町に入った。その後、昭和十二年（一九三七）の船橋市誕生時には、両地区ともそれぞれ一員となり、十五年（一九四〇）の新町名設定では五つの町名に分割され、昭和四十一、四十二年（一九六六〜六七）には過半が住居表示替えとなった。この昭和の地区の変動は非常にこみいっており、一々書き切れないほどである。海神の語義については次の伝説が有名である。（中略）日本武尊《やまとたけるのみこと》が当地へ賊徒平定にやって来た時、海上に光り輝く船があり、近づいて見ると柱に神鏡が懸かっていた。それを浜へ持ち帰って祀った場所が海神である。（中略）ただし、これはあくまで伝説である。海神は文字通り海の神を祀る神社から起ったものであろうし、日本武尊の伝説からは、海を越えてやって来る漂流神が連想される。海神の入日神社、西海神の竜神社はいずれも、参道が海から続いており、この両社もしくはどちらか一社が海神の地名の起源であろう。両地区に関する江戸時代以前の古文書は知られていないが、古代にさか上る地名と考えられる。

（注）『葛飾誌略』より関連個所を記す。

一、船橋海神村。高二百五石六斗三升壹号。東同三百間有りといふ（同とは船橋海神宿の長さのことをいう）。

（注）蛇《ジャ》沼。「大明神山」の項の（注）『船橋市史』前編「山野町旧山野村の発達」で記しているので省略する。

（注）『ふるさとの地名―船橋の地名の由来を探る―』より。

前貝塚・後貝塚。千葉県は全国一貝塚の多い県である。原始・古代の遺跡である貝塚は、全国で三千余り知られているが、その二割近くが千葉県にある。今回紹介する前貝塚・後貝塚（旭町）も、縄文時代の貝塚があることから付いたと考えられる村名である。前貝塚は塚田小学校東方と旧集落北西の墓地周辺にあり、後貝塚の貝塚は熱田神社の東南にある。いずれも縄文時代中・後期（約五千～三千年前）の貝塚と推定される。地名の「前」「後」は海側から見た位置で付けられているから、かなり古い時期の地名であろうが、起源は不詳である。船橋・鎌ヶ谷地方には、この外にも貝塚に因む地名が何ヶ所かあるが、江戸時代の村名になったのは、この両村だけである。前貝塚・後貝塚とも現在に続く集落の起源は、古代～中世のある時期であろうが、現時点では想像の域を出ない。室町時代には両地区とも中山法華経寺の影響を受け、日蓮宗地区となったようである。江戸時代には前貝塚村は幕府代官領、後貝塚村は旗本遠山氏の知行地とされた。明治二十二年（一八八九）には塚田村が成立すると両村はその大字となった。やがて昭和十五年（一九四〇）の船橋市新町名設定の際、前貝塚は前貝塚町となり、後貝塚は旭町と改称した。「旭」は鎮守熱田神社の祭礼日の十月九日からとったのだそうである。地名の「後・下・裏」字は敬遠されるようになったという典型例であろう。旭町は平成三年（一九九一）住居表示により旭町一～六丁目となった。

（注）唐津焼。からつやき。唐津市およびその付近で製する陶磁器の総称。天正《てんしょう》年間（一五七三〜九二）に始まるといい、文禄《ぶんろく》・慶長《けいちょう》の役後《えきご》渡来した朝鮮陶工によって多くの窯《かま》が開かれた。素朴で、自由奔放《ほんぽう》な作風が殊《こと》に茶人に賞される。

（注）信楽焼。しがらきやき。信楽地方から産出する陶器。わが国最古の陶窯《とうかま》の一つで、古く天平宝字《てんぴょうほうじ》（七五七〜六五）年間にさかのぼるといわれ、農具や雑器を製出。室町時代に及んで茶器として採用され、種壺・雑器から茶器類を作るに至った。

（注）『江戸名所図会』より関連個所を記す。

洗川《あらいがわ》　栗原と船橋との間、街道を横切りて流るゝ小川を号《なづ》く。血洗川《ちあらいがわ》とも称せり。千葉《ちば》満胤《みつたね》意富日神社《おほひのじんしゃ》へ神領寄附の状には、洗川とばかりあり。伝へ云ふ、右大将頼朝卿征夷大将軍の宣旨《せんじ》を蒙《こうむ》られし後は、其威勢実《まこと》に草木も靡《なび》くばかりなり。されど意富日神社《おほひのじんじゃ》の神官のみ、累代天子《るいだいてんし》勅宣《ちょくせん》にして、武門幕下にあらずとて、度々《どど》の催促ありしかども、是に応ぜず。故に頼朝卿　憤　甚《いきどおりはなはだ》しく、船橋六郷の地を葛西三郎清重にたまふ。清重此地に入らんとすれども、神人及び六郷の農民等《ら》、三神《さんじん》の神輿《じんよ》を前に舁《か》き居《す》ゑ、西栗原に支へて防ぎ戦ひ、其乱《そのみだれ》さらに止《とゞま》らざりければ、終《つい》に神官治部太輔基義《しんかんじぶのたいふもとよし》、神輿《じんよ》の前にて腹掻《はらか》き切りて空しくなりぬ。其時の戦《たたかい》に、神輿穢《じんよけが》れたるを以《もっ》て、此川にて洗ひ清めけるよりして、血洗川とは呼びならはしけるとなり。或人云ふ、海神村《わだつみむら》の入口、浅間《あさま》より少し東の方の山より発して、船橋街道を横《よこぎ》り、海にそゝぐ。清水《しみず》の小流は源を蛇《へび》が淵《ふち》と号す。是《この》小川を太刀洗川と称す。伝へ云ふ、源頼義《みなもとのよりよし》の太刀洗水《たちあらいみず》なりと。按ずるに、此川の事を云ふならん歟《か》。又頼義此地に至る事をきかず。頼朝治承四年《じしょうよねん》（一一八〇）庚子《かのえね》十月、豆州《ずしゅう》石橋の戦《たたかい》敗れし後、安房・上総を経て、下総《しもうさ》の国府《こふ》にいたり給《たま》ふ事あり。疑ふらくは頼義は頼朝の誤《あやまり》ならん。

◉石《いし》芋《いも》 附片葉蘆《かたばのあし》

西海神村《にしかいじんむら》の内、阿取坊明神《あとりぼうみょうじん》の社《やしろ》の入口に有《あ》り、所《ところ》に云伝《いいつた》ふるは、昔弘法大師《こうぼうだいし》此所《このところ》を日暮《ひぐれ》て通らせ給《たま》ふに、ある家に立寄り、宿を借り給《たま》へば、嫗《おうな》一人有《あり》けるが、宿をかし参《まい》らせず、依《よっ》て、大師、其側《そのかたわ》らに植置《うえおき》ける芋を石に加持《かじ》し給《たま》ふ、其后《そのご》、嫗此《ウバこの》芋を掘出して喰《く》はんとするに、皆《みな》石と成《なり》、喰ふ事能《あた》はず、軈《やが》て皆此所へ棄《すて》しより、今に四時《しじ》共に腐《くさ》れずして、年々葉を生ずる也、又、同じ社《やしろ》の傍《かたわ》ら、田の中に残し有蘆《あるあし》は、皆片方《かたほう》へ計《ばか》り葉附《はつけ》り、是も同《おなじ》く大師の御加持《ごかじ》と云伝ふ、然《しかれ》ども、何方《いずかた》にも有《ある》よし、海辺の行留《いきどま》り、片方は山にて風を避《さえぎ》る故、片方へばかり葉附くならん歟《や》、丹後《たんごの》国与謝《くによさ》の入海《いりうみ》にも、松にて似たる事有《あ》り、是は都恋《みやここい》しの片葉松《かたばのまつ》と云《いう》、都の方《かた》へ計《ばか》り松枝皆附《みなつけ》り、切渡の文珠の前の海岸也、天の橋立といふ松原一里、海中へ出張《でば》れり、

（注）嫗。おうな。オミナの音便。年とった女。ろうじょ。
（注）弘法大師。こうぼうだいし。空海の諡号《しごう》。諡号とは生前の行いを尊び死後に贈られる称。弘法とは仏法をひろめること。
（注）媼。うば。老女。老婆。おうな。
（注）加持。かじ。供物・香水・念珠などを清めはらう行為。真言密教で、印を結び真言を唱えること。
（注）四時。しじ。一年中の四時。春夏秋冬。四季。
（注）丹後国。たんごのくに。旧国名。今の京都府の北部。
（注）天の橋立。京都府宮津市宮津湾の砂洲。日本三景の一。延長約三キロの白砂の松林で、成相山・傘松からの縦一文字と大内《おうち》峠からの横一文字の景色はとくに有名。
（注）『葛飾誌略』より関連個所を記す。
一、西海神村。西東あり。高二百七十九石二斗五合。塩浜高——。西海神宿長さ四百六十六間（西海神村を西、船橋海神を東と呼んでいた）。
（注）『葛飾誌略』より関連個所を記す。
一、石芋。龍神宮の前に細流有り。里人云ふ、昔、弘法大師教化のため、此国遍路の時、此所を通る。一人の慳貪婆《けんどんばあ》、此川にて芋を洗ひけるを、大師芋一つと所望有り。石芋にて

喰はれずと答ふ。大師、然《しか》らば用なしとて行き給ふ。其後にて終日煮ると雖《いえど》も煮えず。依て此流れへ捨つ。千歳《ちとせ》の後の今も年々青葉を生ずるは、奇なる事也。

一、片葉芦。此少し東の流れにあり。風の吹き廻しに因るものか。難波にも伊勢にも有る由。

（注）『江戸名所図会』より関連個所を記す。

石芋　当社（阿須波《あすは》明神祠《みょうじんのみや》のこと）の入口にあり。里諺《りげん》に云《いわ》く。往古《むかし》弘法大師《こうぼうだいし》東国化度《とうごくけど》の時、日ぐれに及びて此所を通らせられ、とある家に入り給ひて、一宿《しゅく》を乞ひ給ふに、其家に一人の老嫗《おうな》ありて、是を許しまゐらせず。大師邪見《じゃけん》の輩《ともがら》を教へ導き給はん方便とにとて、その家の傍《かたわら》の芋を加持して、石となし給ふとぞ。此故に其芋四時《しいじ》ともに腐れずして年々《としどし》に葉を生ずとなり。

（注）『勝鹿図志手繰舟』より関連個所を記す。

海神村石芋　鎮守龍神の祠の前に有《あり》。昔弘法大師此村の老婆の家に立よらせ玉《たま》ひしに芋の羹《あつもの》を煮ゐたり。大師乞せ玉ひしには石芋のあつものにて人の喰うべきものにあらずと答ふ。大師さり玉ふ。老婆かのあつものをくらはんとせしに実に芋石となりて喰ふべからず。すべて清水に捨る。其まゝ芽を生じ葉ひろごり四時枯《かれ》ず。千歳の今も霜雪のうれひをしらず。俗語なれども不思議なる故、因《ちなみ》にここにしるす。按に海神村の猟師、上古よりして（日本武尊の危難を救ひ参らせて今世までも魚猟師のこれり。『日本記』に）海神の女を娶《めと》らせ玉ふとあるも猟師の女と覚ゆ。海神は海人《かいじん》也。又海人《あま》と訓ず。猟師也。すべて人を神といひたるは『日本書紀』撰れし舎人親王《とねりしんのう》の上古尊敬の文勢たるべし。日本を神国と云ひたるも『三代実録』に至て初て出たるよし。貞観《じょうがん》十二年（八七〇）十五日ノ告文ニ曰《いわく》。我朝乃《ハカミカド》神国《カミノクニ》止《ト》憚《ハヽカ》良《ラ》礼《レ》来《キタ》礼《レ》留《ル》故実《モノマコト》云云。しかれば海神村は海人村にて昔よりの漁村と見へたり。

◉阿取坊大明神《あとりぼうだいみょうじん》

附和歌

同村（西海神村）に有《あ》り、船橋より少し前、是《これ》竜神也《なり》、此故《このゆえ》に所《ところ》を海神村《かいじんむら》と云《いう》、入江の汀蘆《なぎさあしの》間《あいだ》に鳥居立てる所、此御神《このおんかみ》の鳥居也、此所は海際《うみぎわ》、其間《そのあいだ》田有《あり》て少し隔《へだ》つ、沙喝羅《シャカツラ》竜王、春日《かすが》、鹿島《かしま》御同体也、又彦火々出見尊御一座《ごいちざ》ならん、此祭祀《さいし》は俗に芋町《いもまち》と云《いう》、芋を夥敷振舞《おびただしくふるまい》賞味すと也、

小柴《こしば》さす、歌林良材《かりんりょうざい》にいはく、下総国阿取坊《しもうさのくにあとりぼう》の宮と申す社《やしろ》の誓《ちか》ひにて、小柴を立て祈る事あるをいふ、

万葉集廿　　若麻続部諸人《わかをみべのもろひと》

庭なかのあすはの神に小柴さしあれは祝ん帰りくまでに

俊《しゅん》成《ぜい》卿《きょう》

今さらに帰らざらめやいちじるきあすはの宮にこしばさすとも

よみ人しらず

別るれどあすはの神はかへらなん手向《たむけ》をつとに小しばさしつゝ、

古《いにし》へは、小柴とて萩《はぎ》の折箸《おりはし》を小《ちいさ》く結《ゆい》て立てゝ、恋を祈《いのる》、又夫婦の中を祈りしよし、今も、葛飾《かつしか》郡《ごおり》の内、右の如《ごと》く小柴をゆひて、疥《タムシ》、禿風《シラクモ》、齲歯《ムシバ》等《など》の病を祈る事は絶へず是有《これあ》る也、利生《りせい》を得ずと云事《いうこと》なし、惣《そう》じて、葛飾郡の中《うち》、海辺は御類神《ごるいしん》にて、皆御同軀《みなごどうたい》也、祈る事、右の社のみに限らずと覚《おぼ》へたり、鎮守の外、右《みぎ》御類神と思《おぼ》しき多し、又、芋町といひ伝ふるは、昔入海真間《いりうみまま》の下まで続き、田地に成《な》らざる以前は、半ば湖水也、則《すなわち》、舟逍遥《しょうよう》し参詣有《あり》し所と覚へたり、八幡《やわた》の生姜待《しょうがまち》の如《ごと》く、芋を商《あきな》ひしなるべし、又、夫婦の神なれば、妹背《いもせ》と云《い》ふ理《ことわ》りにて、いもを賞するや、片方は山にて、常陸国息栖《ひたちのくにイキス》の辺《あたり》颯々《サッサ》川の景所と同じかりしなるべし、則《すなわち》、鳥居は鹿島の大船渡《おおふなと》のごとく也、右の歌、あれはいわはんは、吾は祝はんなり、

（注）小柴。こしば。小さい柴。柴は、山野に生える小さい雑木《ぞうぼく》。また、それを折って薪や垣にするもの。そだ。しばき。ふし。

（注）疥。タムシ。はたけ。皮膚病の一種。顔面・顎などの皮膚にできた白色の斑紋が乾燥

してかさかさになったもの。
(注)禿風。シラクモ。たむしに類する皮膚病の一種。小児の頭髪部に硬貨大の円形斑が漸次拡大、患部は灰白色の粉末状の鱗屑《りんせつ》で覆われ、毛髪が脱落。はげ。
(注)妹背。いもせ。愛し合う女と男。夫婦。妹と兄。姉と弟。
(注)常陸国。ひたちのくに。旧国名。今の茨城県の大部分。常州。
(注)『勝鹿図志手繰舟』より関連個所を記す。

阿取防《(ママ)》神社　在海神村

萬葉　　俊頼《(ママ)》

には中のあすはの神に小柴さしあれはいはゝん帰りくまでに

　小柴さすとは昔萩の折箸《おりはし》を結立《ゆいた》て恋をいのりしよし古哥《こか》にも見へたり。

(注)『江戸名所図会』より関連個所を記す。

阿須波明神祠《あすはみょうじんのみや》　西海神村《にしわだつみむら》にあり。禅宗大覚院《だいかくいん》奉祀す。娑竭羅龍王《しゃがらりゅうおう》を祀ると云ふ。故に此地を海神《わだつみ》とは称せりといへり。耕田《こうでん》と道路とを隔てゝ、海汀《かいてい》に向って華表《とりゐ》を建つる。九月四日を祭祀の辰《しん》とす。此日芋を食するを旧例とす。補 故に土人芋祭《いもまつり》と呼びならはせり。当社に小柴《こしば》さすと云ふ事あり。旅だゝんとする人、首途《かどで》に此阿須波《あすは》の御神《おんかみ》に小柴を奉《たてまつ》りて、長途《ちょうと》の安全を祈りまゐらすると云ひ伝ふ。[歌林良材]に下総国阿須波宮とまをす社は、神の誓《ちかい》にて小柴を立てゝ祈る事あるを云ふと云々《うんぬん》。

萬葉集

爾波奈加能阿須波乃可美爾古志波佐之阿例波伊波々牟加倍理久麻弖爾《ニハナカノアスハノカミニコシバサシアレハイハヽムカヘリクマデニ》

帳丁若麻続部諸人

新千載

頼むぞよあすはの宮《みや》にさす柴のしばしが程もみねば恋しき

補 法印定為

名寄

今さらにいもかへさめやいちじるきあすはの宮に小柴さすとも

俊頼

わかるれどあすはの神はかへらなん手向《たむけ》をつとに小柴さしつゝ

よみ人しらず

◉天《あ》マノ摩《ま》山《やま》ン

附田原藤太の事、舟橋の内、山谷辺也《あたりなり》

船橋町、東照権現様《とうしょうごんげんさま》御成跡《おなりあと》御殿山《ごてんやま》より西北、海道《かいどう》より少し山寄りに有《あり》、往還の左方也《ひだりのかたなり》、沼池の名を天《あ》マの摩《ま》と云《いう》、のまとぬまと通ふ故、号《なづ》けたるなるべし、則是《すなわちこれ》を寺の山号とす、昔此所に、田原藤太秀郷《ひでさと》、相馬の将門《まさかど》を滅さん為に、先人を懐《ナツク》る謀《はかりごと》に、寺一宇《いちう》を建つ、臼井《うすい》、佐倉、舟橋等《など》、始《はじめ》は将門の旗下成《きかなり》しが、後《のち》秀郷の方《ほう》へ入《い》る、前太平記 是等《これら》の為に、右謀《みぎはかりごと》を用ひられしと見へたり、則《すなわち》、弘法大師《こうぼうだいし》の御作《おんさく》成田山の不動尊を以《もっ》て調伏《ちょうぶく》せられしは、この所也、後に寺廃壊《はいかい》して名のみならんとする時、中興其謂《いわ》れの由蹟《ゆいせき》末世へ伝はらざらん事を悲み、則、春日《かすが》の作金剛界《こんごうかい》の大日如来《だいにちにょらい》を瓦馬の背《せな》カに収め、其堂舎の跡に埋め置く、其後、此所の沼の辺《あたり》より、夜な夜な光明を放ち、其光り電光稲妻のごとし、諸人是を奇《あや》しみ居《い》る処《ところ》に、此所の長《お》サ開発の百姓に、小宮彦左衛門といふ人于今《ここに》代々役人云ルに夢想の告有《つげあり》て、則《すなわち》此所を掘《ほり》て見れば、地に入《い》る事七尺にして、六尺四方の唐櫃《からびつ》を得たり、蓋《ふた》を披《ひら》きて見れば、瓦《かわら》の馬有《あり》、其《その》背をひらいて是《これ》を見るに、右の尊像儼然《げんぜん》としてまします、則《すなわち》寺を建て安置し奉《たてまつ》り、天《あ》マノ摩山ン善光寺と号《ごう》す、後又《のちまた》廃壊して、新たに建立する人なく、名のみ残れり、今は、其山号、寺号を、修験山伏《しゅげんやまぶし》の寮へ模《も》し、兼帯《けんたい》して右の尊像を守護し奉《たてまつ》る也、開発の時、尊像を得てより当寛延《とうかんえん》二年（一七四九）迄、大凡《おおよそ》三百八十年に及ぶ、委《くわ》しくは縁起に見へたり、右石《みぎ》の唐櫃も、尚《なお》此寺に宝物《ほうもつ》として有《これ》レ之《あり》、尼沼《あまぬま》の尊像を掘出せし所、其外若干、余程の田地屋敷を仏供料に寄附せられ有《ある》よし也、尤《もっとも》、右の瓦馬は、少しの松山へ納め置しが、雨雪の為に、年経て消失《きえう》せけると也、然共《しかれども》、其所にて諸人祈誓《もろびときせい》すれば、流行煩《はやりわずらい》の難を遁《まぬが》る、去《さんぬる》に依《よっ》て、其所の土を取て是を服すれば、病立《やまいたち》ドコロに癒《いえ》ると云《いえ》り、里人《さとびと》夥敷《おびただしく》詣《もう》ずる也、尤《もっとも》稲荷の小祠《しょうし》を祀《まつ》れりとぞ、又、秀郷の陣屋も、此辺《このあたり》に有《あり》けるならし、

又、右春日の作は、春日仏師の名也、父を稽文会と云、子を稽主勲と云《い》ふ、父は阿州春日部の人也、入唐して仏工《ぶっく》を習ふ、久く漢に有《あり》て、婚して稽主勲を生す、後に帰朝して春日の仏工を営む、後又、漢人稽主勲来朝して逢《ちちにあう》レ父、右二人の作を春日の作と申す由《よし》、京都三条の誓願寺《せいがんじ》の本尊阿弥陀如来は、右二人にて片々宛奉《つくりたてまつり》レ造、合せて出来《しゅったい》し奉ると也、是は年歴《としへ》て成長の

後なる故、吾子成事《わがこなること》を知らず、故に右の本尊を別家に有て、互に離れて片々づゝ奉ㇾ造《つくりたてまつり》リ、合せて相違なきを以《もっ》て、親子の印とせんと也、果して両辺合せて一体と成し奉り、毫末《ごうまつ》も差《タガ》はず、爰《ここ》に於て、互に疑ひなく親子なる事を知れりとなり、

（注）『葛飾誌略』より関連個所を記す。
一、御殿跡。九日市の表通り也。昔、東金御成りの節、御小休に御殿を立て、塩焼百姓を召出さる。御褒美被《くだ》ㇾ下《され》しも此御殿にての事也とぞ。

（注）前太平記。江戸歌舞伎の時代物における世界の一。俗史書「前太平記」に見える時代から取材したもので、源頼光の四天王が活躍する世界。

（注）金剛界。密教で説く両部・両界の一。大日如来を智慧の方面から明らかにした部門。大日如来の悟りの智慧は堅固で、一切の煩悩を破るからいう。

（注）調伏。ちょうぶく。心身を制御して煩悩や悪行にうちかつこと。密教の四種法の一で、五代明王などを本尊として法を修し、怨敵《おんてき》・魔障《ましょう》を降伏《ごうぶく》すること。人を呪い殺すこと。呪詛《じゅそ》。

（注）唐櫃。からびつ。脚のついた唐風の櫃。白木造りのほか、赤や黒漆塗に螺鈿《らでん》・蒔絵《まきえ》などで飾ったものがある。脚は四本または六本。脚のつかないものを和櫃《やまとびつ》という。衣服・甲《かっ》冑《ちゅう》・文書などを入れる。

（注）兼帯。けんたい。二つ以上の官職を兼ねること。兼任。かけもち。
（注）阿州。阿波国の別称。旧国名。今の徳島県。粟国。
（注）『船橋市史』前編より。

徳川氏の船橋御殿建設。古の武将は何れも狩猟を好み、鷹を放って鶴、雁等を捕ることを喜んで居ったが、徳川家康は特に其の愛好者であった。（中略）我が船橋にも此の種の御殿はあった。今も本町四丁目にある東照宮は即ち其の趾で、この付近一帯の地を今も御殿地または御殿山と呼んで居る。東照宮本殿のあるところは即ち将軍家御座の殿舎のあった跡だと伝える。この御殿屋敷は大きな土手で囲まれて居った。その面積は最初の検地で土手敷その他一切を合せて一町六反五畝二十四歩、この内土手敷五反四畝十歩と藪地六畝七歩合せて六反十七歩あった筈であるから、実際屋敷として用いられた平地は一町歩（約三千坪）ばかりであったこととなる。［宝永《ほうえい》四年（一七〇七）四月の絵図による］。しかし実地について是をはかれば、明治九年（一八七六）地租改正の際の測量で、字御殿地総面積四町三畝二十九歩余、この内七反歩余（二千百九十四坪九二）は最近まで水田で、昔は湿地であったから、約三町三反ばかりが御殿屋敷と是を囲む土手敷と藪地とであった。土手敷及び藪地の正確なる面積は今は分からぬけれど、大略一町歩以上あったものと見て、平地の御殿屋敷は二町歩（約六千坪）内外あったであろう。是を小杉あたりに比ぶれば相当に大きかった様であるが、東金に比ぶれば小さかった様にも思われる。（東金は昔の検地で「御殿跡平地凡三町歩程」と東金明細書にある。実際は是より遙かに多いであろう)。大体船橋旧御殿屋敷は今の四丁目と三丁目の境より起り、四丁目千五百三十番地より三十一番、三十三番、三十四番、三十五番にかけては、西側の境の土手敷であった。北は今の千五百二十八番地、二十九番地までで、この両番地は土手敷であった。その裏側より南に続いて今の御蔵稲荷に達する細長き地域も土手敷であった。この東側土手敷の外は海老川畔まで湿地帯であった。御蔵稲荷の周囲も、御殿地で、今までの市役所庁舎は全部御殿地内であった。その東方海老川万代橋の袂まで続いて同じく御殿地内であった。市役所裏通りより海老川畔にかけても土手があったらしい。即ち今の三丁目四丁目の境より海老川畔にかけて全部昔の御殿屋敷であったのである。今の万代橋より旧市役所の前面を通る道路は御殿屋敷の南に添うた道路で、旧国道より市役所に入る道路は、御殿表門の通りで、その東にある南北に通ずる道路は、御殿裏門の通りであった。また今の千五百六十五番地の角より北に通ずる道路は御殿屋敷の正中よりやや東に偏した場所である。今の東照宮は殆んど御殿屋敷の正中である。恐らく此処に将軍家の正殿があり、その周囲に各種の建物があったのであろう。ここはまた御台所屋敷など呼ぶ一郭もあったと伝える。恐らく元の市役所庁舎の辺より海老川畔までの間が御台所屋敷であったであろうか。ここは徳川家康を始め徳川将軍家が、上総東金のお鳥場及び佐倉附近に狩猟に出かける途中、また此の地方のお鳥場で狩猟する時など、休憩または宿泊する便宜の為設けた殿舎である。これと同じき殿舎は船橋と東金との中間、今の千葉市旧千城村金親にも営まれた。一説に此処は元は大神宮神主富氏の居宅であったが、徳川氏が御殿を建つる為上地せられて、富氏は田中という地に移ったともいわれる。なお、既に述べた如く、此処は御殿屋敷とならぬ遠き昔に、寺院と其の墓地のあった場所であろうか。明治十七、十八年の頃、畑地として開墾中貝殻と共に無数の人骨を発掘したと伝える。今もある五日市上宿西福寺後丘の五輪石塔と宝篋印塔とは御殿地北辺から移したという伝説もおぼろげながら残って居る。今は寺町景勝院にある正中元年《しょうちゅうがんねん》（一三二四～二五）の碑も、元は此処にあまり遠からぬ地にあったのだという。

◉東照宮ノ御社《おやしろ》

是《これ》も右同所《みぎどうしょ》、則《すなわち》、東照神君御成被レ為レ遊候跡也《おなりあそばされそうろうあとなり》、依《よっ》て、御殿山《ごてんやま》と申《もう》し奉《たてまつ》る、近年、此所《このところ》に東照宮の御社《おやしろ》を建立《こんりゅう》し奉り、幷山路等《ならびにやまみちなど》を切開《きりひら》き、桜の並木を植《う》へ、花麗《かれい》に成《な》し奉る、神明神主富大宮司大願主《しんめいじんしゅとびだいぐうじだいがんしゅ》にて、江戸浅草に富《とび》の会を建て、此《この》助成を以《もっ》て、自己の神明宮共に段々出来《しゅったい》し奉る也、

(注)東照宮については前項の『船橋市史』前編の引用で済ます。御殿山も同じく。

(注)『千葉県東葛飾郡誌(二)』より。

無格社東照宮。九日市御殿地にあり、徳川家康公及び秀忠公を合祀す。寛永《かんえい》四年(一六二七)船橋御殿の廃せられたるにより、土民家康公秀忠公の功績を追崇して、其跡に社を営みたるものなりと云ふ。

(注)『船橋市史』前編より。

神主及び社家。この意富比皇大神功《おほひこうたいじんぐう》には、昔から神主富《とび》氏の下に、大禰宜《おおねぎ》勝見氏、小禰宜石上氏、及び宮野、佐久間、小仲井氏などの社家があって、代々神社に奉仕して居ったが、後には宮野、小仲井、石上、千葉など社家四人となった。この内勝見清胤、石上重高、宮野重之などの名は慶長《けいちょう》十三年(一六〇八)の棟札に出て居る。千葉氏は神主富良《とびよし》胤《たね》の末男胤春《たねはる》というもの、享和《きょうわ》年中(一八〇一~〇三)社家となり、古《いにしえ》の由緒により千葉氏の名跡を嗣《つ》いだのだと伝える。昔は社人の家も多く、それらの人々は大抵神社の東小《こ》字《あざ》宮ノ内というところに住み、皆少しずつの田畑屋敷を持ち農業を営んで居ったという。今は是等の社家の内神社と関係を絶ったものも多くある。(中略)昔の富氏の住居は誠に立派であった。船橋の里人はこれを船橋御殿と呼んで居ったという。文化《ぶんか》十一年(一八一四)の遊歴雑記《ゆうれきざっき》の記事に次の如くある。当社(船橋大神宮のこと)の神職を大宮司富主膳良胤と号し、営中に於て御連歌《おんれんが》の御用を勤む。世上には関東一の宮舟橋大宮司と称すれ共、土地にては舟橋御殿と称せり。いか様にも居宅皆瓦葺にて、戸口には悉く葵の御紋を付たり。昔文昭君《ぎみ》（徳川六代将軍家宣のこと）一日御止宿有しと云伝ふ。此御由緒を以てや、やね瓦に御紋を付、土人舟橋御殿と称するにや。（後略）

◉清水《しみず》が原

同《おな》じく山谷《さんや》の裏《うら》海辺なり、袖師《そでし》が浦のしみづが原とて、清水流《なが》る丶故云《ゆえいう》、是《これ》も享保年中《きょうほうねんちゅう》（一七一六～三五）、小宮山杢進殿《こみやまもくのしん》御代官御支配《おだいかんごしはい》の時、御新田《ごしんでん》に成《な》り、今は名のみ也《なり》、

◉夕日皇大神宮《ゆうひこうだいじんぐう》 附略縁起《りゃくえんぎ》、社領五十石

船橋町の鎮守也《なり》、海上より曛日《イリヒ》を受け給《たま》ふ故《ゆえ》に奉レ号《なづけたてまつる》、関東第一の神明宮也、鳥居大門道《とりいだいもんみち》は、上総海道《かずさかいどう》西《にし》坤《ひつじさる》向也《むきなり》、本社三社、中央天照皇大神宮《てんしょうこうだいじんぐう》、右は春日大明神《かすがだいみょうじん》、左は八幡宮《はちまんぐう》也、此《この》神明宮より見奉《みたてまつ》る時は、勢州《せいしゅう》山田は旭《あさひ》と可レ奉レ仰《あおぎたてまつるべき》也、八十末社有《まっしゃあり》、（近来再新に修造し奉る）牛頭天王の社有《あり》、毎年六月十五日祭礼有、屋台《やだい》を出す、当社は元《もと》五千石の社領也、後《のち》百分一に減少せらる、（但何《いず》れの代よりか未《いま》だ詳《つまびらか》にせず）

唯今《ただいま》、漸《ようや》く五十石の社領也、東鑑《あずまかがみ》に載《の》する下総《しもうさ》の御厨《ミクリ》と申《もうす》は、則《すなわち》当社の御事《おんこと》なるべし、元、社領の時の社人《しゃじん》の分、今は宮の内と云所《いうところ》名《な》と成《な》り、余程《よほど》広き民里《たみさと》也、社人の跡有《あり》て、少し宛田《あてでん》地《ち》屋敷を所持して、百姓を勤《つと》め居《い》る也、前《さき》の神主《じんしゅ》は平《たいら》ノ姓《せい》、富氏右近《とびしうこん》といふ、其次《そのつぎ》は、宝暦年中《ほうれきねんちゅう》（一七五一～六三）、官職昇進有《あり》て、吉田殿《よしだでん》より参内《さんだい》、中興を御免許《おんめんきょ》被《なしくだされ》二成下一、平ノ姓富氏《とびし》の大宮司と号《ごう》す、富は飛（トビ）也、飛《とび》八郎左衛門、矢作《やはぎ》新兵衛、御代川《みよかわ》源右衛門縁起ノ内、子孫残ル 抑《そもそも》当社の起りを尋ね奉るに、人皇十二代景行天皇第二の皇子日本武尊《やまとたけるのみこと》、東国に御下《おんくだ》りましまし時、此浦の沖にて難風《なんぷう》にあわせ給《たま》ひ、随《したが》ひ奉る橘媛《たちばなひめ》、御命《おんみこと》に代《かわ》り奉《たてまつ》り、竜神を宥《なだ》めんが為に海水に入水《じゅすい》し給《たま》ふ、依《よっ》て、御船恙《おんふねつつが》なく下総《しもうさ》の船橋の浦に着《つか》せ給ふを、折節《おりから》三人の猟師有《あ》りて、供御《ともご》を備へ奉り、御宿《おんやど》なし奉《たてまつ》る、今に伝はる、富《とび》、矢作、御代川の氏《うじ》三人是《これ》なり、其後、御帰路《おんきろ》ましまして、御恩賞《ごおんしょう》に、神明に所領を御寄附《ごきふ》ましまして、三人の内一人神職《しんしょく》に附《ふ》させ給《たま》ふと也、但、飛ぶが如《ごと》く欠付《かけつけ》たりとて、トビと苗字《みょうじ》をいふと也、其御褒美に神職に附させ給ふか、浅草も同意なれ共、是は三人異姓にて、兄弟の争ひなき故に、別に立て給ふに不《およばず》レ及か

（注）坤。ひつじさる。未申。南西の方角。
（注）勢州《せいしゅう》。伊勢国の別称。旧国名。今の三重県の大半。
（注）屋台。小さい家の形にし、持ち運ぶように作った台。物を載せて売り歩き、または祭礼のねり物として用いる。
（注）社人。しゃじん。しゃにん。神社に仕える人。一般に雑務に従事する下級の神職。
（注）『江戸名所図会』より関連個所を記す。

意富日神社初鎮座地《おほひのじんじゃはじめちんざのち》　船橋駅舎《えきしゃ》の入口、海神村《わだつみむら》御代川氏某《みよがわうじそれがし》が地にあり。日本武尊《やまとたけるのみこと》此《この》海上にして八咫鏡《やたのかがみ》を得給《えたま》ひ、伊勢太神宮の御正體《みしょうたい》として鎮座ありし旧跡なりといふ。今意富日神社《おほひじんじゃ》の地より此所《このところ》まで八町許《ばかり》あり。御代川氏《みよがわうじ》昔は澪川《みよかわ》に作る。澪《みよ》は水の深き所をいへる訓義《くんぎ》にて、日本武尊《やまとたけるのみこと》を導きまゐらせ、此所の海の澪《みよ》をしらせ奉《たてまつ》り、神鏡《しんきょう》を得せしめまゐらせたりしもの、後裔《こうえい》なり。其《その》子孫今猶連綿《いまなおれんめん》たり。

（注）『江戸名所図会』より関連個所を記す。

船橋　駅舎《えきしゃ》なり。海神村《わだつみむら》及び九日市場村《ここのかいちばむら》・五日市場村《いつかいちばむら》等の三邑《いふ》の総名《そうみょう》にして、古の神領の地なり。旧名《きゅうみょう》を湊郷《みなとのごう》と云ふとぞ。相伝《あいつた》ふ、往古日本武尊《そのかみやまとたけるのみこと》東征の時、此地に至り給ひ、海上にして一面の神鏡を得給《えたま》へり。其地《そのち》を海神村《わだつみむら》と呼べり。依《よっ》て其地に神鏡を遷《うつ》し奉《たてまつ》る。然《しか》るに其頃は水無月《みなつき》にて、旱打続《ひでりうちつづ》き、官軍大《かんぐんおおい》に勞《つか》る。尊其御禱《みことそのおんいのり》ありしかば、験《しるし》ありて、二三日の間大雨《たいう》降り続き、官軍勢《いきおい》を得て、竟《つい》に兇徒《きょうと》を亡《ほろぼ》したり。其後湊郷《そののちみなとのごう》の辺《へん》洪水にて、神鏡の宮所《ぐうしょ》へ行《ゆ》き通ふべき便《たより》なかりしかば、船を浮《うか》めて橋となし給ふより、此地名発《おこ》るといふ。［東鑑《あずまかがみ》］に曰《いわ》く、文治《ぶんじ》二年（一一八六）丙午《ひのえうま》三月十二日庚寅《かのえとら》、左典《さてん》厩《きゅう》の賢息首服《けんそくしゅふく》を加へ給ふべきにより、関東御《おん》知行の国々の内、乃貢未済《なっくみさい》の庄々家司等《しょうしょうけいしとう》の注文を召し下し、催促を加へ給ふべき由とある条下に、下総国船橋御厨《しもうさのくにふなばしみくり》、院御領《いんのごりょう》と云々《うんぬん》。

（注）『江戸名所図会』より関連個所を記す。

意富日神社《おほひのじんじゃ》　意富日《おほひ》古《いにしえ》は日を比に作る。天正《てんしょう》（一五七三～九一）以来台命《たいめい》によりて比を日に改めらる、といへり。船橋駅《ふなばしのえき》上総《かずさ》街道と成田街道との岐道《わかれみち》、五日市場村《いつかいちばむら》に宮居《みやゐ》す。世に船橋太神宮と称す。延喜式内《えんぎしきない》の御神《おんかみ》にして、関東一之宮と崇《あが》む。神官大宮司富氏奉祀《とみうじほうし》せり。

当社大宮司富氏の始祖は、景行天皇《けいこうてんのう》第四の皇子《おうじ》五百城入彦尊《いほきいりひこのみこと》なり。天皇尊《みこと》をして船橋に下向なさしめたまひ、東国八千八村《そん》の縣主《あがたぬしを》兼ね、当宮《とうぐう》の神官を司《つかさど》らしめ給ふ。然るに仁平《にんびょう》（一一五一～五三）の頃、荒木田満国の舎弟基国を養子とす。其後基継の時、又嗣《し》なきに依《よっ》て、千葉満胤《みつたね》の子基胤《もとたね》を養子とす。此時日月《じつげつ》を以《もっ》て家の紋とせしが、天正《てんしょう》十九年（一五九一）辛卯《かのとう》、大神君当社御参詣の頃、神官富氏《とみうじ》御紋の軍配団扇《ぐんばいうちわ》に根引《ねびき》の若松を添へて獻《たてまつ》りしが、其後上意によりて、若松に軍配団扇を家の紋とす。隔年《かくねん》正月年始には、旧例に任せ、御祓大麻《おんはらひおほぬさ》に根引の若松を添へて献上し奉り、登城するを永規とす。

本殿　祭神　天照皇太神宮《てんしょうこうだいじんぐう》・豊受《とようけ》皇太神宮二座、相殿《あいでん》　左　八幡《はちまん》太神宮・右　春日大明神《かすがだいみょうじん》。

[延喜式]神名記《じんみょうき》に曰《いわ》く、下総ノ国葛飾ノ郡二座。茂呂《モロ》神社。意富比《オホヒ》神社云々。

[三代実録]に曰く、貞観《じょうがん》五年（八六三）五月二十六日戊子《つちのえね》。授二ク下総ノ国従五位ノ下意富比神ニ正五位ノ下一ヲ。

又[同書]に曰く、同十三年（八七一）四月三日己卯《つちのとう》。授二ク同ジ神ニ正五位ノ上一ヲ。

又［同書］に曰く、同十六年（八七四）三月十四日 癸酉《みずのとのとり》。授ク二同ジ神ニ従四位ノ下一ヲ。来由《らいゆ》ありといへども、重き故あるによりて神宝 叢雲御剣《むらくものぎょけん》。長さ一尺五寸あまりあり。

こゝにもらしつ。

神息剣《しんそくけん》。長さ一尺ばかりあり。日蓮大士《だいし》奉納ありしといふ。

木剣《もくけん》。是も同じ大士の納めらる、所とぞ。長さ一尺ばかりあり。柄は朽ちて其形《そのかたち》全《まった》からず。

近衛帝宣示《このえていせんじ》。仁平《にんぴょう》元年（一一五一）辛未《かのとひつじ》六月十一日、船橋六郷の地を寄附し給ふ宣示なり。

千葉介満胤神領寄附状。承久《じょうきゅう》元年（一二一九）己卯《つちのとう》四月十六日船橋六郷の地を寄附せる由《よし》記せり。其文《そのぶん》に曰く、東限リ二覆宮塚《フクミヤ》一ヲ。南限レ海ヲ。西限リ二洗川 并《ならびに》沓懸《クツカケ》一ヲ。北限ル二石抜路《アカサクミチ》一ヲ。とあり。其余応長《おうちょう》（一三一一）・応永《おうえい》（一三九四～一四二七）・永享《えいきょう》（一四二九～四〇）・永禄《えいろく》（一五五八～六九）・文亀《ぶんき》（一五〇一～〇三）・元亀《げんき》（一五七〇～七二）等の古文書多し。姑《しばらく》是《これ》を省きて記さず。

家集

健保《けんぽ》六年（一二一八）十一月、素還法師《そくわんほうし》于レ時胤行。下総国にはべりし頃、のぼるべきよしまをしつかはすとて、

恋しとも思はでいかゞ（原にし）久方の天《あま》てる神も空《そら》にしるらん　　鎌倉右大臣

按ずるに、社記に実朝公寄願の事あるを以て、此和歌を奉納なし給ひ、其時千葉何某《なにがし》将軍に代り奉りて、一七日の間当宮《とうぐう》に参籠《さんろう》すとあれども、[家集《いへのしふ》]による時は、是を奉納の和歌とするは誤ならん。千葉何某《なにがし》とあるも又言葉書《がき》の註《ちゅう》にして、胤行《たねゆき》なる事しられたり。

常盤御宮《ときわのおんみや》　本殿の右、神榊山《かむさかきやま》の麓にたゝせ給ふ。四方に瑞籬《みずがき》を繞《めぐら》せり。東照大権現宮《とうしょうだいごんげんぐう》の御神影《ごしんえい》、及び大将軍秀忠公御木像《おんもくぞう》、日本武尊の神像等を合せて安座《あんざ》なし奉る。元和《げんな》（一六一五～二三）年間当宮の大宮司富中務大輔基重《とみなかつかさのたいふもとしげ》の息男《そくなん》伊勢守基治《いせのかみもとはる》、天海大僧正と共に勧請なし奉るといへり。来由《らいゆ》は其憚《そのはばかり》あるをもてこゝに載せず。毎歳《まいさい》四月十七日御祭礼にて、都鄙《とひ》ともに来りて敬拝《きょうはい》す。同夜近里《きんり》の童女《どうにょ》集り、広前《ひろまえ》において唄謳《うたうた》ひ、踊り廻《め》ぐる事あり。尤《もっとも》古雅《こが》なる習俗《ならわし》なり。是を初負眷《はつほせ》と号《なづ》くるといへり。天正《てんしょう》九年（一五八一）辛卯《かのとう》当社御参宮《ごさんぐう》の時、みそなはし給ふとなり。

按ずるに、初負眷《はつほせ》は初穂稲《はつほせ》なるべき歟《か》。[万葉集]『葛飾早稲《わせ》を贄《にへ》すとも』とありて、早《わ》稲《せ》を和世《わせ》と訓《くん》ず。此例によりて稲《いね》を世《せ》と訓《よ》みたるならん。又にえすともとあるは、秋に至り登《みの》る所の新稲《にひいね》を神に新嘗《にひなめ》奉り、其後公《そののちおおやけ》はさらにて、民の戸に至る迄、是を祝ふ事をいへるなり。今世俗人《せぞくひと》より前《さき》に取り分け置きて、神仏に捧げまゐらせ、或は至尊の人などに供ずるを初穂取《はつほとり》といふも、此新嘗《にいなめ》より発《おこ》る習俗《ならわし》ならん。[延喜式]にも初穂の事あり。文字《もんじ》荷前《かぜん》に作り、波津本《はつほ》と訓ず。[江次第《ごうしだい》]に曰《いわ》く、荷前《ノサキ》者四方ノ国ヨリ進ルヲ二御調ノ荷前《ハツホヲ》一取《テ》奉《ル》故《ニ》曰《フ》二荷前《ト》一。又［三代実録］にも、新銭《しんせん》を神に奉り給ふ事をいふ条下に、所二鋳作一之早穂《ハツホ》二十文云々。又［倭姫世記《やまとひめせいき》］に先穂《はつほ》を波耶裒《はやほ》と訓ず。共に初穂《はつほ》と云ふに同じ。然《しか》る時は初負脊《はつほせ》と云ふは初穂稲《はつほせ》の訛《なまり》にして、往古郷民新穀成就《そのかみごうみんしんこくじょうじゅ》の賀宴《がえん》を設け、其場に唄ひ舞ひたる習俗《ならわし》にして、則《すなわち》新嘗《にひなめ》の遺風なるべし。

齋殿《いわひどの》　同所大宮司の構に傍《そ》ひてあり。当宮のものいみ殿《どの》なり。

御饌殿《みけどの》　同所にならぶ。御供調進《ごくうちょうしん》の齋場《ゆには》なり。

社記に曰《いわ》く、景行天皇《けいこうてんのう》四十年、皇子日本武尊《おうじやまとたけるのみこと》東夷征伐《とういせいばつ》の勅《ちょく》を奉《うけたまは》り、発向《はっこう》し給ふ頃、此地に於て、伊勢太神宮へ兇徒調伏《きょうとちょうぶく》の御祈誓《ごきせい》ありければ、其時海上に光を現じ、一つの船の中に神幣《しんぺい》を採り添へたる弱木《わかき》に、一面の神鏡の懸《かか》れるあり。尊是を得給ひ、則《すなわち》太神宮の御正體《みしょうたい》として、夏見郷《なつみのごう》に宮殿《ぐうでん》を建てゝ崇めまつり給ふ。其神鏡今猶当宮《そのしんきょういまなおとうぐう》の御正體《みしょうたい》と崇め奉りて現然《げんぜん》たりと云ふ。又其時尊の命にしたがひ、海上の光について神鏡《みかがみ》を求め出でたる者を鳶《とび》と呼び給ふとぞ。其子孫今も九日市場村に存せり。同時凶徒調伏《おなじときききょうとちょうぶく》の御矢《おんや》を刺して奉りし者を矢刺《やさし》と呼び給ふ。其後裔海神村《こうえいわだつみむら》にありて、今は矢はきと号《なづ》けて、共に当宮の神人とす。此御神一時邑君《このおんかみあるときむらぎみ》に神《あが》がゝりましまして、我は是伊勢国五十鈴《いせのくにいすず》の川上より天降る神なり。今よりは其神垣《かみがき》と等しく崇むべしと云々《うんぬん》。依《よっ》て尊其由《みことそのよし》を帝《みかど》に奏《そう》し給ひしかば、伊勢太神宮を朝日宮《あさひのみや》とあがめ、夫《それ》に対して当宮《とうぐう》を夕日宮《ゆうひのみや》と称し給ひ、天皇第四の皇子五百城入彦尊《おうじいほきいりひこのみこと》をして、船橋に下向《げこう》なさしめられ、東国八千八村の県主《あがたぬし》を兼《か》ね、当宮の神官たらしむ。当宮神官富氏の始祖なり。其年新嘗《にひなめ》の祭《まつり》を行はれ、後《のち》豊受皇太神宮を合祭《がっさい》し奉りて二座とし、又左右に八幡《はちまん》・春日《かすが》の両神を勧請ありて、三社《しゃ》とす。其《その》新穀を奉りし地を、今も米ケ先村《よねがさきむら》と名《なづ》くると云ふ。清和天皇の貞観《じょうかん》十三年（八七一）辛卯《かのとう》三月三日、勅願《ちょくがん》によりて奉幣使《ほうへいし》下向ありて、関東一之宮の号を賜り、同《おなじき》十六年（八七四）甲午《きのえうま》四月十四日、再《ふたたび》勅使下向ありて、天下泰平五穀成就の祈念を命ぜしむ。天喜《てんき》三年（一〇五五）乙未《ひのとひつじ》、源《みなもとの》頼義朝臣《よりよしあそん》・同義家朝臣《おなじくよしいえあそん》東征《とうせい》の時、寄願により当宮を修造《しゅぞう》ありて、同年《おなじとし》六月六日に遷宮なし奉り、種々《くさぐさ》の神宝《かんたから》を納めらる。又仁平元年辛未《にんびょうがんねんかのとひつじ》（一一五一）六月十一日、勅《ちょく》ありて船橋六郷《ろくごう》の地を御寄附の院宣《いんぜん》を賜《たま》ひ、義朝《よしとも》に命ぜられ、当宮御再興ありて、神宝等《かんたからとう》を収《をさ》めらる。六郷とは所謂高根村《いわゆるたかねむら》・米ケ崎村《よねがさきむら》・七熊村《ななくまむら》・下飯山間村《しもいいやまあいむら》・金曾木村《かなそぎむら》・夏見村等《なつみむらとう》なり。御造営の下司《しもつかさ》は、千《ち》葉介常胤《ばのすけつねたね》・美濃前司清高《みののぜんじきよたか》・大澤平内兼家等《おおさわへいないかねいえとう》なり。荒木田満国奉幣使《ほうへいし》たり。基義神主《もとよしかんぬし》の時、頼朝卿より、幕下《ばくか》に加るべき旨仰《むねおおせ》あれども応ぜざりしかば、悉《ことごと》く神領を打ちとられ、剰《あまつさへ》基義腹切って失《う》せぬ。此事は前の洗川の条下に詳なり。其後《そののち》基義の舎弟権頭基継《しゃていごんのかみもとつぐ》、仙洞《せんどう》へ其由《そのよし》を歎《なげ》き奏上しければ、承久《じょうきゅう》元年（一二一九）己卯《つちのとう》四月十六日、実朝公へ詔《みことのり》を下し給ふ故に、千葉満胤より昔の如く、六郷の神領悉《ことごと》く寄附あり。然《しか》るに天文《てんもん》（一五三二～五四）以後、東国争戦屡《とうごくそうせんしばしば》発《おこ》りし頃、当宮の神領も大方打ちとられ、衰廃せんとせしに、天正《てんしょう》十九年（一五九一）辛卯台命《かのとうたいめい》に依て、船橋郷の中《うち》にて新《あらた》に社領を寄せしめ給ひ、慶長《けいちょう》十三年（一六〇八）戊申《つちのえさる》、伊奈備前守忠次《いなびぜんのかみただつぐ》を奉行として、宮社《きゅうしゃ》御造営あり。又此地に假《かり》に御殿を建てさせられ、時としてこゝに入御《じゅぎょ》ましまし、御崇《ごすう》敬尤《ぎょうもっとも》厚く、御武運長久《ごぶうんちょうきゅう》の御祈祷を命ぜらる。始《はじめ》は神官富氏《とみうじ》の家を假の御旅館となし給ひしが、其後御殿を建て給ふにより、神官の家をば同所田中といへる地へ移されたりしが、貞享《じょうきょう》(一六八四~八七)の頃件《くだん》の官営の御殿は神官富氏へ賜りしにより、再び元の社地へ遷《うつ》り住みける故に、今船橋御殿と唱へ来るといふ。宝暦《ほうれき》十一年(一七六一)辛巳《かのとみ》勅許《ちょっきょ》ありて、往古《いにしへ》の例に任せ、毎歳鳳闕《まいさいほうけつ》に御祓《おんはらへ》を奉る事とはなりぬ。

当社の祭祀多きが中《なか》にも、正月十六日の御神楽《おんかぐら》、二月卯日《うのひ》の五穀成就の神楽、殊《こと》に九月二十日は大祭《だいさい》にして、其式《そのしき》甚《はなはだ》古雅《こが》なり。前《まえ》の日は角力興行《すもうこうぎょう》あり。此行事は天正《てんしょう》十九年辛卯《かのとう》東照大《とうしょうだい》神君当宮《しんくんとうぐう》へ御参宮《ごさんぐう》の時、上覧ありしとなり。其余の行事はこゝに洩せり。

(注)『江戸名所図会』より関連個所を記す。

茂侶神社《もろのじんじゃ》　意富日神社《おほひのじんじゃ》の摂社《せっしゃ》にして、同所より六町計《ばかり》を隔て、東の岡にあり。祭神は木《この》花開耶姫《はなさくやひめ》一座なり。故に浅間山《あさまやま》の号《ごう》あり。当社は延喜式内《えんぎしきない》の御神《おほんかみ》にして、葛飾郡《かつしかごおり》二座の中《うち》なり。御手洗池《みたらしのいけ》あり。今は民家の地に入《い》る。或人云ふ、茂侶神社は同郡《どうぐん》小金領《こがねりょう》栗ヶ澤《くりがさわ》村《むら》にありて、社司《しゃし》は友野氏《とものうじ》、祭神は日本武尊《やまとたけるのみこと》なりと云々《うんぬん》。

「三代実録」に曰《いわ》く、元慶《がんぎょう》三年(八七九)九月二十五日壬子《みずのえね》。授ク二下総ノ國正五位ノ下茂侶ノ神ニ正五位ノ上ヲ一云々。

此社地は海浜に臨みたる砂山にして、松樹繁茂《しょうじゅはんも》す。西南《せいなん》の方低《かたひき》く、前に南総の駅路《うまやじ》を見《み》下《おろ》し、後《うしろ》は岡続きにして、成田の街道東北に繞《めぐ》る。富嶽《ふがく》の白雪《はくせつ》、房総の翠巒《すいらん》、筑波の紫霞《しか》も、共に此地の眺望に入《い》りて、風光最《もっとも》秀美なり。例祭は六月一日に行ふ。隔年正月年始の時、柳営《りゅうえい》に奉る所の根引《ねびき》の若松は、当社の地より擇《えら》びとるを旧例とすといへり。

(注)『勝鹿図志手繰舟』より関連個所を記す。

船橋大神宮　在船橋宿。

古説曰《こせつにいわく》、日武尊《(やまとたける)》東征の時勝鹿浦《かつしかうら》にて暴風俄《にわか》に起り御船覆《くつがえ》らんとせしに、海神村の猟師三人して危難を救い参らせ、海神浦に漸《ようや》く御船着《つか》せ玉《たま》ひしかば御宿なし。供御奉《たてまつ》る此三人の内御代川氏《みよかわし》の屋敷の内に元より神明の社有《やしろあり》。日本武尊御帰路ありて御代川氏を神《じん》守《しゅ》に附させられしが其後不浄をさけて今の船橋宿へ遷《うつ》し奉り神職も神家にゆづりしとなん。『和漢三才図会』は神主《じんしゅ》彦十郎と記。御代川氏の子孫今猶《いまなお》存す。

(注)『葛飾誌略』より関連個所を記す。

一、日本武尊御上場旧趾。御代川源右衛門屋敷前とぞ。日本書紀曰、人皇十二代景行天皇四十年夏五月、東夷多叛、辺境騒動。云々。冬十月壬《みずのえ》子《ね》朔《さく》癸丑《みずのとうし》、日本武尊発路。云々。亦進二相模一、欲レ往二上総一。望レ海高言曰、小海耳、可二立跳渡一。乃至二于海中一。暴風忽起、王船漂蕩而不レ可レ渡。時有二従レ王妾一。曰二弟橘姫一。穂積氏忍山宿禰之女也。啓レ王曰、今風起浪泌、王船欲レ没。是必神心也。願以二妾之身一贖二王之命一而入レ海。言訖、乃披レ瀾入之。暴風即止、船得レ着レ岸。故時人號二其海一曰二馳水一也。云云。此時、副将は吉備武彦也といふ。尊は十六歳の御時に丈《たけ》壹丈といふ。此海神浦に御船を寄せられし事、日本紀・古事記にも載せざる事遺憾なるべし。然《しか》れども、其昔御船を助け奉りし民家、言ひ伝へて連綿と有レ之。穴田・御代川・矢矧《やはぎ》の三家也。此時より既に一千七百余年の今に到り、子孫連続する事、誠に奇といふべし。此海神村、昔は漁洲にて、穴田・御代川・矢矧など其長《おさ》也とぞ。此海神村より九日市橋迄七百廿間有りといふ。

船橋宿　高九日市六百七十二石八斗三升五日市千三百石七斗　舟船千軒といへり。九日市三百余戸。五日市三百余戸。漁師町三百余戸。

当村宿駅也。安房上総より江戸への海道、又、佐倉通り鎌ヶ谷・市川・行徳の落合にて、大小名の御通行も多し。旅の往来、日夜引きも切らず。其外、野方《のがた》より四季の産物を馬の背に負ひ出で鬻《ひさ》ぐ事多し。当領一の繁昌也。先年、伊奈半左衛門様の御代官の節、行徳領に改まりしと云ふ。九日市橋より市川渡し場迄、長さ四千八百七十八間有りと。本陣、大名小名の御宿也。旅籠屋《はたごや》、凡十八九軒。此内、佐渡屋は商人宿也。

一、太神宮。神領五十石。延喜式、下総国湊郷意富比《おほひ》神社、是也。

当社は唯一宗源にて、領中神社多しと雖も、大抵両部習合也。弘法・伝教・慈覚の智識達、本地垂跡《ほんちすいじゃく》の号を設け、神仏を以て一体とせり。或書に云ふ、願はくは神を本地とし、仏を以て垂跡とせば、神国の神の恵み協《かな》ふべきもの也。云々。当社御鎮座は、人皇十二代景行帝四十年庚戌《かのえいぬ》、皇子日本武尊東征に、此浦に暴風の御危難の時、御祈願の勧請也。遙《はるか》の後《のち》、天喜《てんき》三年（一〇五五）後冷泉帝《ごれいぜいてい》の朝《ちょう》に、源頼義東征の時も、当社御祈願有り。往古は広大の神領也しが、神主たる基義の時、鎌倉の命にて葛西清重に攻められ、後に千葉満胤神領寄附有りけるが、其後、兵乱打続き神領減じけるを、天正《てんしょう》十九年（一五九一）十一月国初様《くにはじめさま》（徳川家康のこと）より五十石御朱印有り。年始には御秡《みばち》に小松を抜き、御城中へ献上有り。又、宝暦《ほうれき》（一七五一～六三）年中、勅許にて禁中へ御秡を献ずと。云云。

一、東照宮。日光様を勧請也。毎年四月十七日御祭礼。太神宮様の隣。

一、神楽殿。太神宮の神楽殿也。末社社地に多し。女夫竹。社地に有り。女戯にもあり。

天王御輿屋。三基有り。是は九日市・五日市・猟師町、三ヶ所天王の御輿有り。毎年六月十五日、三ヶ所隔年に祭あり。船橋祇園会。九衢充塞祇園会。神幟飄レ風如ニ上龍一。魔族帰降三伏夏。寒蝉奏レ楽響ニ高松一。青文豹。

一、神主館。従五位下富上総介といふ。社家三四軒有り。

一、御殿跡。九日市の表通り也。昔、東金御成りの節、御小休に御殿を立て、塩焼百姓を召出さる。御褒美被レ下しも此御殿にての事也とぞ。

◉清《せい》讃《さん》寺《じ》

同所（船橋町のこと）上総海道《かずさかいどう》の辺也《あたりなり》、禅宗普化禅師《ぜんしゅうふけぜんし》の派、虚無僧《こむそう》の本寺風呂家《ほんじふろや》也、小金《こがね》の一《いち》月寺《げつじ》、船橋の清讃寺にて、江戸に会所有《かいしょあ》る是《これ》也、

（注）普化。ふけ。唐代の禅僧。普化宗の開祖。鈴を振って遊行し、衆生《しゅじょう》を教化《きょうか》した。普化宗。江戸時代に盛行した禅宗の一派。唐の普化を祖とし、建長《けんちょう》六年（一二五四）に東福寺の覚心が伝来。その徒を虚無僧といい、尺八《しゃくはち》を吹いて諸国を巡行。下総一月寺・武蔵鈴《れい》法寺《ほうじ》を本山とした。明治四年（一八七一）廃宗。

（注）禅宗。仏教の一派。禅門。日本では、仁安《にんあん》三年（一一六八）栄西が入宋して臨済宗《りんざいしゅう》を伝え、貞応《じょうおう》二年（一二二三）道元《どうげん》が入宋して曹洞宗《そうとうしゅう》を伝えた。仏教の神髄は座禅によって直接に体得されるとする。六世紀前半に達磨《だるま》が中国に伝えた。達磨。だるま。禅宗の始祖。南インド生まれ。般若多羅《はんにゃたら》を学び、中国に渡る。諡号《しごう》を円覚大師・達磨大師という。

（注）『葛飾誌略』より関連個所を記す。

一、清山寺。虚無僧也《こむそうなり》。普化禅師の宗躰《しゅうたい》也。小金一月寺《いちげつじ》は此宗の觸次《しょくじ》也。居住の所を風呂屋ともいふ。又、番所とも云《い》ふ也。惣本寺は洛《らく》の三十三間堂の南の門外、池田町妙安寺也。凡《およそ》尺八の音色は笙《せい》、筒音は黄鐘《わうじき》調也。左の手は上、右は下、指遣《ゆびづか》ひ三十二品《ぼん》有り。歌口の妙、笙《せい》と同じこと也と云ふ。

（注）『船橋市史』前編より。

虚無僧寺清山寺。旧船橋五日市横宿（今、宮本町二丁目）四百三十九番地（中略）の屋敷は、元虚無僧寺神明山清山寺という寺の在った場所である。虚無僧寺というは虚無僧が居《お》ったからで、正しくいえば普化宗の寺院である。普化宗というは（中略）我が国に入り来って以来、多くは薦《こも》を背負い尺八を吹いて家々に就き米銭を乞い歩く習慣であった。故に世間一般には薦僧《こもそう》と呼ばれるのが普通であった。鎌倉時代から足利時代にかけては尺八の音に因《ちな》んでボロボロともホロホロとも呼んだ。是《これ》をこの宗派の者は、一切の欲望を絶ち、無一物で仏道に精進するから虚無僧といい、薦《こも》を著物ともし、寝具ともし、畳ともして諸国を修業するから薦僧とも呼び、夕べには露に暴《さら》されて樹下石上に旅寝するから暮露《ぼろ》暮露《ぼろ》とも暴露暴露とも呼ぶと説明する。（中略）以上の様な次第であるから、虚無僧寺には檀家《だんか》というものはなく、特に信者を集めて仏事を修めるということもなく、葬式をつかさどるということも無かった。この点に於ては一般寺院と大いに趣を異にして居った。いわば単なる虚無僧徒の宿所であり、修行場であるだけであった。故に世間では風呂屋とも呼ばれて居った。ホロホロの宿所であったからである。船橋清山寺は大きな寺では無かった。今、実地に就いて其の遺跡を調ぶれば、（中略）総計百三十五坪、幅は七間ばかり、長さは十八九間の土地に過ぎない。故にこの屋敷内にあった建築物の大きさも知るべきであろう。享和《きょうわ》三年（一八〇三）の村鑑明細帳《むらかがみめいさいちょう》によれば、その頃の本堂は四間に二間の小堂であった。しかし此の寺は前述の如く小金一月寺の末寺頭で、この宗門ではなかなか勢力もあり知られて居った。（中略）明治四年（一八七一）十月政府は普化宗廃止の布告を出したので、この寺も廃せられ、建物は破壊し土地は競売に附された。（後略）

（注）『船橋市史』現代編より。

清山寺。宮本二丁目。

普化宗（廃寺）神明山

小金金竜山一月寺末「右山禅師開基」

幕末に　本堂　南向き四間二間

　本尊　釈迦如来像

開基　寒江清山大居士寛永《かんえい》十一（一六三四）、十、十七日

同寺境内に神谷囀《てん》友鵞《が》の師の遺墨墳があった。最近は墳墓類一切が本寺一月寺に移転され全くその痕跡をとどめない。

友鵞《が》建立の碑伝

廓嶺三十一世無著愛璿《せん》和尚者元当山寺務有勤功一宗皆所知也。有故転派、再雖有帰派之約時不至終天保《てんぽう》十二年（一八四一）辛丑《かのとうし》四月十日僊化《せんげ》。今痊《せん》遺墨于茲建塔以遂其約志云

　天保十二年五月四日　　法弟当寺看司　友鵞《が》拝誌

友鵞《が》八世上有名な仙石騒動の立役者神谷囀《てん》であり師の愛璿《せん》は元土佐山内侯の臣であった。判決言渡しのあった時神谷は四十二才、愛璿《せん》は四十五才である。

明治四年（一八七一）十月廿八日太政官達

　普化宗の儀自今被廃候条住僧の輩、民籍へ編入し銘々の望に任せ地方の適宜を以て授

産方可取計㆒事

但、廃寺の寺跡、旧俗の本人より相望候《あいのぞみそうら》はゞ相当の地代を以て払下げ、年貢諸役

可相勤㆒事

右の達しによって全国稀少な虚無僧寺として姿を消すことになった。

昭和の初期ころ存在していた墓石は

開基　寒江清山大居士　元佐賀藩士

中興開山光無明山支文玄和尚元禄《げんろく》十（一六九七）、八月

千光秀麗座元享保《きょうほう》七（一七二二）、六、十日　　佳電林境座元延享《えんきょう》二（一七四五）、八、十五日

一月寺百八世鉄透祖開大和尚天明《てんめい》□年、四、九日

無著愛璿《せん》天保《てんぽう》十二（一八四一）、四、十日　　友鵞《が》天保十四（一八四三）、十、廿六日　　澄元有道

（注）『千葉県東葛飾郡誌（二）』より。

一月寺址《あと》。小金町小金字下町にあり、元金龍山一月禅寺と称し、有名なる虚無僧寺にして普化宗の本山たり、正嘉《しょうか》二年（一二五八）金先右山禅師之を開基し法燈綿々明治四年（一八七一）に至りしが、同年同宗の一派を停止《ちょうじ》せしめられ、同寺は今や一祠堂として存するのみ、堂内に鎮西八郎為朝の守本尊たりしと称する矢の根不動尊と釈迦像とを安置す。同寺は葛飾県の頃小金宿大津屋火事と伝ふる大火災のため広大なりし伽藍を烏有《うゆう》に帰せり、されば今残るものは前記の二像の外開山塔、門前碑等に過ぎず。

◉慈《じ》雲《うん》寺《じ》

同所新田《しんでん》の内、禅宗《ぜんしゅう》鎌倉《かまくら》建長寺《けんちょうじ》二世仏光禅師《ぶっこうぜんし》の開基、大峰山《だいほうざん》慈雲寺と号《ごう》す、昔は七堂伽藍《しちどうがらん》成《なり》しを、今小寺と成《な》る、里見義弘《さとみよしひろ》が兵火の為に焼失して、名のみ残れりと云《いえ》り、然《しかれ》ども、今に其時《そのとき》の本尊を安置し奉《たてまつ》る、則《すなわち》、釈迦如来《しゃかにょらい》行基菩薩《ぎょうきぼさつ》の御作《おんさく》にて、右脇普賢菩薩《みぎわきふげんぼさつ》の台座の象《ぞう》は、近来唐《とう》より渡りし象の形に、毫末《ごうまつ》も違《ちが》ひなし、殊《こと》の外古仏也《なり》、何《いず》れの世か、象の形も日本にて画刻《きざみ》し誤《あやま》れると也、依《よっ》て他になし、有《あ》れども和様《わよう》の象のみ也と云《いえ》り、又、昔時当寺に十二時の鐘あり、其鐘を兵火の時国府台《こうのだい》へ持行《もちいき》、則《すなわち》水中に沈めしと云《いえ》り、依《よっ》て、其沈めし所を、今に鐘ケ淵《かねがふち》といふ、委《くわしく》は鐘の縁起に見へたり、宝暦《ほうれき》の初め（一七五一〜）、徳厳《とくげん》と云《い》へる禅の僧侶、江都《こうと》を勧《すす》めて鐘を新《あらた》に成就《じょうじゅ》せんと欲《ほっ》すれ共《ども》、未《いまだならず》レ成、

（注）七堂伽藍。しちどうがらん。寺院の主要な七つの建物。七堂は必ずしも確定していない。南都六宗では金堂・塔・講堂・鐘楼・経蔵・食堂《じきどう》（又は中門）・僧坊をいい、禅宗では仏殿・法堂《はっとう》・三門・庫院・僧堂・浴室・東司《とうす》を指す。

（注）普賢菩薩。ふげんぼさつ。仏の理法・修行の面を象徴する菩薩。釈迦如来の脇侍《きょうじ》で、白象に乗って仏の右側に侍す。

(注) 十二時。じゅうにとき。一昼夜。昼の卯《う》・辰《たつ》・巳《み》・午《うま》・未《ひつじ》・申《さる》と夜の酉《とり》・戌《いぬ》・亥《い》・子《ね》・寅《とら》とをいう。

(注)『江戸名所図会』より関連個所を記す。

大峯山《だいほうざん》慈雲寺　同所二町あまり北の方《かた》、新田にあり。五山派《ござんは》の禅窟《ぜんくつ》にして、鎌倉建長寺第二世仏光禅師開基の精舎《しょうじゃ》なり。本尊釈迦如来は行基大士《ぎょうきだいし》の作、脇士《きょうじ》は文殊《もんじゅ》・普賢《ふげん》等なり。昔は盛大の寺院なりしに、永禄《えいろく》年間（一五五八～六九）里見義弘が兵火《ひょうか》に罹《かか》りて灰《かい》燼《じん》となる。又《また》此時当寺の鯨鐘《げいしょう》をも、国府臺《こうのだい》の陣へ奪はれしが、謬《あやま》って利根川へ沈めたりとて、今其處《そのところ》を字《あざ》なして鐘《かね》が淵《ふち》と呼べり。国府臺の條下に詳《つまびらか》なり。宝暦《ほうれき》（一七五一～六三）中徳巌《とくがん》といへる禅僧、再び鐘を造るといふ。（この点について他の書では不成功だったとしている）

(注)『船橋市史』現代編「神社仏閣の沿革」より。

慈雲寺。宮本町四丁目。曹洞宗。大峯山。仏光禅師の木牌を請じて開山とす。北条左京大夫氏政、当寺を中興す。天正《てんしょう》十八年（一五九〇）七月十一日氏政、医師田村安清邸に自裁す。法名慈雲院殿勝願傑公大居士。仍《よっ》て当寺を慈雲寺と改称した。始め里見氏、威を近隣に振い、北条氏を郤けて下総を領有するや、位牌堂を峯台の地に建立した。が、後に里見氏滅亡、房州に退く時当寺を焼却した。里見氏、寄付する処の梵鐘を、鴻の台合戦の際陣鐘に代用した。懸けた枝が折れて鐘は江戸川に落下した故ここを鐘が淵と呼称す。江戸中葉、住持徳厳再鋳を志願して江戸に勧説したが不成功に終わった。

◉揺《ユルギ》ノ松

附旧陵《きゅうりょう》の沙汰《さた》

船橋町《ふなばしまち》より一里程有《ほどあり》、佐倉海道滝台村《さくらかいどうたきだいむら》と云《いう》、此所《このところ》の八幡《はちまん》の神木也《なり》、今は松枯れてなし、此辺《このあたり》原地御新田《ごしんでん》と成《な》る、御薬苑《ごやくえん》も此所也、正伯新田《しょうはくしんでん》とも云《い》ふ、丹羽《にわ》正伯桐山三了《とうざんさんりょう》の請地《うけち》是なり、原へ出口少し前に庵室有《あんしつあり》、高幢庵《こうとうあん》と云《いう》、是 則 鍧《これすなわちユルギ》の松の在所也、道 傍《みちかたわら》に木像の地蔵菩薩有《あり》、是往古《おうこ》の神木《しんぼく》ゆる木の松にて彫刻する所の地蔵菩薩也、木食《もくじき》の伴僧《ばんそう》刻《こく》し奉《たてまつ》る、古《いにし》へは、此《この》松の根方《ねかた》に寄りて、これを潜《くぐ》れば、梢《こずえ》迄鍧《ゆるぎ》し故《ゆえ》に、名付《なづける》と也、中頃《なかごろ》惜《おし》いかな、鶴《つる》の林に非《あらざ》れ共《ども》、鶴の林は如来入滅の時、沙羅双樹《さらそうじゅ》の色白く変じたるは、鶴の毛色に似たればとて、鶴のはやしと云《いう》なり遂《つい》に枯木《かれき》と成《なり》、再び翠《みどり》をなす事なし、因《よっ》て名木の名空《むな》しからむ事を歎《なげ》き、尊像を彫刻し奉《たてまつ》り、諸人《もろびと》に伝《つた》ふと也、謡《うたい》にも作り、揺《ゆるぎ》のまつと云外題《いうげだい》、則《すなわち》此松の事也、下総国出《しもうさのくにしゅっ》所《しょ》、と能の訓蒙図彙《くんもうずい》等にも見へたり、又、揺《ゆるぎ》の松より西の方原地有《かたはらちあり》、此所御鉄炮場《おんてっぽうば》也、菜耕地と云《いう》、今は御《ご》新田と成《な》り、菜耕地新田と云《いう》、此 南 方《みなみのかたヤ》谷津村と云《いう》村有《あ》り、近来、此原地の内《うち》谷津村方寄《かたより》にて、或所《あるところ》一丈四方程草生《は》へず、又、雪ふりて後も消る《きえる》事早し、是不思議なる事也とて、里人《さとびと》集り、掘《ほっ》て見れば、大《おおい》なる石の唐櫃有《からびつあ》り、蓋《ふた》を披《ひら》き見れば、中に、男女成事《なること》をしらず、人の躯《からだ》二人有《あり》、風当ると則《すなわち》、骨骸《ほねむくろ》霜の如《ごと》く消失《きえう》せけると也、是何人《なんぴと》の墳成事《ふんなること》を知らず、但《ただし》、此所古《いにし》へ千葉介《ちばのすけ》の城下近き故《ゆえ》、遺骸《いがい》を収《おさめ》られし旧墳の跡有《ある》なるべしと云《いえ》り、但谷津村東福寺分か是を掘りて見たる事能《よ》き勘《かんが》へなり、昔、唐の安定と云所《いうところ》に、嵩真と云《いえ》る人、算術を得たり、其年早 傾《そのとしはやかたむき》て七十三歳に及ぶ、常に云《いう》、北邙山上《ほくぼうさんじょう》の狐櫝《こか》と云所《いうところ》の西、四丈四方を鑿《ホリ》て、地に入事《いること》七尺にして、吾《われ》死せば則《すなわち》此所へ葬《ほうむ》るべし、と云《いえ》り、真が死するに及んで、遺言の如《ごと》く往《いき》て其所を掘り見るに、昔の空槨《からかく》を掘出《ほりだ》せり、則《すなわち》其所へ葬《ほうむり》しと也、右は西京雑記《さいきょうざっき》に載《のせ》たり、是《これ》算術に明《あきら》かにして、其功《そのこう》地中に徹し、其感を成《な》せる所なり、

（注）木食の伴僧。もくじきのばんそう。木食とは米穀を絶ち、木の実を食べて修行すること、そのような僧のことを木食上人という。また、木食応其《おうご》は室町末期の僧。近江の人。豊臣秀吉の帰依を受けて、高野山金堂・興山寺を建立再興。連歌《れんが》をよくした。伴僧とは、導師に伴う従僧。

（注）滝台村の八幡。

（注）訓蒙図彙。くんもうずい。訓蒙とは子供や初心者に教えさとすこと。また、その目的で作った書物。

（注）『船橋市史』現代編より。
東福寺。上飯山満町《かみはざまちょう》　豊山派
医王山。本尊薬師仏。草創不詳。中興秀誉は元禄《げんろく》十六年（一七〇三）七月五日示寂、境内に文字不明の板碑一枚存す。現住二位大岳氏。

◉御山大明神《おやまだいみょうじん》

附《ふ》下総国《しもうさのくに》二の宮の事、三山也、社領十石

揺《ゆるぎ》の松より少し有《あり》、但《ただし》、前方に分《わか》レ道、右へ行順道《いくがじゅんみち》也、藤崎台《ふじさきだい》と云所《いうところ》を過《すぎ》、船橋より一里半程有《あ》り、遠《とお》ケ《が》根《ね》海道也《かいどうなり》（東金街道のこと）、尤《もっとも》、海道より左《ひだ》り、原へ別れ道有《あり》、此所《このところ》は千葉郡《ちばごおり》にて、御旗本《おはたもと》渡辺源蔵殿御知行所《おんちぎょうしょ》、尤御料《もっともごりょう》と入合《いりあい》の場也、御山村《おやまむら》と云《いう》、是下総国《これしもうさのくに》第二の宮也、別当は山神宮寺《じんぐうじ》と号《ごう》す、真言宗当国吉橋村成福寺末、当神主氏主計《じんしゅうじしゅけい》、当社は、則延喜年中《すなわちえんぎねんちゅう》（九〇一〜二二）、醍醐帝《だいごてい》の御宇《おんう》、時平太政大臣《ときひらだじょうだいじん》の菅相丞《かんそうじょう》を讒言《ざんげん》せられ、筑紫《ちくし》安楽寺へ配流《はいる》ならしめ給《たま》ふ、其御霊《そのみたま》雷神と成《な》らせ給《たま》ひ、時平公をば即時に殺《さつ》す、其《その》御一族也《なり》、此所へ流罪《るざい》せられ給《たま》ふ、則《すなわち》此大明神也、依《よっ》て、此氏子《このうじこ》は菅家《かんけ》の社頭《しゃとう》に至る事能《あた》はず、至れば必ず社壇鳴動《しゃたんめいどう》し、馬上なれば落馬すると云習《いうなら》はせり、此故《このゆえ》に、谷津村《やつむら》は天満宮《てんまんぐう》の御氏子《みうじこ》なれば、注連下《しめした》に入《い》らず、祭礼の日は門戸《もんこ》をさして出《いで》ざると也、丑年《うしどし》、未年《ひつじどし》、隔年に七年目七年目に祭礼有《あり》、但《ただ》し、祭礼日定《さだま》りなし、九月に至り、中下旬の間湯立《あいだゆだ》て、御託宣有《ごたくせんあり》て日限定《にちげんさだま》る也、注連下《しめした》廿一ヶ村、古《いにし》へは祭り番数皆出《みないで》しよし、今は漸《ようや》く十一二番出《で》る也、尤《もっとも》、村村の中にも神輿有《しんよあり》、村方《むらかた》は一村《いっそん》限りに、御輿《おんこし》、神主《じんしゅ》ともに出る也、夥敷群集《おびただしきぐんしゅう》、江府《こうふ》よりも芸者雇はるゝ也、二十一ヶ村は、久々田《クヾ》、馬加《まくわり》、畑、天マ戸、武石《たけシ》、高津、実籾《みもみ》、長作《ちょうさく》、萱田《かやた》、麦丸、大和田《おおわだ》、木野井《きのい》、滝台、中ノ口、古和釜《こわがま》、大穴、楠ケ山、坪井、高根、米ケ崎、飯山満《ハサマ》、合せて二拾一ヶ村、大概《たいがいかくの》如《ごとし》レ此也又神職よりの伝《つたえ》に曰《いわく》、御山明神は香取《かとり》の二ノ宮にて、地神五代の始《はじめ》より御《ご》鎮座まします、人代に至り、時平公の御流人《おんるにん》を御同座《ごどうざ》に祀《まつ》れりしを、今、此御神《おんかみ》を面《お》モと称する事となりぬと也、香取《かとり》は五座《ござ》の御神《おんかみ》にて、則是《すなわちこれ》を一国にわかち、御鎮座五《いつ》ツの宮也とぞ、

香取大神宮《かとりだいじんぐう》

第一経津主御神　香取郡　楫取《かとり》大神宮　一ノ宮

第二上ミ筒尾尊　千葉郡　御山大明神　二ノ宮

第三中カ筒尾尊　葛飾郡　室《むろ》の宮　三ノ宮

第四下モ筒尾尊　同　郡　風早《かざはや》の宮　四ノ宮

第五末エ筒尾尊　古　河　雀《じゃく》の宮　五ノ宮

大神宮の御《ご》官位は大同《だいどう》二年（八〇七）也《なり》、御山明神は、社領十石、別当神主共三の宮は廃壊《はいかい》して、其証跡《そのあかしあと》知れ難《がた》しと也、爰《ここ》に里老《りろう》の云伝《いいつた》へに、船橋在方《ざいかた》前原と云所《いうところ》の内《うち》池有《あり》、池の上に深き井あり、五十尋《ひろ》を以《もっ》て其底《そのそこ》を不《しれ》レ知《ず》と、是則《これすなわち》、三ノ宮の室《むろ》の社《やしろ》の旧跡《きゅうせき》なりとぞ、井の名を釜蓋《かまふた》が淵《ふち》と云《いう》、毎年毎年別当より注連《しめ》を掛け、兼帯《けんたい》すと也、四ノ宮は松戸の上、花島《はなしま》の内、風早《かざはや》の宮と申《もう》す、社領十石、又五ノ宮は古河《こが》の城下《じょうか》にて、雀《じゃく》の宮と申す、社領三十石なりとぞ、又、香取の一ノ鳥居は、千葉より四里上ミ、神門《カウド》村と云所《いうところ》に建《た》つ、此故《このゆえ》に、其所《そのところ》を神門村目辺《マノアタリ》村と云《いう》、一ノ鳥居より御前迄《おんまえまで》六里也、馬渡（マノアタリ）本字《ほんじ》也按《あん》ずるに、住吉《すみよし》と香取《かとり》と御同体《ごどうたい》也、御老後《おんろうご》を住吉と崇《あが》め奉《たてまつ》りたる也、故《ゆえ》に住吉の本歌に、

あまくだる荒《あら》ひと神《がみ》のあひおひを思へば久しすみよしの神
天降《あまくだ》る荒人神《あらひとがみ》とは、則《すなわち》経津主の御神《おんかみ》の御事也《おんことなり》、

◉滝の不動尊

右同所より北方《きたのかた》、金杉村《かなすぎむら》の辺《あたり》にあり、是《これ》も名高き不動尊なり、尤《もっとも》、毎年正月廿八日、七月廿八日市《いち》立つ、七月は相撲あり、

◉秋《あき》葉《ば》三尺坊《さんじゃくぼう》

同近在《きんざい》高根村に有《あ》り、是も名高き神社なり、

◉村上《むらかみ》ノ釈迦《しゃか》 附略縁起

村上と云所《いうところ》に立給《たちたま》ふ、名高き尊《みこと》也、尤此所《もっともこのところ》は佐倉領分の内也《なり》、略縁起ニ曰《いわく》、昔此所に臼井殿《うすいどの》と申《もうす》領主有《あり》、狩《かり》を好給《このみたま》ひて、或時《あるとき》、沼辺《ぬまべ》に鴛《おし》ドリの有《あり》しを射留《いとめ》め給《たま》ふに、行《いき》て見給《みたま》へば、是鴛《これおしどり》にてはなく、御子息《ごしそく》の十二歳に成給《なりたま》ふ也、依《よっ》て、哀哭《あいこく》し給《たま》ふ事限りなし、其夜《そのよ》の夢に、鴛《おし》ドリの

来《きた》りて見へけるが、忽《たちま》ち児《こ》のかたちと顕《あらわ》れ、我《われ》は是《これ》御子《みこ》某《それが》し也、我を助けんと思《おぼ》し召《め》さば、御《お》歎《なげ》きをとゞめ給《たま》ひて、此釈迦堂《このしゃかどう》を建て、又傍《かたわら》に釣鐘《つりがね》を鋳《い》させて掛給《かけたま》へ、必ず成仏得脱《じょうぶつとくだつ》すべし、と也、夢覚給《ゆめさめたま》ひて、告《つ》げに任《まか》せて御堂《おどう》を建て、釣鐘を鋳させて鐘楼《しょうろう》に掛けけるに、其後《そのご》、一夜《いちや》大地大《おおい》に震《ふる》ひ、其傍《かたわら》の池忽《たちま》ち欠《か》け陥《おちい》り、此鐘池中《いけなか》に入《い》る、是を出《だ》さんとするに、深《ふこ》うして揚《あげ》る事能《あた》はず、竜宮迄抜け通りたるならんといふ、それよりして、此寺に今に釣鐘なしといへり、

行徳領

◉鏡《かがみ》の御影《みえい》

鏡の御影共云《ともいう》絵《え》、絹錦《きぬにしき》也

行徳領の内、高谷村了極寺《こうやむらりょうごくじ》に安置し奉《たてまつ》る、法然上人御自画《ほうねんしょうにんおんじが》、鏡を以《もっ》て自己を御覧《ごらん》じ、自ら御《お》画《かき》なし給《たま》ふ像也《ぞうなり》、此寺に、大僧正祐天大和尚《ゆうてんだいおしょう》の御《おん》自筆の回向《えこう》の塔婆《とうばあ》有り、尤《もっと》も此寺にて御書《おかき》なされたるよし、

（注）『葛飾誌略』より関連個所を記す。

一、了極寺《りょうごくじ》。海中山といふ。浄土船橋浄勝寺末。開基登誉和尚。元禄《げんろく》四（一六九一）辛《かのと》未《ひつじのとし》年建立。本尊圓光大師《えんこうだいし》鏡《かがみ》の御影《みえい》といふ。則《すなわち》大師直筆。札所観世音十一番目安置。此《この》尊影当寺《とうじ》に有る事は、昔、大師無実の難にして、暫《しばら》く讃州《さんしゅう》へ遠流《おんる》の時、御給仕申上げたる念仏《ねんぶつ》阿波之助《あわのすけ》佐見阿波之助是也。連珠《れんじゅ》数工夫の人也。二《に》別れを悲傷す。故に大師御身《おんみ》を鏡に写し書《か》き給ひ、阿波之助に授与し給ふ也。阿波之助仏法に志し、東路《あずまじ》に下りし時、当村（高谷村のこと）磯貝新兵衛方に止宿す。新兵衛同道にて諸国に赴く。みちのくにて阿波之助病気付き卒《そつ》す。新兵衛

尊影を負ひ守りて故郷に帰り、我家に納めて数代信仰有り。然《しか》るに、貳百年以前此寺建立の砌《みぎり》、納めて本尊とす。此尊像有る故にや、当村津浪の難もなく、又、疫病の愁《うれい》などなしと也。御厨子《おんずし》、三十年以前増上寺大僧正御寄附也。其節、尊像を上様迎へて御拝被レ遊《あそばされ》し也。大切に可レ致《いたすべき》旨《むね》、厳命有りし也。

一、大塔婆。祐天僧正真筆。瘧《ぎゃく》其外病気御符《ごふ》に諸人削りて戴く。

一、堀井。水清冷也。当村にあり。いま行徳領所々《しょしょ》に井を掘ると雖《いえど》も、此堀井、此辺《あたり》にて井の始也とぞ。此村は古き所也。既に元祖大師影向《ようごう》より是迄凡《およそ》六百年に及ぶ。又、磯貝新兵衛の家も六百年来永続する事珍しき也。

（注）『勝鹿図志手繰舟』より関連個所を記す。

法然上人真跡御影《ほうねんしょうにんしんせきみえい》　在高谷村《こうやむら》了（ママ）国寺

法然上人に随身したる阿波之助と云《いう》者、日本廻国《かいこく》の笈仏《おいぼとけ》として上人より画像を玉《たま》はり、諸国修行して当国当村にいたり農人新兵衛と云もの、家に一宿なし、病発《おこ》りて四五日杖をとゞめ、それより新兵衛をともなひ奥羽のかなたへ修行して阿波之助、終《つい》に奥州光堂にて命《いのち》終なす。新兵衛かの笈仏《おいぼとけ》を古郷に持帰り故以《ゆへ》ありて当寺に安置しけるとなん。上人自ら御姿見に向はせ御姿を写させし画像なるゆへ世に鏡《かがみ》の御影《みえい》と云。新兵衛の子孫今猶のこりて当寺の旦那たり。終始は寺記・縁起等に詳《つまびらか》也。

（注）『江戸名所図会』より関連個所を記す。

圓光大師鏡御影　行徳の東の海浜、高谷村《たかやむら》浄土宗了極寺に安《やすん》ず。圓光大師鏡を照して自己の姿をうつし、畫《ゑが》き給ふ御影なりといへり。土俗錦《にしき》の御影とも称せり。当寺《とうじ》に大僧正祐天和尚真筆の塔婆あり。奇特《きどく》ありとて諸人渇仰《しょにんかつがう》す。

◉閻魔王《えんまおう》

本行徳寺町徳願寺《ほんぎょうとくてらまちとくがんじ》の地中に安置し奉《たてまつ》る、雲慶《うんけい》の作、座像《ざぞう》八尺也《なり》、毎年、正月、七月十六日、夥敷《おびただしき》参詣有《あり》、尤《もっとも》説法あり、

（注）『葛飾誌略』より関連個所を記す。

一、徳願寺。海巌山《かいがんざん》といふ。浄土武州鴻巣《ぶしゅうこうのす》勝願寺末《まつ》。開基勝願寺中興不残《ふざん》上人。御朱印拾石。慶長五年（一六〇〇）創立。昔は普光院とて草庵なりしとぞ。

一、阿弥陀如来。本尊也。運慶作。鎌倉右大将頼朝公簾中尼将軍の宥経仏《ゆうきょうぶつ》也。上様より忠残《ちゅうざん》上人へ被《くだし》二下置《おかれ》一し也。

一、閻魔堂。像、運慶作。善光寺如来、則《すなわち》善光寺四十八如来の其の一なり。寛正《かんしょう》九丁《ひのと》巳年《みのとし》（寛政《かんせい》九年カ、一七九七）、増上寺崩誉《ほうよ》大僧正より御寄附也。鐘楼堂《しょうろうどう》あり。楼門額、

海巖山。大僧正雲臥《うんが》筆。行徳観世音第一番目安置。此札所初めて元禄《げんろく》三庚午年《かのえうまのとし》（一六九〇）、当寺十世覚誉《かくよ》上人三十三体の尊像を刻みて、諸寺へ納められしと也。凡《およそ》百二十年に及ぶ。

（注）『江戸名所図会』より関連個所を記す。

海巖山《かいがんざん》徳願寺　本行徳《もとぎょうとく》の駅中《えきちゅう》一丁目の横小路《よここうじ》、船橋間道《かんどう》の左側にあり。浄土宗にして、鴻巣《こうのす》の勝願寺《しょうがんじ》に属す。当寺《とうじ》往古《いにしへ》は普光庵《ふくわうあん》といへる草庵なりしが、慶長《けいちょう》十五年（一六一〇）庚戌《かのえいぬ》、開山聰蓮社圓誉不残《そうれんしゃゑんよふざん》上人《しょうにん》、寺院を開創して、阿弥陀如来の像を本尊とす。丈《みたけ》三尺二寸あり。仏工《ぶつく》運慶の作なり。往古《そのかみ》鎌倉二位《にい》の禅尼政子《ぜんにまさこ》の命により是を造る。遙《はるか》の後《のち》、天正《てんしょう》十八年（一五九〇）に至り、一品大夫人崇源院殿《いっぽんだいふじんそうげんいんでん》鎌倉より移し給ひ、御持念《ごじねん》ありしが、後《のち》大超上人に賜り、又当寺第二世正蓮社行誉忠残和尚《しょうれんしゃぎょうよちゅうざんおしょう》、当寺に安置なし奉るとなり。十七世晴誉《せいよ》上人、殊《こと》に道光普《どうこうあまね》く四方《よも》に溢れ、信心の徒《ともがら》多かりしとなり。境内閻《えん》王《おう》の像は運慶の彫造《ちょうぞう》なり。座像にして八尺あり。毎年正月・七月の十六日には、参詣群集す。当寺十月は十夜法会《じゅうやほうえ》にて、最賑《もっともにぎは》し。山門額『海巖山《かいがんざん》』の三大字《だいじ》は、縁山前《えんざんさきの》大僧正雲臥《うんが》上人の真蹟なり。

（注）『勝鹿図志手繰舟』より関連個所を記す。

海巌山徳願寺　　在本行徳村

本尊阿弥陀如来は鎌倉右大将家二位の禅尼の、大仏工《だいぶつく》運慶に命じて彫刻なさしめ玉ふ尊像なるよし。伝来寺記に委《ゆだね》し。

当寺十七世晴誉《せいよ》和尚は中興の開基にして昼夜念仏怠る事なし。其行ひ衆人のしる所也。雪中庵蓼太参謁《さんえつ》したりし時、

念仏の外に念なし秋のくれ

晴誉和尚の挨拶に、

遠くはないぞちかい極楽

(注)『千葉県東葛飾郡誌(二)』より。
徳願寺の菖蒲《しょうぶ》、境内に百余種三千余株を栽培す、紫花、白葩《しろばな》、露もたわわに嬋妍《せんけん》として鑑賞の客を待つ、毎年六月十五日は菖蒲開きとて、寺院及び土地の有志の催に係る生花、詩歌、俳諧の会も開かれ又寺宝の陳列もありて雅俗行楽の雑閙《ざっとう》を極む。

◉三千町《さんぜんちょう》

本行徳下《し》タ海面也、此所《このところ》字長《あざなが》じまと云《いう》、海面出張《でばり》の所也、長島《ながじま》の先に尼ヶ谷《あまがや》と云所有《いうところあり》、近来迄は磯馴松原《いそなれまつばら》也、南風高浪《みなみかぜたかなみ》にて皆欠《みなかけ》て、其跡《そのあと》も松もなし、此辺《このあたり》より海神村下迄干潟大凡三千町《ひがたおおよそさんぜんちょう》と積《つも》りし故《ゆえ》、名とす、右は則《すなわち》、塩浜に取立《とりたて》、堤にて締切《しめきり》、かこひの願ひ、江戸横山町何某度々公儀《たびたびこうぎ》

へ出て、三千町の内《うち》漸《ようや》く三十町程《ほど》叶《かな》ひ、只今《ただいま》塩浜と成《な》れり、然《しかれ》ども、最初の積りなれば迚《とて》、三千町と呼ぶ也、右尼ヶ谷の磯馴松は、当浦《とううら》の景物なりしを、今欠失《かけう》せし故、海辺《うみべ》の景すくなし、此所有《あ》りし内は、あまがへ野のちんば狐と云《いう》古ききつねの有《あ》りて、常に燐《キツネビ》絶《たえ》る事もなし、里人《さとびと》も馴《なれ》て、是を恐《おそ》るゝものなし、今にても狐火《きつねび》は折々有《おりおりこれ》レ之也《あるなり》、戦場にて、人血草に染《し》みて年を経れば、燐《りん》と成《な》る、人是《これ》に触《さわ》るれば、則《すなわち》散じて衣光《ころもひかる》と云《いえ》り、依《よっ》て、国府台其余《こうのだいそのよ》の古戦場にも、燐《りん》は有《ある》べし、此浦《このうら》は古戦場にてはなし、定《さだめ》て引場《ひきば》なるべし、この浦の燐は馬の骨なりと云《い》へり、

(注)『葛飾誌略』より関連個所を記す。

一、三千町。加藤新田といふ。塩浜反別二丁三反七畝三歩。一村持也。高三石九斗五升九合。近藤兵右衛門殿御改也。明和五年(一七六八)戊子《つちのえね》。

(注)『勝鹿図志手繰舟』より関連個所を記す。

塩浜　葛飾の浦行徳の塩浜は竪《たて》三里余有。いつの比《ころ》開発せしか詳《つまびらか》ならず。鎌倉北条家へ塩年貢納せし手形所持せし村長《むらおさ》今に存せり。行徳にて汐垂《しおた》るを泣《なく》といひ、延喜式伊勢斎宮内外《ないげ》の忌詞《いみことば》外七言の内、哭《なく》を汐垂《しおた》ると云《いう》。又塩たれたる砂を籠よりうつふせに打あけたるを塩尻と云《いい》て不二山《ふじのやま》に似たり。『いせ物語』に不二のかたちを塩尻と云。いさゝか口伝有。後、行徳も小田原の領地となり北条家と甲州へ塩を送る事を制禁したるは行徳の塩なりと言伝ふ。

（注）『江戸名所図会』より関連個所を記す。

塩浜　同所海浜十八箇村《か》に渉《わた》れりと云ふ。風光幽趣《ゆうしゅ》あり。土人云ふ、此塩浜の権輿《けんよ》は、最《もっとも》久《ひさ》しうして、其始《そのはじめ》を知らずといへり。然《しか》るに天正《てんしょう》十八年（一五九〇）関東御入国の後（徳川家康のこと）、南総東金へ御《ご》遊猟《ゆうりょう》の頃、此塩浜を見そなはせられ、船橋御殿へ塩焼の賤《しず》の男《を》を召し、製作の事を具《つぶさ》に聞《きこ》し召《め》され、御感悦のあまり、御金若干《おんかねそこばく》を賜《たまわ》り、猶《なお》末永く塩竈《しおがま》の煙絶えず営みて、天《あめ》が下《した》の宝とすべき旨鈞命《きんめい》ありしより以来《このかた》、寛永《かんえい》の頃迄は、大樹《だいじゅ》東金御遊猟の砌《みぎり》は、御金抔《おんかねなど》賜り、其後《そののち》風浪《ふうろう》の災《わざわひ》ありし頃も、修理《しゅり》を加へたまはるといへり。［事跡合考《じせきがっこう》］に云《いは》く、此地に塩を焼く事は、凡《およそ》一千有余年にあまれりと。又［同書］に、天正《てんしょう》十八年（一五九〇）御入国の後、日あらず此行徳の塩浜への船路を開かせらるゝ由《よし》みゆ。今の小名木川是なり。此地の塩鍋《しおなべ》は、其製《そのせい》他に越え、堅強《けんごう》にして、保つ事久しとぞ。東八州悉《とうはっしゅうことごと》く是を用ひて食料の用とす。

◉神明宮《しんめいぐう》

附伊勢大神宮の事

本行徳村《ほんぎょうとくむら》の鎮守也《ちんじゅなり》、本行徳宿四町有《しゅくよんちょうあり》、此宮は壱丁目に在《あ》り、此御神体《このごしんたい》は、勢州内宮《せいしゅうないくう》の御前《おんまえ》の土砂《どしゃ》也とぞ、修覆遷宮《しゅうふくせんぐう》の時は、別当所《べっとうしょ》の役人、格式を以《もっ》て是を遷《うつ》し奉《たてまつ》る也、別当は神明山自《しんめいざんじ》性院《しょういん》、真言宗葛西小岩村善養寺《かさいこいわむらぜんようじ》の末《まつ》也、神明宮にも、むかしは津久《つく》と云事有《いうことあり》しと也、津久の事、前《さき》の八幡の所に出す今は祭礼となり、毎年九月十六日、屋台《やだい》を出す也、屋台六基出る、中古は練《ね》り子の祭り有《あり》しを、凶年にひかれて、今は出し屋台計《ばか》り也、四町の外《ほか》、塩焼村《しおやきむら》と新宿村《しんしゅくむら》と云《いう》を入《いれ》て、祭り六番の所也、四丁目は新河岸《しんがし》とて、江戸小網町《えどこあみちょう》行徳河岸《ぎょうとくがし》よりの旅人の船宿河岸也、旅籠屋有《はたごやあり》、上総《かずさ》、下総《しもうさ》、安房《あわ》、常陸《ひたち》、ともに往還也《おうかんなり》、日本橋より三里あり、依《よっ》て右の如《ごと》く勧請《かんじょう》し奉《たてまつ》る故《ゆえ》、勢州と御同然《ごどうぜん》也、抑《そもそも》伊勢両大神宮と申奉《もうしたてまつ》るは、外宮《げくう》は天御中主尊、又豊受大神《とようけのおおかみ》とも奉レ申《もうしたてまつる》、則《すなわち》国常立尊の御事《おんこと》也、内宮《ないくう》は天照大神《あまてらすおおかみ》にて御座《ヲハシマ》す也、昔時、御弟素盞嗚尊《おんおとうとすさのうのみこと》と御中《おんなか》あしく在《ましま》して、尊ト《みこ》天マ《あ》の駁駒《フチ》を逆剥《さかはぎ》にはぎて、姫大神《ひめおおかみ》の機《ハタモノ》を織《お》らせおはします甍《ミイラカ》の中へ投入《なげい》れ給《たま》ふによりて、腹《はら》立思食《たておぼしめし》て、則《すなわち》天《あめ》の岩戸《いわと》の中に隠れ容《イラ》せ給《たま》ふ、此故《このゆえ》に、天下皆常闇《あめしたみなとこやみ》とはなりぬ、八百万《やおよろず》の神々歎《なげ》き給《たま》ひて、岩戸の前《まえ》にて燎《ニハビ》を焼き、神楽《かぐら》を奏《そう》し給《たま》へば、御心《みこころ》とけさせ給《たま》ひて、あら面《おも》て白《しろ》やと宣《のたま》ひて、岩戸を少し開かせ給《たま》ふを、多力男ノ尊則《すなわち》岩戸を取放《とりはな》ち給ふ、神代巻《じんだいかん》には、御手《みて》を取《とり》て引出し申《もう》させ給ふとあり故《ゆえ》に、日月《にちげつ》又毎《まい》の如く明《あきら》かに成《な》らせ給ふ、今に至る迄おもしろきと云《いう》、蓋《ふた》其元《も》ト也、多力男ノ尊は信州戸隠《とがく》シの明神則《すなわち》是なり始め岩戸の前にて神楽を奏し給ふ時、天《あめ》の香久山《かぐやま》の榊《さかき》の枝に八咫《ヤタ》の鏡を掛け、御姿《おすがた》を移し奉《たてまつ》る、此鏡を内侍所《ないじどころ》と申奉《もうしたてまつ》る、八百万《やおよろず》の神々、御神会《おんかみえ》ましまして是を鋳奉《いたてまつ》る、裏には姫大ン神《ひめおかみ》の御像《おんぞう》を模範《ウツ》し奉《たてまつ》ると也、前《さき》に鋳損《そん》じ奉り、再び鋳奉る所也、前キ《さ》に鋳損じ奉る鏡は、則《すなわち》紀伊国《きいのくに》日ノ御崎《みさき》大神宮是也、如レ此《かくのごとし》ノ天《あま》ガ下《し》タ明《あきら》かに成《なり》ましまして、其后チ《そのの》勢州五十鈴川《いすずがわ》の河上ミ《かわか》度会郡《ワタラエノこおり》に御跡《おんあと》を垂《たれ》させ給ふ、丸き宮柱《みやばしら》、短《みじか》き蘆《あし》の屋根は、奢《おご》り無き正直《しょうじき》を示させ給ふと也、則《すなわち》御神託《ごしんたく》、日月雖レ照《てらすといえども》二六合《りくごうを》一、実者照二正直頭一、此故に、山田をば竹の都と申《もうす》也、竹はすなをにして内に貯へなきもの成故《なるゆえ》、唐ｼにも、晋の王子猷《ゆう》は此君と称す、君子の徳有故也《あるゆえなり》、君子はすなほにして内にたくはへなし、吉田の兼好《けんこう》も、竹の薗生《そのお》の末《まつ》葉《よう》まで、人間の種《たね》ならぬぞ止《や》ンごとなき、と徒然草の始めには書侍《かきはべ》り、皆此大神の御《おん》すゑなる事を称しいへるなり、

（注）『葛飾誌略』より関連個所を記す。

一、本行徳。駅也。高九百五十四石八斗五升八合。塩浜高三十七町六反九畝四歩。家数凡《およそ》三百余軒。是領内の村にして、房州・上総・常陸、幷《ならび》に当国の街道也。領内凡二里三里が間也。当所町並は南北三百九十四間、東西百十間平均也とぞ。旅人往来、今は登戸船にて多く往来しつれば、昔よりは減なしと。然《しか》れ共《ども》、日夜旅人の絶間なく、又、春冬は銚子の魚物、夏は西瓜瓜等、この前栽、秋より冬は大根等附け出す。馬の夥《おびただ》しく嘶《いなな》く声、馬士唄《むまかたうた》の喧《やかま》しきなど、言ふばかりなし。

（注）『葛飾誌略』より関連個所を記す。

一、神明宮。四丁目幷《ならび》に新田鎮守。別当月性院（自性院《じしょういん》である）。則《すなわ》ち伊勢内宮《ないくう》様同神也。中例（中洲カ）に在る時は小祠《しょうし》也。寛永《かんえい》十二乙亥《きのとい》（一六三五）大社に造立。其造立の節、十五ヶ村より寄進有りしといふ。本願主田中嘉左衛門。元文《げんぶん》二丁巳年《ひのとみのとし》（一七三

七）・享保元申年《きょうほうがんさるのとし》（一七一六）とも田中三左衛門催しにて、祭礼に始めて屋台を出す。町内も此時四丁《よんちょう》に分る。新田とも家台五つ、新宿客祭として家台以上六つ也。其後、度々屋台出でしかども、新田迄は不《ひか》レ引《ず》といふ。

（注）塩焼村。しおやきむら。江戸時代は行徳新田をいう。

（注）新宿村。しんしゅくむら。にいじゅく。下新宿村のこと。

（注）『葛飾誌略』より関連個所を記す。

一、新川岸《しんかわぎし》。川場也。元禄《げんろく》三庚午年《かのえうまのとし》（一六九〇）此所へ移る。故に新川岸といふ。南側に宿屋十余軒、此内亀屋は僧侶宿なり。山口屋は木賃宿《きちんやど》也。

宿取りて浜辺見に行く春日哉《かな》　祖風。

祐天僧正未《いま》だ所化《しょけ》の頃、成田山参詣に、妙典辺《あたり》にて吹雪に手足寒く、道路に倒れたるを、亀屋主人宅へ伴ひ介抱せしと。此故にて、生實《おゆみ》大巖寺通行に亀屋旅館也。新河岸《しんがし》より九日市迄四千百六十六間、此《これ》七十七丁と二十六間也。

一、川岸番所。同船会所。寛永《かんえい》九壬申年《みずのえさるのとし》（一六三二）、伊奈半十郎様御支配の節、江戸小網町迄水上三里舟渡被《おおせ》二仰付《つけらる》一、并《ならび》に御伝馬《おてんま》駄賃人足相定《あいさだ》まる。当年迄凡百七十八年に及ぶ。

（注）『江戸名所図会』より関連個所を記す。

神明宮　同所（本行徳のこと）一丁目、街道の左側にあり。此地の鎮守とす。別当は真言宗にして、自性院《じしょういん》と号す。毎歳《まいさい》九月十六日を以て祭祀の辰《しん》とす。其祭る所は伊勢内宮の土砂を遷して、内外両皇太神宮を勧請し奉る。相伝ふ、当社昔は川向中洲と云ふ地にありしを、後此所へ遷《うつ》すとなり。又此地を金海の森と号《なづ》く。慶長《けいちょう》十九年（一六一四）甲寅《きのえとら》、金海法印といへる沙門《しゃもん》、此地に一宇の寺院を開創して、金剛院と号《ごう》す。依《よっ》て金海の森といふとぞ。金剛院今は廃せり。

按ずるに、［葛西志］といへる書に、行徳は金剛院の開山 某《それがし》、行徳の聞《きこえ》高かりし故に地名とする由《よし》記せり。

（注）『江戸名所図会』より関連個所を記す。

金剛院廃址　当寺より南の方《かた》にあり。御行屋敷《ごぎょうやしき》と字《あざな》せり。是則《これすなわち》先にいへる處《ところ》の金剛院の旧地なり。金剛院は羽州羽黒山法漸寺《ほうぜんじ》に属するといへり。其昔行徳有験《うげん》の山伏住みたりしにより、竟《つい》に此地名となるよし云ひ伝ふ。

（注）『千葉県東葛飾郡誌（二）』より。

金海の森。本行徳一丁目神明社の境内を古来金海の森と称す、之《こ》れ慶長《けいちょう》年間（一五九六～一六一四）金海法師なる者一宇《いちう》の寺院を此地に草創したるが故にして寺号を金剛院と云へり、南方御行屋敷《みなみのかたごぎょうやしき》と字《あざな》する地は　即《すなわ》ち其遺址なりと、葛西志に行徳は金剛院の開山某行徳の聞え高かりし故に地名としたる由を記せり、開山某とは此金海法印を指せるものか。

◉弁財天

并《ならびに》第六天

本行徳宿《ほんぎょうとくしゅく》より四五町下《しモ》、湊村《みなとむら》の内《うち》、別当水奏山円明院《すいそうざんえんみょういん》、真言宗新武蔵葛西領小岩村善養寺《かさいりょうこいわむらぜんようじ》末《まつ》也、右円明院《えんみょういん》地中に立《たた》せ給《たま》ふ、正徳年中《しょうとくねんちゅう》（一七一一〜一五）、武江青山宿梅窓院順誉上人《ぶこうあおやまじゅくばいそういんじゅんよしょうにん》唯然和尚《ゆいねんおしょう》へ、此御神《このおんかみ》の霊夢の御告《おつ》げましまして、則《すなわち》堂を建立《こんりゅう》せられし也、但《ただし》建立は享保《きょうほう》三戊戌年《つちのえいぬのとし》（一七一八）也、遷宮《せんぐう》は同四月朔日《ついたち》元《も》トは潮《ウシホ》除ヶ堤の際《さい》ハ弁天山と云《いう》、松林の中也、近来境内へ引収る、尤《もっとも》地狭《バ》に成故《なるゆえ》、拝殿を略して遷社《せんしゃ》す、弁天山の時は拝殿共に有《あ》り、則《すなわち》、沙喝羅《しゃかつら》竜王第三の姫君、安芸《あき》の厳島《いつくしま》の明神《みょうじん》と御同体なり、御神体は唯然《ゆいぜん》上人より奉納《ほうのう》、但中興其元《そのもと》トは青木氏の祖、相州《そうしゅう》より遷《うつ》り来て、江の島の弁財天を勧請《かんじょう》し奉ると云《いう》又、弁財天は天竺《てんじく》にての御神《おんかみ》也、吾《わが》朝《ちょう》にては、地神五代葺不合尊彦波瀲武（ヒコナギサタケ）鸕鷀草葺不合（ウガヤフキアヘズ）尊と号すの御母后《おんははご》豊玉姫《とよたまひめ》ノ尊《みこと》、則《すなわち》御同体也、当寺に竜乗の神像狩野筆也一幅《いっぷく》納め有レ之《これあり》、御舟玉《おふなだま》の神也、此所、昔少しき湊なる故に、此御神有《おんかみあり》、今の別当地は旧の社地、則《すなわち》大船其余の舟の目当ての森也、今の社元《やしろもと》へ帰り給ふ是其旨証《これそのむねあかしなり》也、弁天山にては、近来まで小柴《こしば》を立て祈る事有《あり》し也、齲歯《むしば》又疣《いぼ》の類《たぐい》是、阿取坊明神《あとりぼうみょうじん》の内、御類神《ごるいしん》也、海神村《かいじんむら》は陽神《ようしん》也、其《その》由緒有故《あるゆえ》に、弁天免《べんてんめん》とて御除《おのぞ》きの田地《でんち》有《あり》、又、別に第六天免と云《いう》御除地《おのぞきち》も有《あり》、是は、魔王と云時《いうとき》は彦火々出見の尊の釣《ツリバリ》を呑《のみ》て釣《つりばり》失《う》せし心にて、赤女《あかめ》の魚を祀《まつ》りたりと覚《おぼえ》る也、此故に、是も御類神也、同寺兼帯《けんたい》又、第六天の魔王は天竺《てんじく》の神也、我朝《わがちょう》にては、天神七代の内、第六代面足《オモタルノミコト》尊、惶《カシコ》根《ネノ》尊の御事也《おんことなり》とぞ、霊夢中《れいむちゅう》の老翁《ろうおきな》は、則《すなわち》陽神彦火々出見の尊也、唯然上人、弁財天堂建立の時の縁起に、右の老翁、又同霊夢の中に楔《クサビ》と成《な》り見へ給《たま》ふ、尊《みこと》は当時法伝寺《ほうでんじ》より出給《いでたま》ふ、則《すなわち》楔《くさび》地蔵尊と号す、是慈覚大師《じかくだいし》の御作《おんさく》也、今は江府《こうふ》青山宿長春山梅窓院《ちょうしゅんざんばいそういん》に安置し給《たま》ふ、唯然、離有無上人の法縁《ほうえん》にて、法伝寺に宿《やど》し給ふ、夜、例《たとえ》に不レ変《かわらず》夢想有《あ》り、則《すなわち》、霊夢中の地景と地蔵尊とにて、其夜当所に必せしと也、委《くわし》くは縁起に見へたり、又、今は弁天山は石宮《いしみや》也、末社の稲荷、同石宮也、梅窓院は青山大膳亮様《あおやまだいぜんのすけさま》の御内寺《おんうちでら》也、

（注）『葛飾誌略』より関連個所を記す。
一、湊村。高八十九石六斗八升九合。塩浜高拾壹町壹反九畝廿八歩。倭訓栞《わくんかん》に云ふ。湊は水上人所レ會《あうところ》也。注すれば水人の義にや。云々《うんぬん》。故に今の俗海船の湊口の名とす。

（注）『葛飾誌略』より関連個所を記す。
一、圓明院《えんみょういん》。水奏山といふ。真言小岩末。開基正誉法印。家数百余戸。御除貳反貳畝歩。永禄《えいろく》五壬戌《みずのえいぬのとし》年（一五六二）建立。凡《およそ》二百四十八年に及ぶ。札所観音廿二番目安置。
一、不動堂。霊験有り。弁天祠。昔は野中に在り。宝永《ほうえい》年中（一七〇四～一〇）此所へ遷す。

（注）『江戸名所図会』より関連個所を記す。
弁財天祠《べんざいてんのほこら》　同所四五町下《しも》の方《かた》、湊村にあり。昔は潮除堤《しほよけづゝみ》の松林の下《もと》にありしとなり。其旧地を弁天山と号して、石の小祠《こほこら》あり。今は圓明院《えんみょういん》に移す。正徳《しょうとく》年間（一七一一～一五）、江戸青山梅窓院《ばいそういん》の順誉唯然和尚《じゅんよゆいねんおしょう》、此神の霊示により、享保《きょうほう》三年（一七一八）戊《つちのえ》

戌《いぬ》、宮居《みやい》を建立ありしといふ。祭る所は芸州《げいしゅう》厳島《いつくしま》の御神と同じく、市杵島姫神《いちきしまひめのかみ》にして、海神村《わだつみむら》の阿諏訪神《あすわのかみ》は男神《をがみ》、当社は女神《めがみ》と称す。神田あり。弁天免と唱ふ。船霊宮《ふなだまのみや》 畫像《がぞう》一幅。探信の筆なりといふ。古《いにしえ》此地大船入津《だいせんにゅうしん》の湊なりし故に、此神を崇むるといへり。

◉正一位香取大神社《しょういちいかんどりだいじんじゃ》

同闕真間村《かけままむら》の内《うち》に在《ざい》す、湊村《みなとむら》、同新田《どうしんでん》、香取《かんどり》、欠真間村《かけままむら》の内、古名《こめい》也、右の神社在《ざい》す所、香取郡《かとりごおり》に間違《まちが》ふにより欠真間一村と云《いう》 欠真間村、合せて四ケ村《しそん》の鎮守《ちんじゅ》也、別当水奏山円明院《べっとうすいそうざんえんみょういん》、前《さきの》弁財天と同じ 尤《もっとも》、神主《じんしゅ》の家有《あ》れども、故《ゆえ》有《あ》つて今は用ひず、此社《このやしろ》元《も》トは利根川の端《はし》也、香取《かんどり》の末枯松《すえかれまつ》とて大木の松有《あ》り、水当《みずあた》り強きを以《もっ》て、欠入《かけいり》て此木《このき》も河へ倒れ入り、其社地も今は河中也、其後今の所へ遷宮《せんぐう》す、神官は、近来狩野氏何某願主《かのうしなにぼうがんしゅ》にて、氏子を勧化《かんげ》して、京都吉田殿《よしだでん》へ上り、正一位《しょういちい》の官を頂戴《ちょうだい》す、毎年九月十一日祭礼有《あ》り、尤《もっとも》屋台《やだい》四基を出す、香取村《かんどりむら》も組合一村《いっそん》に立つ 先年は踟子《ネリ》の祭り有《あり》しを、是も凶年にひかれて其事止《やみ》ぬ、此御神《おんかみ》は、一国の府中 当時行徳領葛飾《かつしか》の府也 成故《なるゆえ》に、香取郡《かとりごおり》の一ノ宮を遷《うつ》し奉《たてまつ》り、鎮守府《ちんじゅふ》と奉《なづけ》レ号《たてまつる》 其元《も》トか、此御神は刀指《かたなさし》そへを指す事の始めの御神なる故へ、指添《さしぞえ》の分当社に中《あた》る 国々へ取次ぎ、何方《いずかた》の此御神をも一社に成《な》し奉る心也、俗には香取明神《かんどりみょうじん》と計《ばか》り知りて、其御神名《そのおんしんめい》を知らざる故に、講釈内授《こうしゃくないじゅ》幷《ならびに》註《ちゅう》等《など》は、皆当社に当る也、一国の内府《うちふ》は先《ま》づ先《さき》にするの心也 故に、神位増々昇進まします也、抑《そもそも》経津主の御神は、天照皇《あまてらすすめら》大神《おおかみ》、天《あ》メよりあま降らせ給ふ御時《おんとき》、先《ま》ッ天《あま》メの神《かみ》をくだし給《たま》ひて、四方《よも》の国を平《たい》げ給ひ、然《しこう》して後、豊葦原《とよあしはら》の中津国《なかつくに》に宮柱《みやばしら》太《ふ》トしく建て御鎮座まします、則《すなわち》、経津主の御神、よものくにをたいらげ給《たま》ひて、下総《しもうさ》の国楫取郡《かとりごおり》に跡を垂れさせ給ふ、是《これ》征夷大将軍惣追輔使《そうついぶし》の御始《おんはじめ》也、幷《ならび》に帯刀指添《たいとうさしぞえ》の御始め、太《た》刀《ち》剣《つるぎ》は天照大神《あまてらすおおかみ》より、指添《さしぞえ》は天児屋根尊《あめのこやねのみこと》より引出物なり依《よっ》て、本朝鎮守棟梁《ほんちょうちんじゅとうりょう》と号《ごう》し奉る、則《すなわち》、経津主の尊とも、斎主の尊とも号し奉る、春日《かすが》四社の中、第二の御神是也《おんかみこれなり》、当社にも神系図ありしを、御構《おかま》ひの事有《あり》て、神主《じんしゅ》の家より他へ渡る、今当国稲毛村浅間《いなげむらせんげん》の神主の許《もと》に納《おさま》り有《これ》レ之由也《あるよしなり》、尤《もっとも》小田原陣の砌《みぎり》也、此神主の家より小田原北条へ出て家臣と成《なり》し者有《あり》、神職の受領官の系図を以《もっ》てか此故に、御構《おかまえ》にて、但右受領官の系図なき故か神職を勤《つとむ》る事成《な》り難《がた》く、今は平人《へいじん》也、又、御本地《ごほんち》は十一面観世音、弘法大師の御作《おんさく》也、旧の御本地仏は秘仏にして、春日の作也、爾《しか》るを、寛延《かんえん》四年（一七五一）より七十二年以前、延宝《えんぽう》八庚申年《かのえさるのとし》（一七八〇）八月、大風、津浪にて此辺《このあたり》の人多く死す、則《すなわち》、御本地大士《だいし》をば、此河向《かわむか》ひ下鎌田村《しもかまだむら》の大堤へ流れ吹寄《ふきよ》せたり、其所幸《さいわ》ひ同御神《どうおんかみ》の氏子《うじこ》其所のウブスナ也故、秘シテレ之ヲ、しらぬよしにて、今に伝はり安置し奉る也、

（注）『葛飾誌略』より関連個所を記す。

一、香取社。当村（欠真間村のこと）鎮守。祭神経津主命。香取郡《かとりごおり》香取宮《かとりのみや》同神。別当圓明院。欠真間《かけまま》・香取《かんどり》・湊新田・湊村四ヶ村の鎮守也。下総国一宮《しもうさのくにいちのみや》香取《かとり》太神宮を勧請也。日本鎮守棟梁也。神代巻の事予《よ》が鹿島詣に書き出したれば爰《ここ》に略す。元文《げんぶん》二巳年《みのとし》（一七三七）八月、覚敬法印大明神号を取捧《とりささ》げし也。或人評定に曰《いわ》く、香取太神宮は神代《かみよ》よりの号

にして、それを弁《わきま》へず、いま新たに官を取りて大明神とせしは、神威を一等引下げたる也。覚敬は愚僧也といふ。（中略）当社祭礼は九月十一日也。家台四番出づ。三十六年前、安永《あんえい》二 癸巳年《みずのとみのとし》（一七七三）花麗の事有りし也。其後は神輿のみ渡りて本祭なし。御膳、古《いにしえ》は狩野家《かのうけ》にて奉献せし也。中頃、四ヶ村へ譲りし也。又、毎正月備射武射ともいふとぞ。神酒を供し、人々打寄りて祝ふ事也。備射の式は古書にも有りて、政事《まつりごと》の一也と雖も、今は名のみ残りて其式を知る人稀也といふ。

一、社旧地。小例。今、重兵衛といへる家の側に有り。大洪水の後、今の所へ移す。

◉行徳領三十三所札所《ふだしょ》ノ観音西国《さいごく》模《も》シ寺所名《てらしょめい》幷《ならびに》道歌《どうか》

一番　海巌山徳願寺《かいがんざんとくがんじ》　本行徳寺町《ほんぎょうとくてらまち》、楼山門の額は海巌山（大僧正雲臥《うんが》大和尚御筆《だいおしょうおんふで》）浄土宗鴻ノ巣《こうのす》勝願寺末《しょうがんじまつ》、寺領十石

紀伊国那智山

中興、和尚大願を起し、自分行徳三十三所の尊像を彫刻《ちょうこく》し、分《わか》つて札所とす、是《これ》札所順礼《じゅんれい》の始り也、都《すべ》て下総《しもうさ》一国《いっこく》、佐倉領、印西《いんざい》、成田辺《なりたあたり》、島崎、埴生《ハブ》、城井《しろい》、神々廻《ミヽハザマ》、大森、木卸《ヲロシ》、丁荷《テカ》、府佐《ふさ》、小金領《こがねりょう》、千葉、寒《サン》川、舟橋《ふなばし》筋より、皆札所順礼有《あ》り、

後《のち》のよをねがふ心は有《あり》がたやまいる我身《わがみ》の徳願寺かな

徳願寺鐘ノ銘、

二番　山福泉寺《ふくせんじ》　二俣村《ふたまたむら》、是は小庵也、但し、旧寺の廃壊の跡此所に元卜《も》有《あり》て、寺号計《ばか》り残りたる也、元卜《も》の二番は金剛院《こんごういん》といふ、今は寺なし

同国紀三井寺

かぎりなき法《のり》の教へはふくぜん寺つきぬ宝をとるこころせよ

三番　塩場山長松寺《えんじょうざんちょうしょうじ》　本行徳町、禅宗臨済派、当国馬橋万福《まばしまんぷく》寺末《じまつ》、此寺に薬師仏有《あり》、毎月八日参詣有《あり》

同国粉河寺

長き夜のねぶりをさます松風のみてらへ参る身こそやすけれ

四番　神明山自性院《しんめいざんじしょういん》　本行徳一丁目、真言宗、葛西《かさい》小岩村善養寺末、此寺神明宮の別当所也

和泉国槇尾寺

我思《われおも》ふ心の玉はみかゝしをたのむ仏のてらすなりけり

五番　山大徳寺《だいとくじ》　下新宿村《しもしんしゅくむら》、浄土宗、芝増上寺末、左《さ》の鐘ノ銘あり、此寺に十二時の鐘有、享保元丙申年《きょうほうがんひのえさるのとし》（一七一六）、河原村《かわらむら》道喜と云人《いうひと》建二立之一

河内国藤井寺

たぐひなき仏の道の大徳じもらさですくふ誓《ちか》ひたのもし

六番　山浄林寺《じょうりんじ》　同所、浄土宗、葛西上今井村浄光寺末

大和国壺坂寺

あなたふとこゝに浄土のはやし寺風もみのりのひゞきなるらん

七番　山正源寺《しょうげんじ》　河原村《かわらむら》、浄土宗、□末

同国岡寺

みなかみにたてればまさに源《みなも》との流れをおくる寺のいにしへ

八番　山養福院《ようふくいん》　同所、真言宗、葛《か》西《さい》小岩村善養寺末

同国長谷寺

頼みあるちかひは常にやしなひの参る心にさいはひの寺

九番　山竜厳寺《りゅうごんじ》　同所、真言宗

奈良南円堂

ふりくだる大《ふと》ひの雨のりうごんじ世をあはれみの道のさまざま

十番　山福王寺《ふくおうじ》　稲《とう》［タウ］荷《か》木《ぎ》村《むら》、真言宗

宇治三室戸

はるばるとはこぶこゝろは水《みな》かみにあまねきかとのふく王寺かな

十一番　山了極寺《りょうごくじ》　高谷村《こうやむら》、浄土宗、舟橋浄性寺末、鐘ノ銘有り

山城国上ノ醍醐寺

さとり得てきわむる道をきくのりのたよりとなりてたのむ後《のち》のよ

十二番　山安養寺《あんようじ》　同所、真言宗、当国伊《い》野《の》村《むら》千手院《せんじゅいん》末《まつ》

近江国岩間寺

目のまへにまゐりてたのむごくらくのしるべをこゝに安やうじかな

十三番　真宝山法泉寺《しんぽうざんほうせんじ》　本行徳一丁目、浄土宗、葛西浄光寺末、上今井村也

同国石山寺

しなじなに仏ののりのいづみ寺つきぬや浜のまさごなるらん

十四番　仏性山法善寺《ぶっしょうざんほうぜんじ》　同所一丁目裏、門徒《もんと》宗《しゅう》、江戸《えど》麻布《あざぶ》善福寺末《ぜんぷくじまつ》

大津三井寺

法《のり》によく頼みをかけてひたすらにねがへば罪も消てこそゆけ

十五番　山浄閑寺《じょうがんじ》　同所三丁目、浄土宗、芝増上寺末

京ノ新熊野

こけの露かゞやく庭の浄がんじるりのいさごのひかりなりけり

十六番　山信楽寺《しんゲウじ》　同所四丁目、浄土宗、葛西上今井村浄光寺末

同清水寺

ひとすぢにまことをねがふ人はたゞやすく生る丶道とこそなれ

十七番　正覚山教善寺《しょうかくさんきょうぜんじ》　同所四丁目、浄土宗、葛西上今井村浄光寺末

同六波羅寺

おしなべてよきを教ゆるみ仏のちかひに誰も道はまよはじ

十八番　山宝性寺《ほうしょうじ》　関《せき》ケ《が》島村《しまむら》、真言宗、葛西《かさい》小岩村善養寺末

同六角堂

□□□□□仏のたねをうへぬればくちぬ宝を身にぞおさむる

十九番　山徳蔵寺《とくぞうじ》　同所、真言宗、葛西小岩村善養寺末

一条革堂

二十番　山清岸寺《せいがんじ》　伊勢宿村、浄土宗、芝増上寺末

よを秋のみのりのとくをおさめつゝゆたかにのちのよをばすぐべし

西山良峰寺

二十一番　来迎山光林寺《らいげいざんこうりんじ》　押切村《おしきりむら》、浄土宗、葛西上今井村浄光寺末

只《ただ》たのめ誓《ちか》ひのふねにのりをゑてやすくもいたる清がんじ哉《かな》

丹波国穴太寺

みほとけにあゆみをはこぶ後《のち》のよはひかるはやしのむらさきの雲

二十二番　仏法山東漸院法伝寺《ぶっぽうざんとうぜんいんほうでんじ》　湊村《みなとむら》、浄土宗、芝増上寺末

摂津国惣持寺

今よりはのちはまよはじ法《のり》のみちつたふおてらへまいる身なれば

二十三番　水奏山円明院《すいそうざんえんみょういん》　湊村、真言宗、葛西小岩村善養寺末、護摩堂有《あり》、竜神、弁財天の社《やしろ》有、鎮守天満宮

同国勝尾寺

有《あり》がたや月日の影ともろともに身は明かになるぞうれしき

二十四番　青暘山光明院善照寺《せいようざんこうみょういんぜんしょうじ》　湊村、浄土宗、芝増上寺末、慈覚大師御作《おんさく》観世音、湛《たん》慶《けい》ノ作、焔魔王《えんまおう》、法然上人《ほうねんしょうにん》鏡の御影《みえい》有《あ》リ、鐘ノ銘有リ

同国中山寺

あはれみの大慈大悲《だいじだいひ》のちかひにはもらさでよゝぞてらす寺かな

二十五番　西光山安楽院源心寺《せいこうざんあんらくいんげんしんじ》

闕《かけ》真間《まま》村《むら》、浄土宗、芝増上寺末、塔中安楽院、寺領六石、阿弥陀堂有り、鎮守石不動尊有、毎月二十七日夜参詣有、鐘ノ銘有

播磨国清水寺

みなもとの清きながれをこゝろにてにごる我身《わがみ》もすみよかりけり

二十六番　山了善寺《りょうぜんじ》

相野川《あいのかわ》、門徒宗《もんとしゅう》、江戸麻布善福寺末

同国法華寺

まよひにし心もはれてさとるべしよき教へぞとたのむ我身《わがみ》は

二十七番　山新井寺《しんせいじ》

新井村《あらいむら》、禅宗洞家《ぜんしゅうとうけ》、当国栗原法成寺末《くりはらほうじょうじまつ》

同国書写寺

いさぎよきあらゐにやどる月かげの誓《ちか》ひはいつもあらたなりけり

二十八番　山延命寺《えんめいじ》

同所、真言宗、□末

丹波国成相寺

そのかみのそゝぎし菊のながれともはこぶかさしのゐん命じかな

二十九番　山善福寺《ぜんぷくじ》

当代島村《とうだいじまむら》、真言宗、□末

若狭国松尾寺

徳のもとむかしやうへしたねならむくちせぬはよきさいわひのてら

三十番　山華蔵院《けぞういん》　猫実子村《ねこざねむら》、真言宗、□末

近江国竹生島

浪《なみ》の花晴《は》れておさまる海やまのながめはひろき此寺の庭

三十一番　医王山東学寺《いおうざんとうがくじ》　堀江村《ほりえむら》、真言宗、□末

同国長命寺

ふだらくや南のきしを見わたせば誓ひもうみもふかき浦なみ

三十二番　清滝山宝城院《せいりゅうざんほうじょういん》　堀江村、真言宗、□末

同国観音寺

参り来て頼むたからのしろの寺木くさのいろも浄どなるらん

三十三番　光縁山勢至院大蓮寺《こうえんざんせいしいんだいれんじ》　堀江村、浄土宗、芝増上寺末、常念仏《じょうねんぶつ》有《あり》、学誉《がくよ》冏鑑《きょうかん》大僧正御寄附《ごきふ》、鐘ノ銘有リ

美濃国谷汲寺

もちむかへ給《たま》ひしみねの大蓮寺《だいれんじ》花のうてなにやどるしゅんれい

堀江村清滝権現《せいりゅうごんげん》の社有《やしろあり》、鎮守也、猫実村神明《ねこざねむらしんめい》の社有《やしろあり》、此所海岸出張《このところかいがんでばり》にて、能景地《のうけいち》也、則《すなわち》、八景の夜雨《よさめ》に入《い》る此所《このところ》也、又海中に白き洲有《あり》、是景物の沖津洲《おきつす》也、皆貝計《かいばか》り也、此洲にて新《あ》ラ鷹《たか》を取らる丶也、中古は東浜《ひがしはま》に有《あ》り、竜宮より運び移し給《たま》ふと云《い》へり、

三十三所之外《ほか》　観音堂《かんのんどう》　藤原台村《ふじわらだいむら》、本行徳徳願寺持《も》チ也、是は、行徳三十三所を三度順礼《じゅんれい》して、此一枚を入れて、合せて百番と成《な》る結願所《けちがんじょ》也

たのもしやめぐりおさめしくわんぜおん二世あんらくといのる心は

海辺眺望

蒼波渺々銜レ天嚮、翠黛水煙斜日浮、雲霽二曲江一遠山緑、染成碧漢画良州、

其ノ一

東海遙看葛飾浜、昆鯨起霓入二魚鱗一、可レ憐江上一時景、転作満潮波浪津、

白妙《しろたえ》のふじの高根《たかね》を詠《なが》めつも猶《なお》塩がまにさかふ浦ざと

よみ人しらず

かつしかや入江の磯の浜千鳥浦さびしくもなき鳴音かな

おなじく

其御代の高きやをふじとながめつゝもしほやくなるけぶりにきほふ

おなじく

（注）道歌。道徳・訓誡《くんかい》の意を、分かりやすく詠んだ短歌。仏教や心学の精神を詠んだ教訓歌。

（注）観音札所三十三所と番外の寺院については拙書『葛飾誌略の世界』及び『明解行徳の歴史大事典』を参照されたい。

趣意

右雖レ為二髣髴一聞伝、或詢二里老一、且由緒旧事雖レ有レ所レ未レ至、所レ聴之儘著二大率一畢、余従二壮年一不レ学二軍書一、且不レ誦二聖賢之言、神仏之辞一、遑レ学稍為二晩学一、雖レ然、乗二其機一弗レ得二自已一不レ記レ之也、不レ如レ署矣、郭洗馬不レ識レ曲、那得レ言レ佳、謂下答二西施一不上レ識二性名一、以レ知レ美之属乎、安尽知レ之而後、遑レ記レ之耶、冀俟二後訂之精一而已、補レ非芟レ謬、不レ以レ労二斟酌一云レ爾、

維持《いじ》寛延《かんえん》二（一七四九）己巳《つちのとみ》中呂《ちゅうろ》上浣《じょうかん》

青山氏《あおやまし》書レ之《これをしょす》

『葛飾記』（完）

資料

行徳関連の郷土史資料として関連書籍を刊行年代順に記すと次のようになる。
なお、行徳の郷土史資料として筆者としては『葛飾記』『葛飾誌略』『勝鹿図志手くりふね』は葛飾三地誌と称してもよいものと確信している。

❖『江戸砂子』（えどすなご）

編者小池章太郎、株式会社東京堂出版刊行、昭和五十一年（一九七六）八月二十五日刊行。以下二点が収録されている。

『江戸砂子温故名跡誌』は享保《きょうほう》十七年（一七三二）仲夏日《ちゅうかのひ》、作者菊岡沾涼《きくおかせんりょう》、日本橋南一丁目万屋清兵衛が刊行。

『続《しょく》江戸砂子温故名跡志』は享保二十年（一七三五）正月、作者菊岡沾涼、江戸日本橋通一丁目松葉軒萬屋清兵衛蔵が刊行とされている。

沾涼は、凡例《はんれい》として、「凡《およそ》編纂の序次新古に拘らず、御城を以始《もってはじまり》とす。江都の中央にして方角茲《ここ》より計る。故《ゆえ》に首巻は先武陽の大意を論じ、次に御城を始として御外曲輪《くるわ》の内に終ル。第二は江城の東、浅草・橋場に始《はじ》メ下谷・千住に終《おわ》ル。第三は江城の艮《うしとら》、湯島・谷中に始メ駒込・小石川に終ル。第四は江城の西北、牛込・四谷に始メ赤坂・渋谷に終ル。第五は江城の南、芝・西久保に始メ亀戸・隅田川・真間に終ル」としている。

葛飾に関する記述は少ない。

徳川家康の江戸入り後百四十五年後の作品。

❖『葛飾記』（かつしかき）

中央公論社刊行『燕石十種』（第五巻／岩本活東子編）に所収。一九八〇年五月三十日刊行。全一巻。

『葛飾記』は寛延二年（一七四九）刊行、著者青山某とだけ記され、名前が不明。ただ、行徳の青山氏の一族の一人といわれ、青山文豹という説がある。

行徳領を広く深く紹介した地誌として最初の文献になる。

葛飾郡中の名所旧跡、神社仏閣の縁起などを解説した観光ガイドブック。上下巻に分かれる。上巻は十三の項目があり、「葛飾の郡」では行徳のことが手に取るように描写され、川の風物、産物が記され、景物、名物に歌が添えられている。

下巻は三十三の目次があり、後半部分に、これより行徳領の内という注釈がつき本行徳下の海岸塩浜のこと、神明宮、新河岸、弁財天、香取神社、その他を紹介、最後に、行徳領三十三カ所札所を掲げ、寺名と道歌を書いている。

古《いにしえ》の和歌を多数織り交ぜて紹介していることが特徴になっている。著者の博識が顕著である。

徳川家康江戸入り後百五十九年後の作品。

❖『葛飾誌略』（かつしかしりゃく）

房総叢書刊行会『房総叢書』（第六巻）に所収。昭和十六年（一九四一）十一月十日刊行。『葛飾誌略』の著者は馬光という俳号を持つ人物と考えられるが氏名不詳。『房総叢書』には、文化七年（一八一〇）の写本（翻刻をした稲葉氏所蔵）の翻刻したものが載せられている。

記述の方法の特徴としてはすべてが「一つ書き」、つまり、「一、内匠堀。……」などのようになっていることで、『葛飾記』の記述方法とは異なる。また、各村の石高、塩浜反別、塩浜永を詳述、さらに、洪水、津波、火山の噴火などの災害にも言及している。

内匠堀について言及した唯一の地誌である。

行徳領はおよそ四十余カ村、高およそ一万石等々、ただし本行徳は行徳の母郷なれば、行徳より書きだすはずだが、村々の順路が読み継ぎづらいようなので、江戸川下流の村から書き出して国府台辺りで終わるとしている。そして、浦安から本行徳、船橋、市川、江戸川区までの村々を紹介している。

徳川家康江戸入り後二百二十年後の作品。葛飾記刊行後六十一年後の刊行。

行徳の郷土史の中心的な地誌である。

❖『勝鹿図志手繰舟』（かつしかずしてくりふね）

正式な書名は『影印・翻刻・注解　勝鹿図志手繰舟』。高橋俊夫編、一九七五年七月三十日刊行。本書はこの高橋俊夫編の翻刻を利用した。

また、『勝鹿図志手ぐり舟　行徳金堤《ぎょうとくきんてい》の葛飾散策と交遊録』（宮崎長蔵著／一九九〇年九月二十九日刊行）が解説書として利用できる。

行徳金堤編著の『勝鹿図志手くりふね』は文化十年（一八一三）刊行。上下二巻本。現代の自費出版本にあたる配り本。

上巻は葛飾の浦を中心に行徳領の紹介、下巻は句集で、挿絵は葛飾北斎、谷文晁ら、俳句は小林一茶、夏目成美ら著名人を含めて二百名余。

行徳金堤は行徳領新井村の名主鈴木清兵衛。鈴木金堤とも。

徳川家康の江戸入り後二百二十三年後の作品。『葛飾記』の刊行から六十四年後の刊行。なお、前年の文化九年に新河岸に成田山常夜燈が設置されている。

肩書に「行徳」と記された俳人と俳句を次に記す。鈴木金堤を含めて総勢二十七名、三十一句。

名月や所がらとはたゞのこと　金堤
春は老けりな独活《うど》にも杉菜にも　紅二
町うらの小寺の庭や蛙啼《なく》　和来
春の雪只おもしろきものに降　図南
ゆかしげに見ゆれ薺《なずな》の青みさへ　らく女
若くさや野は有明の月ばかり　在舟
雉子の声けぶり立《たつ》山の夕かな　安子
砂山や根あがりつゝじまばらなる　其山
歯をもるゝ謳《うたひ》の声や夕すゞみ　斗七
てらてらと日ののぼる也鷭《ばん》のうゑ　文史
六月の雨や大空見へてふる　一由
夏木立鶯啼て栖やすし　東芸
朝顔とのみ見ては日を送りけり　是平
何時も鳴鐘から秋を撞たしぬ　浣黒
有明の明石八月《はつき》の社《やしろ》かな　柳下
寝覚寝覚懐《ふところ》ふるき長夜かな　糸道

名月やどこやら不二のこちら向　皐来
菊の戸や朝起しては空を見る　舟慶
灯ともせばきくは白きにほこりけり　柳翠
降からり降からり雪の釣瓶かな　一我
飛飛にしぐれのしみる小松哉　烏暁
枯芦に雀のたまるしぐれ哉　市慶
入相のとゞかぬ地なし鉢たゝき　円遊
馬で行《ゆく》人のちいさき枯《かれ》のかな　暮泉
こゝろばかりうごいて冬の日はくれぬ　香明
兀《はげ》山の木がらし何を吹をとす　雅乙
真間の江やいつものうゑて秋の霜　葛陵
薺《なずな》摘て七種《ななくさ》はずむこゝろ哉　金堤
風そよそよ蝙蝠《かはほり》見ても夜を更《ふか》す　金堤
玉笹や露の長居をする所　金堤
大雪やまた春遠くなる心　金堤

❖『葛西志』（かさいし）

三島政行著、文政四年（一八二一）成立とされる。

利用できる文献としては、国書刊行会刊行の東京地誌史料『葛西志』（昭和四十六年〈一九七一〉八月十五日刊行）がある。巻之二十五まで全一巻。

行徳川、番船、浅草から今井までの通船舟道、新川開削時期、古川、浅草からの行徳道、行徳の地名の由来等々見るべきものがあるが、武蔵国中心のため、葛飾三地誌には含めない。

徳川家康の江戸入り後二百三十一年後の刊行。

❖『江戸名所図会』（えどめいしょずえ）

編者は江戸神田の名主斎藤氏。斎藤長秋、斎藤県麻呂、斎藤月岑の三代にわたる労作。原本は全七巻で二十冊に分けられ、天保五年（一八三四）に前半の十冊、天保七年（一八三六）に後半の十冊が刊行された。市川市域は最後の二十冊目に記載されている。

現代でいうと豪華な写真付きの観光ガイドブックといったところ。

市川市域は最後の二十冊目に記載され、松戸、行徳、国府台、八幡、船橋が載っている。

筆者が本書のために使用したものは、原田幹校訂『江戸名所図会・下』（人物往来社／昭和四十二年〈一九六七〉五月一日刊行）。

また、『原寸復刻　江戸名所図会』（評論社／一九九六年十二月二十日刊行）もある。
行徳領全域を俯瞰したとはいい難いので葛飾三地誌には含めていない。
徳川家康の江戸入り後二百四十六年後の刊行。明治維新の三十年ほど前の刊行になる。

参考文献

『広辞苑（第四版）』新村出編　岩波書店　一九九一年十一月十五日発行
『新版漢語林』鎌田正・米山寅太郎共著　大修館書店　一九九四年四月一日発行
『福武古語辞典』井上宗雄・中村幸弘編　福武書店　一九八八年九月発行
『燕石十種』（第五巻）所収『葛飾記』岩本活東子編　中央公論社　一九八〇年五月三十日発行
『房総叢書』（第六巻）所収『葛飾誌略』房総叢書刊行会　一九四一年十一月十日発行
『江戸砂子』小池章太郎編　東京堂出版　一九七六年八月二十五日発行
『葛西志』三島政行著　国書刊行会　一九七一年八月十五日発行
『影印・翻刻・注解　勝鹿図志手繰舟』高橋俊夫編　崙書房　一九七五年七月三十日発行
『江戸名所図会・下』人物往来社　一九六七年五月一日発行
『千葉県東葛飾郡誌（二）』復刻版　千秋社　一九八八年十月五日発行
『市川市史』第二巻、第六巻　市川市史編纂委員会編　吉川弘文館
『市川市字名集覧』市川市教育委員会編　市川市教育委員会　一九七三年三月三十一日発行
新潮日本古典集成『更級日記』秋山虔校注　新潮社　一九八〇年七月十日発行
国民の文学２『万葉集』土屋文明訳　河出書房新社　一九六三年十月二十三日発行

『船橋市史』現代編　船橋市役所
『船橋市史』前編　船橋市役所　一九五九年三月一日発行
『ふるさとの地名―船橋の地名の由来を探る―』船橋市史談会　二〇〇二年一月二十一日発行
『古文書にみる江戸時代の村とくらし②街道と水運』江戸川区教育委員会発行　一九九一年三月三十一日発行
『江戸川区の史跡と名所』江戸川区教育委員会編集発行　二〇〇〇年十一月発行
『明解　行徳の歴史大事典』鈴木和明著　文芸社　二〇〇五年三月十五日発行
『郷土読本　行徳の歴史・文化の探訪2』鈴木和明著　文芸社　二〇一四年十一月十五日発行
『「葛飾誌略」の世界』鈴木和明著　文芸社　二〇一五年四月十五日発行

あとがき

本書の執筆中、この『葛飾記』の著者青山某氏の博識と努力にとても驚きました。現代の便利な世の中と違い、江戸時代中期にどのようにして資料集めをしたのでしょうか。数十巻の資料でも不足したのではないのでしょうか。

しかも、葛飾の地を実際に歩いているのです。故事はどのように集めたのでしょうか。先達の方々の努力と労苦の上に筆者の『葛飾記』の世界』が出来上がっていると感じています。

本書は『葛飾記』に書かれている事柄を、その他の地誌に記されている事柄と対比しながら、時代の変遷に伴ってどのように故事が語られ変化してきたのかを見たいと思いまとめてみました。

文字の読み方も地誌によって異なっている部分がありました。いずれが正しいのか、その部分は原文のままで記しておきました。

葛飾三地誌と筆者が呼ぶ地誌の二つ目の注解本が出来上がりました。

筆者の今後の目標の一つとして『「勝鹿図志手くりふね」の世界』を書いてみたいと考えています。

行徳の郷土史に興味を持たれるみなさん方のよき参考書となることを心より願っています。

二〇一五年十一月吉日

鈴木和明

［ま］

［は］

［ひ］

［ふ］

［へ］

［ほ］

［な］

［に］

［ね］

［ち］

［つ］

［て］

［と］

［さ］

［し］

［え］

［お］

［か］

索　引

［あ］

［い］

［う］

著者プロフィール

鈴木 和明（すずき かずあき）

1941年、千葉県市川市に生まれる。

南行徳小学校、南行徳中学校を経て東京都立上野高等学校通信制を卒業。

1983年、司法書士試験、行政書士試験に合格、翌1984年、司法書士事務所を開設。1999年、執筆活動を始める。

南行徳中学校PTA会長を2期務める。新井自治会長を務める。

市川博物館友の会会員。新井熊野神社氏子総代代表。

趣味：読書、釣り、将棋（初段）

著書に『おばばと一郎』『おばばと一郎2』『おばばと一郎3』『おばばと一郎4』『行徳郷土史事典』『明解　行徳の歴史大事典』『行徳歴史街道』『行徳歴史街道2』『行徳歴史街道3』『行徳歴史街道4』『郷土読本　行徳　塩焼の郷を訪ねて』『郷土読本　行徳の歴史・文化の探訪1』『郷土読本　行徳の歴史・文化の探訪2』『「葛飾誌略」の世界』『僕らはハゼっ子』『江戸前のハゼ釣り上達法』『天狗のハゼ釣り談義』『ハゼと勝負する』『HERA100　本気でヘラと勝負する』（以上文芸社刊）、『20人の新鋭作家によるはじめての出版物語』（共著、文芸社刊）などがある。

http://www.s-kazuaki.com

『葛飾記』の世界

2015年11月15日　初版第1刷発行

著　者　鈴木 和明
発行者　瓜谷 綱延
発行所　株式会社文芸社
〒160-0022　東京都新宿区新宿1－10－1
電話　03-5369-3060（編集）
03-5369-2299（販売）

印刷所　図書印刷株式会社

ISBN978-4-286-16519-6